Para Nano y Gloria,

Que las enseñanzas de Vivekananda
sobre la Vedanta le inspire aún
más en su búsqueda espiritual.
Con Cariños,

ENeidita

VEDANTA: VOZ DE LA LIBERTAD

VEDANTA: VOZ DE LA LIBERTAD

Swami Vivekananda

Compilado por
Swami Chetanananda

Con una Introducción de
Christopher Isherwood

Y Prefacio de
Huston Smith

 Sarada Ma Publishing©

© 2010 por Sarada Ma Publishing

Vedanta: Voz de la Libertad
Swami Vivekananda

ISBN: 978-0-9819774-5-4

Edición 2010

Del título original en Inglés: Vedanta: voice of freedom Vivekananda, Swami de la Vedanta Society of St. Louis, publicado en español con el correspondiente permiso.

Traducción: Yanina Olmos

The funds for publishing this translation were provided by the estate of William "Bill" Corcoran whose goal in life was to spread the message of Swami Vivekananda.

****

Publicado por:
Sarada Ma Publishing
Vedanta Society of Southern California

1946 Vedanta Place
Hollywood CA 90068, USA

****

Si usted desea aprender más sobre las enseñanzas contenidas en este libro, por favor escriba a libros@vedanta.org

También visite nuestro sitio en Internet: www.saradamapublishing.org

****

Impreso en USA

Nota Editorial a la Versión Española

Sarada Ma Publishing se complace en publicar esta valiosa compilación de las conferencias de Swami Vivekananda, ahora traducida al español.

La traducción fue posible gracias a la generosa donación póstuma de William Corcoran. Nuestro más sincero agradecimiento a Dharmadas y Urvasi por la confianza que depositaron en nosotros. También deseamos agradecer a Swami Chetanananda de la Sociedad Vedanta de St. Louis por habernos otorgado los permisos de traducción y publicación, y por alentarnos de distintas maneras.

En vísperas de Navidad, deseamos que el contenido de este maravilloso libro despierte a su alma y le colme de paz.

Editor
Sarada Ma Publishing
Hollywood, 21 de Diciembre de 2010

Contenido

Swami Vivekananda en el Parlamento de las Religiones de Chicago, en setiembre de 1893

La Voz de Vivekananda:
un Prefacio

Swami Chetanananda ha hecho una valiosa contribución al compilar esta selección de los 8 tomos de las conferencias, escritos y cartas de Swami Vivekananda. Tal tarea es extraordinariamente difícil, porque requiere de una profunda comprensión del mensaje que Vivekananda diera a sus lectores o escuchas, mensaje que debía ser transmitido en sus propias palabras; parafrasearlo, por conveniente que fuera, sería impensable; especialmente, tratándose de la voz de Vivekananda. Su estilo de expresión, su vívida fraseología, su humor, la pasión de su fe y su sorprendente franqueza no podrían perderse para dar lugar a mera claridad.

Se debe recordar que casi todo este material se trataba de charlas, a veces improvisadas y no se cuenta siquiera con un borrador de Vivekananda. En esos momentos fueron los devotos, a quienes nunca podremos agradecerles lo suficiente, los que tomaron notas a mano. Es gracias a ello que podemos sentir la frescura de las palabras originales de Vivekananda. Su vívida presencia, a veces se torna poderosamente evidente detrás de sus palabras. Yo, como otros que las han leído en voz alta, al público, a menudo me volví consciente de estar compartiendo esa presencia con mi audiencia. Probablemente sentirás lo mismo aunque lo leas para ti, en voz alta, en tu habitación.

Christopher Isherwood

PREFACIO

No conozco mejor manera de introducir este libro que a través de las tres palabras claves alrededor de las cuales su editor ha urdido el título, *Vedanta: Voz de la Libertad*.

En el orden inverso, primero *libertad*. Ocurre que estoy escribiendo estas líneas en el día[1] de la historia en que los astronautas lograron su primer caminata libre en el espacio. Flotar como ellos están flotando, como aves que tienen todo el espacio para volar, pareciera a primera instancia como la libertad última, pero, sabemos, claro, que su flotar es nada comparado con la libertad espiritual que realmente buscamos. Porque nuestro deseo de libertad es, por encima de todo, deseo de Dios, siendo la libertad absoluta un aspecto de la divinidad. Por eso es que el hinduismo habla de la libertad última, que marca la meta del camino místico como liberación (*moksha*), siendo éste es el estado de unión (*yoga*) con lo Absoluto, lo Infinito y lo Eterno; entonces, es la libertad de todas las ligaduras de la relatividad. A esa libertad era a la que se refirió Cristo, al decir: "La verdad te hará libre".

Segundo, *voz*. Hasta que no seamos libres necesitamos voces que confirmen esta posibilidad y nos señalen su luz. Pero las voces necesitan voceros, lo cual, en el contexto de este libro, introduce algo interesante. Porque la voz de la libertad que resuena a través de estas páginas no presenta una fuente identificable. Si la escuchamos atentamente, vemos que, desde una perspectiva mundana, no surge de parte alguna. Esto no es, claro, para negar que un ser humano identificable, uno realmente remarcable, articuló, o escribió, las palabras que llenan estas páginas, pero, si escuchamos los pensamientos a través de las palabras que los expresan, sabemos que Vivekananda sólo es su canal y no su autor. Etimológicamente, Vedanta significa "la culminación de los Vedas", y los Vedas en sí mismos no son más que los canales del *sanatana dharma*, esa "visión no creada" o "aliento de lo eterno"

---

1   7 de febrero de 1984.

que siempre existió y existirá siempre.

Así, nuestra búsqueda de la liberación nos conduce, a través de un voz más o menos desencarnada, la de Vivekananda, a una voz mayor, sin forma: Vedanta. De esa voz mayúscula, uno de los filósofos de mayor discernimiento de nuestro tiempo, escribió: "Entre las doctrinas explícitas, Vedanta emerge como una de las formulaciones posibles más directas sobre lo que constituye la verdadera esencia de nuestra realidad espiritual"[2].

¿Qué se puede agregar a esto? Sólo reconocimientos. Reconocimiento, primero, a Swami Chetanananda de la Sociedad Vedanta de St. Louis, sucesor de mi querido maestro, Swami Satprakashananda, por poner los voluminosos escritos de Swami Vivekananda en estas proporciones manejables. Y, más allá del editor, agradecimiento a Vivekananda mismo.

Se dice que cuando Vivekananda arribó sin invitación y sin anunciarse al Parlamento de las Religiones, lo tomó por asalto. Era el año 1893 y éste se ha vuelto el símbolo de la harmonía de las religiones que sus organizadores esperaban que inaugurara. Es apropiado que, ahora que nos aproximamos al centenario de ese evento histórico, se reediten los pasajes claves de los textos de Vivekananda, porque aun cuando nuestro siglo ha progresado en entendimiento mutuo entre las religiones, todavía queda mucho por hacer. Escuchar atentamente la voz de la libertad que suena a través de estos pasajes puede ayudarnos con esta tarea.

Huston Smith
Hanna Professor of Philosophy
Hamline University

---

2   Schuon Frithjof, *The language of the Self* (Madras: Ganesh & Co., Pvt. Ltd., 1959), 15.

Nota Editorial

Cuando una persona me pregunta: "¿Qué es Vedanta?", me recuerda una historia. Una vez un gran maestro de Vedanta fue invitado por un grupo para dar una charla sobre el tema. Cuando llegó al salón de conferencias, él le preguntó a la audiencia: "¿Ustedes saben de qué voy a hablarles?". La gente dijo: "No". "Entonces no les diré nada porque ustedes no tienen referencias" y, diciendo esto, dejó el salón. A la semana siguiente fue invitado nuevamente, pero esta vez, el líder del grupo preparó a la audiencia de antemano, para que si le hacían la misma pregunta respondieran positivamente. Acompañaron al maestro hasta el salón, y, como se había previsto, él preguntó lo mismo. Esta vez todos respondieron "sí". Inmediatamente, el maestro dijo: "Saben todo; entonces no tengo nada más que decir", y se fue. Nuevamente, el líder hizo un plan para que, en la próxima visita del maestro, la mitad de la audiencia respondiera que sí y la otra mitad que no. Cuando el maestro vino por tercera vez y repitió la misma pregunta: "¿Ustedes saben sobre lo que les hablaré?", la audiencia respondió como había sido previamente planeado. Entonces el maestro dijo: "Que aquellos que dijeron no, aprendan de los que dijeron sí" y sin decir nada más dejó la habitación. Todos estaban ateridos y no sabían que hacer. Finalmente, decidieron que la próxima vez se quedarían en silencio. Después de muchas invitaciones, el maestro finalmente accedió a regresar y preguntó lo mismo. Esta vez no obtuvo respuesta alguna. Se dio cuenta de que la audiencia toda estaba absorta en profundo silencio y supo que el momento propicio para hablarles sobre Vedanta había llegado.

Esta es la edad de la velocidad. La gente quiere moverse rápidamente y espera lograrlo todo instantáneamente. Quienes no tienen referencias sobre Vedanta no se dan cuenta de que pretenden aprender sobre una tradición de cinco mil años en cinco minutos. Sé que no le hago justicia a Vedanta cuando trato de describirla en esta breve nota, aun así trataré de responder a la pregunta: "¿Qué es Vedanta?".

Vedanta es la culminación del conocimiento, la sabiduría sagrada de los sabios hindúes, la experiencia trascendental de los videntes de la Verdad. Es la esencia o conclusión de los Vedas. Como los *Upanishads* aparecen al final de los *Vedas*, se les llama Vedanta. Literalmente, "*Veda*" significa 'conocimiento' y "*anta*" significa 'fin'.

Los principios básicos de Vedanta son: (1) *Brahman* es la Realidad Última, el Uno sin segundo. Es la Existencia-Consciencia-Dicha Absoluta. Está más allá de nombre y forma, vacío de cualidades, sin principio ni final. Es la Verdad perenne, más allá del tiempo, el espacio y la causalidad. Y éste vasto, infinito Brahman se manifiesta como el universo y los seres individuales a través de su inescrutable poder de *maya*. Así, el Uno se multiplica. Cuando se asocia a Brahman con su maya, se le llama Dios o *Ishvara*.

(2) El Universo es aparente, como el agua de un espejismo, y está cambiando continuamente. Percibimos al universo a través del espacio, el tiempo y la causalidad. El espacio nace cuando uno obtiene un cuerpo, el tiempo empieza cuando uno comienza a pensar, y la causalidad aparece cuando uno se limita. Este hermoso y tangible universo, desaparece de la conciencia cuando uno ingresa en el sueño, o al sumergirse en *samadhi*, y reaparece al despertar. Entonces, este mundo está en la mente.

(3) Los seres humanos son divinos, su verdadera naturaleza es *Atman* eterno infinito, puro, luminoso, siempre libre, dichoso y uno con Brahman. No son pecadores. Ellos cometen errores y sufren debido a la ignorancia. Y de la misma manera en que la oscuridad se disipa con la aurora, así se retira la ignorancia ante el conocimiento. Esclavitud y liberación están en la mente. Pensando que uno está atado y es débil, uno se vuelve eso; pensando que uno es fuerte y libre, uno se vuelve fuerte y libre. Ningún ser humano quiere ser un esclavo debido al sufrimiento que esto causa. Sólo en libertad es posible la dicha y ésta, de acuerdo con

Vedanta, es la naturaleza inherente de todos los seres.

La meta de la vida humana es realizar a Dios, y el propósito de la religión es enseñarnos cómo manifestar la divinidad interior.

(4) ¿Cómo manifestar la divinidad interior? Vedanta sugiere cuatro *yogas*: (a) *karma yoga* o el sendero de la acción desinteresada, (b) *jnana yoga* o el sendero del conocimiento, (c) *raja yoga* o el sendero de la meditación, y (d) *bhakti yoga* o el sendero de la devoción. La palabra 'yoga', significa la unión del alma individual con el Alma Cósmica.

(5) La Verdad es una y universal. Ésta no puede ser limitada a un país, raza o individuo. Todas las religiones del mundo expresan la misma Verdad en diferentes idiomas y de varias maneras. Así como el sol no es propiedad de persona alguna, así, también la Verdad no puede ser confinada a una religión o filosofía en particular. Nadie puede decir que el sol es cristiano, hindú, budista, judío, o islámico. Vedanta declara la armonía de las religiones. Como los diferente cursos de agua se originan en distintas partes pero todos coinciden en el océano, perdiendo, en la desembocadura, sus nombres y formas distintivos, así es como todos los variados senderos religiosos, que los seres humanos toman siguiendo sus diversas tendencias, conducen a Dios o a la Verdad.

Ahora, si alguien me preguntara: "¿qué me sugeriría que leyera para aprender sobre Vedanta?", me sería difícil responderle. Vedanta es un tema vasto. Sus escrituras han estado evolucionando durante los pasados cinco mil años. Las tres escrituras básicas de Vedanta son los *Upanishads* (las verdades revelada), los *Brahma Sutras* (las verdades razonadas) y el *Bhagavad Guita* (las verdades prácticas). Pero es difícil para cualquiera el entender la esencia de esas escrituras sin la ayuda de un maestro y sin reflexionar sobre los comentarios. Algunas veces, sugerimos que se lea *Sri Ramakrishna: El Gran Maestro* y *El Evangelio de Sri Ramakrishna*, porque la vida y enseñanzas de Sri Ramakrishna están saturadas de Vedanta. O, también sugerimos *Complete Works of Swami*

Vivekananda, porque Swami Vivekananda fue el mensajero de Vedanta en el occidente. Pero, frecuentemente vemos que quien nos había preguntado se siente desfallecer ante esos enormes volúmenes de *El Gran Maestro, El Evangelio* y los *Complete Works* que consisten, respectivamente, de 1081, 1063 y 4363 páginas en inglés. Por cierto, muchos Swamis de la Orden Ramakrishna han escrito excelentes libros sobre Vedanta y Yoga, que son, sin duda, de gran ayuda.

Sin embargo, una vez un dicho profético de Swami Vivekananda relampagueó en mi mente: "Así como Buda tenía un mensaje para el Oriente, yo tengo un mensaje para el Occidente". ¿Cuál era su mensaje? Era Vedanta. Y ese es el mensaje que yo compilé para los lectores, en las propias palabras de Vivekananda, de sus *Complete Works.*

A cada selección le he dado un título. Las definiciones para los términos sánscritos que no son familiares aparecen en un glosario al final del libro. También, para aportar a la claridad y lectura del mensaje, ocasionalmente corté una o más oraciones o frases introductorias y usé los signos de puntuación modernos sin indicar esas ediciones o variaciones del original. En unos pocos lugares comparé las versiones de *The Complete Works of Swami Vivekananda* con *Vivekananda: The Yogas and Other Works* de Swami Nikhilananda, y acepté la versión que pareció más clara para los lectores occidentales. Al final de cada selección aparece una referencia a la página y el tomo de *Complete Works* de dónde fuera extraído. El número del tomo está indicado en números romanos y el número de la página en números arábigos. Las siguientes son referencias a las ediciones usadas para cada uno de los 8 tomos:

Tomo I.........................13.ª ed., 1970
Tomo II........................12.ª ed., 1971
Tomo III......................10.ª ed., 1970
Tomo IV.......................10.ª ed., 1972
Tomo V........................9.ª ed., 1970
Tomo VI.......................9.ª ed., 1972

Tomo VII...............................7.ª ed., 1969
Tomo VIII..............................5.ª ed., 1971

Agradezco especialmente a Christopher Isherwood, quien leyó el manuscrito y dio tantas buenas sugerencias, además de escribir un inspirador prefacio. Mi más sincera gratitud es para Huston Smith, quien contribuyó con un iluminador prefacio y también dio muchos sugerencias importantes. Estoy en deuda con el Advaita Ashrama de Mayavati, Himalayas, por haberme dado el permiso para reproducir estas selecciones de *The Complete Works of Swami Vivekananda*.

Chetanananda
St. Louis.

Introducción

Vedanta y Vivekananda

Los ríos no beben sus aguas, ni los árboles comen sus frutos. Ellos viven para otros. Similarmente, de tiempo en tiempo, nacen grandes almas cuyas vidas son vividas para el bienestar de otros. Ellos traen paz y felicidad a la humanidad. Habiendo ellos mismos cruzado el miserable océano de maya (existencia relativa), ayudan a otros a cruzarlo sin ningún motivo egoísta. No importa cuándo ni dónde nace o cuánto vive una gran alma. Su vida y mensaje son una fuente de inspiración para las personas de todas las edades.

En la última parte del siglo diecinueve, Swami Vivekananda expresó el eterno mensaje de Vedanta en el Occidente. Su maestro, Sri Ramakrishna, le había comisionado el entregar las enseñanzas sublimes de Vedanta: de la unidad de la Verdad, la divinidad del hombre y de la harmonía de las religiones. Desde su infancia, el Swami intuía su destino y, más adelante, como un profeta ante el amanecer de su misión, declararía: "Así como Buda tenía un mensaje para el Oriente, yo tengo un mensaje para el Occidente"[3].

Sri Ramakrishna tuvo varias visiones de Vivekananda aun antes de conocerlo. Una vez, estando en samadhi, la mente de Sri Ramakrishna se elevó, trascendiendo los dominios de los dioses y las diosas, hasta que finalmente arribó al estado más encumbrado. Allí vio a siete venerables sabios, sentados, sumergidos en samadhi. Él sintió que esos sabios habían superado en conocimiento, devoción, renunciación y amor puro, no sólo a los hombres sino también a los dioses. Luego, Sri Ramakrishna vio a un divino niño dirigiéndose hacia uno de los sabios, lo abrazó

---

3   *The Complete Works of Swami Vivekananda* (Mayavati Memorial Edition) (Calcuta: Advaita Ashrama, 1969-72) , Vol. V, 314.

y llamándolo con su dulce voz lo bajó del samadhi. Cuando ese toque mágico despertó al sabio, el niño le dijo: "Estoy bajando a la tierra, ¿vendrías conmigo?". El sabio asintió con una amorosa mirada y nuevamente se sumergió en samadhi. "Apenas vi a Naren [Vivekananda], supe que él era ese sabio", dijo Sri Ramakrishna. Y, más adelante, como se le preguntara, reveló que el divino niño no era otro más que él mismo.[4]

En otra visión Sri Ramakrishna vio relampaguear un rayo de luz cruzando el cielo desde Varanasi hasta Calcuta. "Mi oración ha sido respondida", exclamó, "y *mi hombre* vendrá aquí algún día"[5].

Bubhaneshwari Devi, la madre de Vivekananda, también tuvo una visión de su hijo antes de que él naciera. Esperanzada de que el Señor la bendeciría con un hijo varón, ella le pidió a unos familiares de Varanasi que oraran por ella e hicieran algunas ofrendas ante el altar de Vireshwar Shiva. Mientras tanto, ella pasaba sus días haciendo ayuno y meditando. Poco tiempo después, ella vio, en un sueño, como el Señor Shiva se levantaba de Su meditación y tomaba la forma del niño que sería su hijo.

Vivekananda nació en Calcuta, el 12 de enero de 1863, y se le llamó Narendranath Datta. Muchos años más tarde, él escribiría sobre su nombre pre-monástico, en un carta dirigida a Mary Hale de Chicago: "Es un nombre muy poético. Narendra significa "jefe de hombres" (*nara* es hombre, e *indra* significa gobernador o jefe), muy ridículo, ¿no es cierto? Pero así son los nombres en nuestro país, no podemos con nuestro genio; estoy feliz de haberlo renunciado"[6].

Es tradición antigua en India que los renunciantes y no los hombres de dinero, guíen a la sociedad y a la nación. Vemos la tremenda influencia que gigantes espirituales como Buda,

4   *Vivekananda: The Yoga and Other Works*, ed., by Swami Nikhilananda (New York: Ramakrishna-Vivekananda-Center, 1953), 14.

5   *The Life of Swami Vivekananda*, by His Easter and Weastern Disciples (Calcuta: Advaita Ashrama, 1979-81), Vol. I, 81.

6   *Complete Works*, VIII, 304.

Shankara, Chaitanya y Nanaka han tenido sobre millones de personas. Su impacto en la conciencia de las masas es más profundo y duradero que la de los reyes y emperadores.

Aun siendo un niño, Vivekananda manifestaba inclinación por la vida de un monje errante. Señalando una línea de la palma de su mano, les decía a sus amigos: "Seguro que voy a ser monje. Un quiromántico lo predijo"[7]. En otra oportunidad, les dijo: "A lo mejor ustedes podrán ser jueces, abogados o médicos. Pero, esperen y verán como yo abro un camino para mí mismo"[8].

Vivekananda fue un niño precoz, de indómita energía. Sin embargo, su tendencia innata hacia la meditación se manifestaba por sí misma desde la infancia. Meditar era uno de los juegos de su niñez. Una vez, él estaba meditando con sus amigos cuando apareció una cobra. Los niños se asustaron, le avisaron a los gritos y salieron corriendo, pero él se quedó inmóvil. Más tarde les dijo a sus padres: "Yo no sabía que había una serpiente o ninguna otra cosa. Me estaba sintiendo muy feliz"[9].

Criado y educado en la Calcuta del siglo diecinueve, Vivekananda a temprana edad se puso en contacto con los principios del pensamiento occidental, que le enseñaron que uno no debe aceptar algo sin evidencias. Aunque él era un estudiante brillante y muy versado en historia, filosofía, literatura y el pensamiento occidental contemporáneo, él se aferraba firmemente a esta idea: "No creas algo porque lo leas en un libro. No creas porque otro te dice que debes creer. Descubre la verdad por ti mismo. Eso es realización"[10].

En su intenso anhelo por realizar la Verdad, Vivekananda practicó meditación, estudió las distintas filosofías y religiones de oriente y occidente, y conversó con líderes religiosos, pero no fue suficiente. Nada pudo satisfacer su voracidad por la Verdad.

---

7   *Vivekananda: The Yogas*, 5.
8   *Life*, I, 143.
9   *Life*, I, 19.
10   *Life*, I, 31.

Finalmente, encontró a Sri Ramakrishna, en el jardín de los Templos de Dakshineswar, cerca de Calcuta. Y le interrogó con esta sencilla pregunta: "Señor, ¿ha visto a Dios?". Sin un momento de vacilación, Sri Ramakrishna respondió: "Sí, he visto a Dios. Lo he visto como te veo a ti, sólo que más nítidamente. Dios puede ser visto. Uno puede hablarle. Pero, ¿a quién le interesa Dios? La gente derrama torrentes de lágrimas por esposas, hijos, dinero y propiedades, pero, ¿quién llora por Dios? Si uno llora sinceramente por Dios, seguramente que lo verá"[11].

La respuesta de Sri Ramakrishna marcó el punto de cambio en la vida de Narendra. Pero aún así, él puso a prueba a Sri Ramakrishna de distintas maneras antes de finalmente aceptarlo como su maestro. Más adelante diría: "¡Debatí con mi maestro durante seis largos años, por eso conozco cada centímetro del camino!"[12].

Durante la primera visita de Vivekananda, Sri Ramakrishna en un estado de absorción espiritual, le dijo: "¡Ay! ¡Has tardado tanto!, ¡qué desconsiderado de tu parte dejarme esperando! Mis oídos están casi quemados de escuchar las conversaciones de la gente mundana. ¡Cuánto añoraba compartir mis pensamientos con alguien que entendiera! Luego, juntando sus palmas, se dirigió al asombrado joven: "¡Señor!, sé que eres el sabio Nara, encarnación de Narayana, nacido para aliviar la miseria de la humanidad"[13].

El tierno amor y la preocupación de Sri Ramakrishna por Vivekananda lo ataron a él para siempre. Él lo entrenó en un número de disciplinas y, finalmente, antes de morir, le transmitió su propio poder espiritual. Sri Ramakrishna sabía que la mente de Narendra estaba naturalmente inclinada hacia el camino del conocimiento, entonces lo inició en las enseñanzas de Vedanta no-dual. Algunas veces le pidió que le leyera en voz alta pasajes

11   *Vivekananda: The Yogas*, 13.
12   Nivedita, Sister, *The Master As I Saw Him* (Calcutta: Udbodhan Office, 1977), 10-11.
13   *Vivekananda: The Yogas*, 13.

del *Ashtavakra Samhita* y de otros textos de Vedanta, para que así pudiera vislumbrar la esencia de la filosofía Vedanta.

En la Vedanta no-dual, Brahman es la Realidad Última, Existencia-Conciencia-Dicha Absoluta. El mundo es concebido como nada más que nombre y forma, todo lo cual es aparente, no real, de existencia relativa. Pero, desde el punto de vista absoluto, todo es Brahman, uno sin segundo. El alma individual no es otro que Brahman. Nombre y forma surgen y desaparecen, pero el Ser, la naturaleza real de cada uno, es inmortal e inmutable. Después de realizar la identidad con Brahman, a través de la meditación, una persona ve a Dios, o Brahman, en todo.

Al principio, a Vivekananda le fue difícil aceptar la perspectiva no-dual de que 'todo es realmente Brahman', porque en ese tiempo, él era un seguidor del Brahmo Samaj, que enseñaba una filosofía teísta. Él le dijo a Sri Ramakrishna: "Es una blasfemia, porque allí no habría diferencia entre tal filosofía y el ateísmo. No hay mayor pecado en el mundo que pensar que uno es idéntico con el Creador. Yo soy Dios, tú eres Dios, esas cosas son Dios, ¡qué absurdo! ¡Los sabios que escribieron tales cosas deben haber sido locos!". La bravura del muchacho no detuvo a Sri Ramakrishna, porque él sabía cómo entrenar una mente. Sonriente, le dijo: "Tú puedes no aceptar el punto de visto de esos sabios. Pero, ¿cómo puedes criticarlos o limitar la infinitud de Dios? Sigue rezándole al Dios de la Verdad y cree en cualquier aspecto que Él te revele"[14].

De acuerdo con la filosofía Vedanta, uno debe entender la filosofía con la ayuda de *shruti* (las escrituras), *yukti* (el razonamiento) y *anubhava* (la experiencia). La naturaleza rebelde de Vivekananda no se sometía fácilmente. Él era un seguidor de la Verdad. Él consideraba falso todo lo que no coincidía con la razón y la experiencia y su actitud era la de enfrentar la falsía.

Un día, en Dakshineswar, mientras conversaba con uno de sus amigos, Vivekananda sarcásticamente comentó sobre la experiencia Vedántica de la unidad: "¿Cómo puede ser? ¡Esta jarra es Dios, esta taza es Dios y nosotros también somos Dios!

---

14   *Life*, I, 96.

¡Qué absurdo!". Desde su habitación, Sri Ramakrishna escuchó las
carcajadas de Vivekananda; salió y les preguntó: "¿De qué están
hablando?". Luego, tocó a Vivekananda y entró en samadhi.[15]
Los predicadores meramente hablan sobre la religión, pero las
encarnaciones como Buda, Jesús Cristo y Ramakrishna, pueden
transmitirla a través de una mirada o de un toque. Vivekananda,
describió gráficamente los efectos de ese toque:

"Ese día, el mágico toque del Maestro inmediatamente
produjo un maravilloso cambio en mi mente. Yo quedé
estupefacto al descubrir que en el universo, realmente ¡no
había nada más que Dios! Lo vi claramente, pero me quedé en
silencio, para ver si permanecía. La impresión no disminuyó
en todo el día. Regresé a casa; allí también, todo lo que veía
era Brahman. Me senté para comer, pero me di cuenta de
que todo: el plato, la comida en él, la persona que servía e
incluso yo mismo, no eran otro que Aquello. Comí uno o dos
bocados y me senté en silencio. Me sobresalté con las palabras
de mi madre: "¿porqué estás tan callado? Come", y comencé
a comer nuevamente. Pero, todo el tiempo, sea comiendo,
descansando, yendo a la universidad, sentía lo mismo, como
si estuviera en una especie de coma. Mientras caminaba por
las calles, veía los carruajes de alquiler viniendo sobre mí,
pero no sentía por salir del camino. Sentía que los carruajes
y yo estábamos hechos del mismo material. Mis miembros no
tenían sensación alguna, pensé que me estaba paralizando. No
tenía apetito y era como si otro estuviera comiendo. Algunas
veces me recostaba en el medio del almuerzo, luego de algunos
minutos me levantaba y comenzaba a comer nuevamente. El
resultado era que algunos días comía demasiado, pero no
me hacía daño. Mi madre se preocupó y dijo que debía estar
enfermo. Tuvo miedo de que yo pudiera morir. Cuando este
estado comenzó a disminuir un poco, el mundo me pareció un
sueño. Cuando caminaba por Cornwallis Square, me golpeaba
la cabeza contra los barrotes de hierro para saber si eran reales
o un sueño. Este estado continuó por algunos días. Cuando me

---

15   *Life*, I, 96.

normalicé, me dí cuenta que debía haber tenido una vislumbre del estado de Advaita. Entonces, supe que las palabras de las escrituras no eran falsas. Y ya no pude negar las conclusiones de la filosofía Advaita".[16]

Con el paso del tiempo, y habiendo Vivekananda pasado por varios tipos de experiencias, su carácter rebelde, escepticismo intelectual y naturaleza argumentativa, fueron gradualmente transformados en entrega, fe y devoción. Brajendra Nath Seal, uno de sus amigos, que más tarde sería un conocido profesor, observó este cambio y dijo: "Un iconoclasta de nacimiento y libre pensador como Vivekananda, de creadora y dominante inteligencia, un domador de almas, atrapado en las redes de lo que me parecía un burdo misticismo supernatural, fue un enigma que mi filosofía de la Razón Pura, apenas pudo entrever entonces"[17].

En los primeros meses de 1874 el padre de Vivekananda falleció de un repentino ataque al corazón. Desafortunadamente, dejó atrás muchas deudas, y la que una vez fuera una familia acomodada, fue arrojada en una aguda pobreza. Para agregar problemas, unos familiares presentaron una apelación en la corte para quedarse con la casa en la que vivían. Como Vivekananda era el hijo mayor, la responsabilidad por el bienestar de la familia recayó sobre sus hombros. Él acababa de pasar su examen de admisión en la Facultad de Derecho; no tenía trabajo y, peor aún, ninguna experiencia previa. Pero, empujado por las circunstancias, comenzó a caminar, pobremente vestido, de una oficina a otra en busca de trabajo. Muchas veces llegó a las clases sin haber comido y a menudo se sintió desvanecer por el hambre y la debilidad. El único amigo que sabía de la gravedad de la situación, comenzó, de vez en cuando, a enviarle anónimamente dinero a la madre de Vivekananda, para que ellos pudieran sobrevivir. Sus otros amigos lo invitaban a veces a sus hogares y le ofrecían comida, pero el pensamiento de su famélica madre

---

16   *Life*, I, 96-97.
17   *Life*, I, 111.

y hermanos esperándole, no le dejaba comer. Cuando regresaba a su casa él comía la porción menor para que otros tuvieran lo suficiente. Este primer contacto con los sufrimientos de la vida, convencieron a Vivekananda de que la simpatía desinteresada es rara y de que en el mundo no hay lugar para el débil, el pobre ni el sufriente.

Las desgracias no llegan solas, relataba Vivekananda: "Muchas tentaciones me salieron al camino. Una mujer adinerada me envío una propuesta deshonesta que acabaría con mis penurias. La rechacé con severo desdén. Otra mujer también hizo insinuaciones similares. Le dije: 'Has perdido tu vida buscando el placer carnal. Las sombras negras de la muerte están frente a ti. ¿Te has preparado para enfrentarlas? Renuncia a esos sucios deseos y recuerda a Dios'"[18].

Sin poder encontrar una solución permanente al problema financiero de su familia, Vivekananda fue a ver a Sri Ramakrishna y le pidió que orara a Dios para que le ayudara. El Maestro, a su vez, le pidió que fuera al templo de la Divina Madre y se lo pidiera él mismo, asegurándole de que su plegaria sería respondida. Vivekananda fue al templo muy esperanzado; pero, apenas estuvo frente a la imagen de la Divina Madre, vio que Ella estaba viva y bien consciente. Él olvidó todo, olvidó la condición miserable en que se encontraban su madre y hermanos, y en estática alegría se prosternó ante Ella y le rogó: "¡Madre, dame discriminación, dame renunciación, dame conocimiento y devoción! ¡Otórgame Tu perenne visión!". Cuando regresó a Sri Ramakrishna le contó lo que había ocurrido. Sri Ramakrishna lo envió nuevamente al templo para que orara como le había pedido; pero el resultado fue el mismo. A la tercera vez, él recordó su intención primera, pero sintió vergüenza de requerir la atención de la Madre del Universo por algo tan minúsculo. Finalmente, ante el pedido de Vivekananda, Sri Ramakrishna lo bendijo, diciendo: "Muy bien, a tus familiares nunca les faltará comida ni ropa sencilla"[19].

18   *Life*, I, 124.
19   *Life*, I, 128.

Vivekananda aprendió de su Maestro sobre la síntesis del conocimiento y la devoción, la armonía de las religiones, el verdadero propósito de las escrituras y la adoración de Dios en el hombre.

Cuando Sri Ramakrishna estaba en su lecho de muerte en la casa de Cossipore, Vivekananda le pidió la gracia de permanecer por tres o cuatros días en *nirvikalpa samadhi*, la culminación de la experiencia vedántica. En ese estado, conocedor y conocimiento se vuelven uno. Pero Sri Ramakrishna lo reprendió, diciendo: "¡Qué vergüenza! ¡Pedir algo tan insignificante! Pensé que tú serías como un gran árbol y que millones de personas podrían descansar bajo tu copa; pero veo que estás buscando tu propia liberación"[20]. Sri Ramakrishna sabía que la futura misión de Vivekananda sería la de servir a la humanidad, entonces lo guió en esa dirección.

Sin embargo, Vivekananda persuadió a su maestro de darle la realización de la máxima védica: *"Aham Brahmasmi"* (Soy Brahman). Una noche en que él estaba meditando con uno de sus hermanos discípulos de Cossipore, de pronto se dio cuenta de que tenía un luz en la nuca, como si alguien hubiera puesto una lámpara. Gradualmente, la luz se volvió más brillante hasta que finalmente pareció estallar. Él quedó envuelto por esa luz y perdió la conciencia física. Después de un tiempo, cuando recuperó su conciencia normal, preguntó: "¿Dónde está mi cuerpo?". El sorprendido hermano-discípulo le dijo: "Aquí está, ¿no lo sientes?". Luego corrió escaleras arriba, hasta la habitación de Sri Ramakrishna, y le describió la condición de Vivekananda. "Déjalo así por un rato", dijo Sri Ramakrishna, "me molestó tanto para lograrlo"[21].

Después de la muerte de Sri Ramakrishna, el 16 de agosto de 1886, algunos de los jóvenes discípulos, bajo la dirección de Swami Vivekananda, establecieron un monasterio en las inmediaciones de Baranagor. Allí, abrazaron la vida de renunciación y tomaron

20   Vivekananda: *The Yogas*, 31.
21   *Life*, I, 178.

los votos monásticos finales, como lo había hecho Sri Ramakrishna, bajo la Orden de Shankara, el gran maestro de la Vedanta no-dual. Y así fue como comenzó la Orden Ramakrishna, asumiendo el lema: "Para la propia liberación y para el bienestar del mundo".

Existe un dicho: "Como el río que fluye, el monje que no se detiene, puro se mantiene". Después de un tiempo, Vivekananda dejó el monasterio para llevar la vida errante del renunciante. Él viajó por casi toda India, casi siempre a pie, visitando lugares de peregrinaje. Así fue como supo por sí mismo como vivían los hindúes. El lloró varias veces ante la condición miserable de su gente. Sólo uno que lo ha experimentado puede entender el sufrimiento ajeno. Una vez, él, con su acostumbrado vigor, dijo que no se podía confiar en que un Dios que no puede dar una rebanada de pan en vida, la dará luego en los cielos. Él observó que la religión no era la necesidad más urgente de India, y mencionó el dicho piadoso de Sri Ramakrishna: "La religión no es para los estómagos vacíos". Vivekananda procuró llamar la atención de los gobernantes locales hacia la condición de las masas, pero no logró muchas respuestas favorables. Más adelante, él expresó sus sentimientos así: "Que nazca una y otra vez , y pase por miles de sufrimientos, así puedo adorar al único Dios que existe, el único Dios en el que creo, la suma total de las almas. Y, por sobre todo, mi Dios el débil, mi Dios el miserable, mi Dios el pobre de todas las razas, de todas las especies, es el objeto especial de mi adoración"[22].

Mientras Vivekananda viajaba por India, él escuchó sobre el Parlamento de las Religiones que sería realizado en Chicago, en septiembre de 1893. Muchos gobernantes hindúes y gente de renombre, le pidieron que asistiera para representar al hinduismo, pero él rechazó sus propuestas. Mientras estaba en Madrás, tuvo un sueño simbólico en el que vio a Sri Ramakrishna caminar sobre las aguas del océano, mientras le señalaba que lo siguiera. También escuchó la voz del Maestro diciendo "Ve". Finalmente, Vivekananda accedió.

---

22   *Complete Works*, V, 137.

Mientras se hacían los preparativos para su partida, el Raja Ajit Singh de Ketri, quien era discípulo suyo, le pidió que fuera a bendecir a su hijo recién nacido y también le pidió que le dejara costear su pasaje a América. Vivekananda estuvo de acuerdo y fue a Ketri para la celebración. Una noche, mientras estaba allí, el Maharaja le invitó a una función musical que haría una bailarina, pero el Swami le mandó a decir que como él era un monje no le estaba permitido disfrutar de placeres seculares. La bailarina se sintió herida por las palabras del Swami y cantó este canto que el Swami escuchó:

¡Señor, no tomes en cuenta mis faltas!
¿No eres Tú acaso, El Ecuánime?
De hierro es la imagen del altar,
El mismo hierro forja el cuchillo del carnicero.
Y ambos se vuelven oro al toque de Tu alquimia.
¡Señor, no tomes en cuenta mis faltas!

Vivekananda quedó profundamente conmovido. Esa bailarina a quien la sociedad condenaba como impura, le había enseñado una gran lección. Brahman, siempre-puro, siempre-libre, siempre-iluminado, está en todos los seres. Inmediatamente, él entendió su error y, saliendo de su habitación, se unió al evento. Más tarde dijo: "Ese incidente quitó la regla de mis ojos. Viendo que todo es verdaderamente la manifestación del Uno, no pude condenar más"[23].

Vivekananda viajó de Bombay a Chicago el 31 de mayo de 1893, vía Japón por el Pacífico. El Parlamento de las Religiones de Chicago fue uno de los eventos significativos de la historia del mundo. En la sesión de apertura del Parlamento, Vivekananda dio el eterno mensaje de Vedanta: "Como todos los diferentes cursos de agua, que tienen su origen en distintos lugares, convergen en el océano, así, Señor, los distintos senderos que el hombre toma, a través de diferentes tendencias, variados como parecen, torcidos

23   *Life*, I, 286.

o rectos, todos llegan a Ti"[24].

La señora S. K. Blodgett, norteamericana, contaría luego: "Yo estaba en el Parlamento de las Religiones de Chicago, en 1893, y cuando ese joven [Vivekananda] se levantó y dijo: 'Hermanas y hermanos de América', siete mil personas se levantaron de un salto para honrar algo que no sabían qué era; y, cuando se terminó y vi a todas esas mujeres por poco saltar sobre las barreras para llegar hasta él, me dije: "bueno, muchacho, si puedes enfrentar ese ataque, de verdad eres un Dios"[25].

Los periódicos le dieron a Vivekananda mucho espacio y él se volvió famoso. Las mansiones de los más adinerados de la sociedad norteamericana estaban abiertas para él y lo recibían como huésped de honor. Sin embargo, él nunca se deslizó de sus ideales monásticos, ni se apartó del servicio que se había propuesto hacer. Comenzó a dar charlas espirituales a través del Medio Oeste y en la Costa Este, así como en algunos estados sureños. Fundó la Sociedad Vedanta de Nueva York y entrenó a algunos sinceros estudiantes en Thousand Island Park. A través de conferencias, como de contactos personales, Vivekananda reveló los tesoros de Vedanta al mundo occidental. Como escribiera Sister Nivedita (Margaret Noble): "Donde otros hablaban de medios y maneras, él sabía como encender una antorcha. Donde otros señalaban la dirección, él mostraba la cosa misma"[26]. El era como uno de los periodistas norteamericanos lo describiera: "un orador por mandato divino"[27].

La Verdad es simple, como lo demuestran las enseñanzas de todos los grandes maestros del mundo. Como Vivekananda había experimentado la Realidad Última, pudo hacer que todos entendieran las verdades de Vedanta. Él le escribió a uno de sus discípulos: "Poner las ideas hindúes en inglés y luego hacer de

---

24   *Complete Works*, I, 4.

25   *Life*, I, 418.

26   Nivedita, 82

27   Burke, Marie Louise, *Swami Vivekananda In America: New Discoveries* (Calcutta: Advaita Ashrama, 1958), 85.

la árida filosofía, la intrincada mitología y la rara psicología, una religión que sea simple y popular, y al mismo tiempo elevada para las mentes desarrolladas, es una tarea que sólo quienes la han intentado pueden entender. La árida y abstracta Advaita debe volverse viva, poética, práctica para la vida cotidiana, de una incomprensible mitología deben salir formas de moral concreta y del desconcertante yogismo debe venir la psicología más práctica y científica. Y todo esto debe ser expresado de tal manera que hasta un niño pueda entenderlo. Ésta es la tarea de mi vida"[28].

Vivekananda conoció a muchos notables del mundo occidental: Max Muller, Paul Deuseen, William James, Robert Ingersoll, Nikola Tesla, Sarah Bernhardt y Madam Emma Calvé. Madam Calvé, la famosa cantante de ópera, escribió en su autobiografía que ella debía su paz y prosperidad a Vivekananda. Ella relató también un encuentro interesante que tuvo lugar en Chicago, entre John D. Rockefeller y Swami Vivekanada. Vivekananda le hizo entender a Rockefeller que su fortuna le había sido dada por Dios, para que él tuviera la oportunidad de ayudar a otros. Rockefeller se indignó pensando que era una insolencia que alguien le dijera semejante cosa y le ordenase a él qué hacer. Se fue sin saludar. Pero, una semana más tarde regresó a ver al Swami con un papel detallando su plan de donar una enorme suma de dinero a una institución pública.

"Bueno, ahí lo tiene", dijo, "se debe sentir satisfecho ahora y puede agradecerme por ello".

Vivekananda leyó el papel con calma y le dijo: "Es usted quien tiene que agradecerme". Esa fue la primer gran donación de Rockefeller para el bien público.[29]

Vivekananda regresó a la India en 1897, después de visitar y dar conferencias en algunos países europeos. La recepción triunfal que se le hizo en India fue excepcional. Millones de personas vinieron a saludarlo y hasta los rajas (reyes) se prosternaron ante él. Él viajó y dio charlas en toda India, esta vez como héroe

28   *Complete Works*, V, 104-5.
29   Burke, 113-114

nacional. Comenzó así a despertar la durmiente y subyugada nación con los sones del clarín de Vedanta:

¡Despierta! ¡Levántate! Y no te detengas hasta haber alcanzado la meta.[30]

Vigor, vigor es de lo que los Upanishads me hablan desde cada página. No sean débiles. ¿Puede el pecado redimirse con pecado, la debilidad curar a la debilidad? Levántense y sean fuertes.[31]

El primer paso para ser fuertes es el de asirse a los Upanishads y creer: "Soy el Alma". "La espada no me corta, la flecha no me atraviesa, el fuego no me quema, el viento no me seca. Soy Omnipotente, soy Omnisciente". Repitan esa benditas, salvadoras palabras. No digan somos débiles; sino: podemos hacerlo todo. Todos tenemos la misma alma gloriosa. Tengamos fe en esto".[32]

Esos conceptos de Vedanta deben ser esparcidos, no deben quedarse en la selva, ni en las cuevas, sino que deben llegar al bar, al jurado, al púlpito y a la choza del pobre.[33]

Lleven la luz y la vida de Vedanta a cada puerta y despierten la divinidad que se esconde en cada alma.[34]

En 1897, Vivekananda fundó el Monasterio y la Misión de Ramakrishna y estatuyó las primeras reglas y regulaciones. Él delineó las metas e ideales de la Orden, que son puramente espirituales y humanitarias. Se compró una propiedad en Belur, al otro lado del río desde Calcuta, que luego sería la sede

---

30   *Complete Works*, III, 193.

31   *Complete Works*, III, 237.

32   *Complete Works*, III, 244.

33   *Complete Works*, III, 245.

34   *Complete Works*, III, 199.

principal de la Orden. Vivekananda instaló allí las reliquias de Sri Ramakrishna. "El Maestro una vez me dijo", expresó Vivekananda, "'iré donde sea que tú me lleves sobre tus hombros, así sea bajo un árbol o a la más humilde choza'"[35].

Dos días antes de morir, Vivekananda profetizó: "El impacto espiritual que ha venido a Belur durará mil quinientos años y éste será una gran universidad. No crean que lo imagino, lo veo"[36].

Otros dos centros se abrieron bajo su guía: uno en Mayavati en los Himalayas, para que los occidentales pudieran practicar Vedanta no-dual, y el otro en Madrás. Vivekananda comenzó la publicación de tres revistas para propagar las ideas e ideales de Vedanta. Pero muy pronto su salud comenzó a fallar bajo el peso del trabajo. El necesitaba descansar. Sus amigos y discípulos norteamericanos le rogaron que regresara a Norteamérica, y sus hermanos discípulos pensaron que el viaje marítimo le haría bien. Así, el 20 de junio de 1899, Vivekananda partió al Occidente por segunda vez, acompañado de Swami Turiyananda y Sister Nivedita. Durante éste viaje el Swami le dijo a Nivedita: "Mientras más envejezco, más me parece que todo se basa en el coraje" y éste es mi nuevo evangelio"[37].

Él se detuvo en Londres por algunos días y siguió su viaje a los Estados Unidos. "Amo la tierra yankee", le escribió a una señora norteamericana. "Me gusta ver cosas nuevas. Me importan un comino las ruinas antiguas, el deprimirse con viejas historias y el pasársela suspirando por los antepasados. Tengo demasiado vigor en la sangre como para eso. En Norteamérica está el lugar, la gente y la oportunidad para todo lo que es nuevo. Me he vuelto horriblemente radical"[38].

A medida que continuaba sus viajes, sus enseñanzas, sus observaciones, escribiendo y meditando, la fe de Vivekananda

---

35   Vivekananda: *The Yogas*, 146.

36   *Reminiscenses of Swami Vivekananda*, by His Eastern and Western Admirers (Calcutta: Advaita Ashrama, 1964), 249.

37   Nivedita, 35.

38   *Complete Works*, VII, 495-6.

en la eficacia de Vedanta, creció. El vio a Vedanta no como una mera religión o mera filosofía, pero como el medio por el cual ciencia y religión podrían reconciliarse y la espiritualidad y la prosperidad material unirse. El se dio cuenta de que el Oriente era fuerte en tradiciones religiosas y espirituales, mientras que el Occidente, debido a todos sus avances tecnológicos y riqueza material, sufría de pobreza espiritual. No había razón, pensó él, para que el Oriente y el Occidente no se beneficiaran mutuamente, mediante la eliminación de sus desventajas. Así, en sus escritos, enseñanzas y conferencias, Vivekananda expresó su creencia, de que los principios prácticos, racionales y vigorizantes de Vedanta, podrían alguna vez ayudar a la humanidad a avanzar mental, espiritual y científicamente.

"Diseminando los profundos secretos de Vedanta en el mundo occidental", dijo, "atraeremos la simpatía y atención de esas naciones poderosas, manteniéndonos como sus maestros espirituales, dejen que ellos sean nuestros maestros de las cosas materiales. Nada vendrá de mendigarles día y noche: 'dame esto, dame aquello'. Cuando crezca un eslabón de simpatía y mutua atención por éste proceso de dar y tomar, entonces no habrá necesidad de esos lamentosos pedidos. Ellos harán todo por su propia voluntad. Creo que cultivando la religión y por la amplia difusión de Vedanta, ambos: nuestro país y el Occidente ganarán enormemente"[39].

Esta vez, Vivekananda estuvo en el Occidente un año y medio, y dio conferencias principalmente en Nueva York y en la Costa Oeste. Como era su costumbre, no prestó atención al desgaste que la carga excesiva producía en su salud. Él estaba consumiendo su energía en su incesante servicio a la humanidad. En San Francisco, a una señora discípula suya le dijo: "Quizás tenga que nacer nuevamente. Es que me he enamorado de la gente"[40].

En julio de 1900, él dejó Nueva York para presentarse en el

39   *Complete Works*, VI, 448-9.
40   Ashokananda Swami, *Swami Vivekananda In San Francisco* (San Francisco: Vedanta Society of Northern California, 1969), 13.

Congreso de la Historia de las Religiones, de Paris; allí habló dos veces. Luego viajó a Viena, Constantinopla, Atenas y el Cairo, acompañado por Madam Calvé y la señorita Josephine MacLeod. Luego de su regreso a India, en diciembre de 1900, Swami Vivekananda se concentró en dar el toque final a su "religión formadora de hombres". En su experiencia, un carácter ideal puede ser formado por la combinación de los cuatro yogas: los senderos de la acción, el conocimiento, la devoción y la meditación; entrenó a los monjes de acuerdo con ello. Pero como sabía que estaba llegando al final de su misión, él guió e inspiró a sus hermanos monjes y a sus propios discípulos, para que pudieran tomar sus responsabilidades. Una vez le dijo a la señorita MacLeod: "Nunca veré los cuarenta. Dí mi mensaje, ahora debo partir". Cuando ella le preguntó: "¿Por qué irse?", él respondió: "La sombra de un gran árbol no permitirá crecer a los pequeños; debo irme para dejarles espacio"[41]. Consultó un almanaque bengalí y, sin decírselo a otros, eligió para su partida el cuatro de julio de 1902.

Sister Nivedita, dejó una crónica detallada: "Él había estado meditando durante horas, luego dio una larga clase de sánscrito. Finalmente salió a caminar desde el monasterio hasta la ruta distante. A su regreso, la campana del árati estaba resonando; él fue a su habitación y se sentó a meditar de cara hacia el río Ganges. Esta fue la última vez. Había llegado el momento que su maestro le había anticipado desde el principio. Media hora pasó, y, luego, en las alas de esa meditación, su espíritu alcanzó la otra orilla, desde donde no hay retorno, y el cuerpo se quedó allí, como una ropa doblada, en la tierra"[42].

Una vez, hacia el final de su misión, él le contó a una audiencia occidental: "Puede ser que yo descubra que es bueno salir de mi cuerpo, soltarlo como a una ropa gastada. Pero, ¡no dejaré de trabajar! Inspiraré a cada uno, en todas partes, hasta que el mundo sepa que es uno con Dios".

41   *Reminiscenses*, 248.
42   Nivedita, 331-2.

1
¿Qué es Vedanta?

Vedanta: La Culminación de los Vedas

La palabra *hindú*, con la cual está de moda identificarnos, ha perdido su significado, porque esa palabra sólo indicaba a aquellos que vivían al otro lado del río Indus (*Sindhu*, en sánscrito). Ese nombre fue mutilado en el de *'hindu'* por los antiguos persas, quienes distinguieron así a todos los que vivían del otro lado del Sindhu, *hindus*. Así es como esa palabra ha llegado hasta nosotros, y durante la ocupación musulmana, la tomamos por nosotros mismos. No hay problema en usar esa palabra, claro, pero, como he dicho, ésta ha perdido su significado, porque quizás usted señale que quienes hoy viven de este lado del río Indus no siguen la misma religión de los tiempos antiguos. La palabra, entonces, no sólo no sirve para indicar a los hindúes apropiadamente, sino que tampoco a los musulmanes, cristianos, jainas y otros que viven en India. Por eso yo no usaré la palabra hindú. ¿Qué palabra deberíamos usar, entonces? Las otras palabras que podemos usar son, o bien *Vaidikas*, seguidores de los Vedas, o mejor aún: *Vedantistas*, seguidores de Vedanta. La mayoría de las religiones del mundo le deben su lealtad a ciertos libros, que ellos creen ser la palabra de Dios o de otros seres sobrenaturales y que constituye la base de su religión. Ahora, de todos esos libros, de acuerdo con los modernos eruditos occidentales, los más antiguos son los Vedas de los hindúes. Es necesario, entonces, explicar un poco sobre los Vedas.

Esa colección de escritos llamados 'Los Vedas', no fueron expuestos por personas. Su fecha nunca se ha fijado, no puede ser fijada, de acuerdo con nosotros: los Vedas son eternos. Existe un punto sobresaliente que quiero que recuerden, esto es que todas las otras religiones del mundo reclaman que su autoridad le ha sido conferida por un Dios Personal, mientras que los hindúes sostienen que ellos no deben su autoridad a ser alguno. Siendo el conocimiento de Dios eterno, no tienen otra autoridad que a sí mismos. Nunca fueron escritos, nunca creados. Han existido a través del tiempo. Así como la creación es infinita y eterna, sin comienzo y sin final, así es el conocimiento de Dios, sin comienzo ni final. Y este es el conocimiento que se entiende por Vedas (*Vid*, conocer).

Esta colección de escritos, los Vedas, se divide principalmente en dos partes: *karma kanda* y *jñana kanda*, la porción de actividades y la porción de conocimiento, lo ceremonial y lo espiritual. Las actividades consisten en diversos sacrificios. La mayoría de ellos han sido últimamente dejados de lado por lo impracticable, pero otros permanecen hasta hoy, de una u otra manera. Las ideas principales de karma kanda, son sobre los deberes que debe seguir un hombre, un estudiante, un hogareño o un ermitaño y de los diferentes deberes a seguir en las otras etapas de la vida, y son más o menos respetados aún hoy. Pero, la porción espiritual de nuestra religión está en la segunda parte, jñana kanda, de Vedanta, el fin de los Vedas, la esencia, la meta de los Vedas. La esencia del conocimiento de los Vedas, que incluye a los Upanishads, fue llamada Vedanta. Y todas las sectas de India: dualistas, monistas calificadas, monistas, shaivas, vaishnavas, shaktas, sauras, ganapatyas, cada una de las que entra bajo el paraguas del hinduismo, debe reconocer a los Upanishads de los Vedas. Ellas pueden tener sus propias interpretaciones, pero deben obedecer su autoridad. Por eso es que queremos usar la palabra *Vedantista* en lugar de *hindú*. Todos los filósofos de India deben reconocer la autoridad de Vedanta. (III. 118-120)

Los Vedas: Sin Principio ni Fin

Los hindúes han recibido su religión, los Vedas, a través de revelaciones. Ellos afirman que los Vedas son sin principio ni fin. Quizás suene ridículo para esta audiencia, cómo puede un libro ser sin comienzo ni fin. Pero por Vedas no se habla de libro alguno. Ellos indican los tesoros acumulados de leyes espirituales descubiertas por diferentes personas en tiempos diferentes. Así como la ley de gravedad existió antes de ser descubierta y continuará existiendo aun si toda la humanidad la olvida, lo mismo sucede con las leyes que rigen el mundo espiritual. Las relaciones morales, éticas y espirituales entre alma y alma y entre espíritus individuales y el Padre de todos los espíritus, estuvieron allí antes de ser descubiertas y seguirán estando aun si las olvidamos.

Los descubridores de esas leyes fueron llamados *rishis*; nosotros les rendimos honores como a seres perfectos. Y estoy feliz de contarle a esta audiencia que algunos de los más grandes entre ellos fueron mujeres. Aquí se podría argumentar que esas leyes, como tales, pueden ser sin final, pero que han tenido un origen. Los Vedas nos enseñan que la creación es sin principio ni fin. Se dice que la ciencia ha probado que la suma total de la energía cósmica es siempre la misma. Entonces, si hubo un tiempo en que nada existía, ¿dónde estaba toda esa energía manifiesta? Algunos dicen que estaba en forma potencial, en Dios. En ese sentido, Dios es algunas veces potencial y otras veces cinético, lo que lo haría mutable. Todo lo mutable es un compuesto, y cada compuesto debe pasar por ese cambio llamado destrucción. Quiere decir que Dios moriría, lo cual es absurdo. Se sigue entonces que nunca hubo un tiempo sin creación. Si se me permitiera el uso de una analogía: Creador y creación son dos líneas, sin comienzo y sin final, que corren paralelas, una con respecto a la otra. Dios es la todo-activa providencia, por cuyo poder, sistemas tras sistemas evolucionan del caos, son hechos funcionar por un tiempo y luego destruidos una y otra vez. Esto es lo que los niños brahmines repiten todos los días: "El Señor creó el sol y la luna de la misma manera que a los soles y lunas de los ciclos previos". (I. 6-7)

Pensamientos Sobre los Vedas y los Upanishads

El altar sacrificial védico fue el origen de la geometría.

La invocación de los *devas*, o seres brillantes, fue la base de la adoración. La idea es que el invocado es ayudado y ayuda.

Los himnos no son sólo palabras o frases, sino palabras de poder cuando son pronunciadas con la correcta actitud mental.

Cielos son sólo otros estados de existencia con más sentidos y agudizados poderes.

Todos los cuerpos elevados están sujetos a la desintegración, como los físicos. La muerte llega a todos las formas corpóreas en esta y otras vidas. Los *devas* son también mortales y sólo pueden otorgar placeres.

Detrás de todos los devas está el Ser Único, Dios, como detrás de este cuerpo hay algo más elevado que siente y ve.

El poder de creación, preservación y destrucción del universo, y los atributos, como la omnipresencia, omnisciencia y omnipotencia, hace a los dioses Dios.

Morimos en la tierra. Morimos en el cielo. Morimos en los cielos más elevados. Es sólo cuando alcanzamos a Dios que logramos la vida y nos tornamos inmortales.

Los Upanishads sólo hablan de esto. El camino de los Upanishads es el camino puro. Muchas de sus maneras, costumbres y alusiones locales no pueden ser entendidas hoy;

sin embargo, la verdad se vuelve clara. Los cielos y la tierra son descartados para llegar a la Luz.

Los Upanishads declaran: "Él, el Señor, ha penetrado al universo. Todo es Suyo".

"Él, el Omnipresente, el Uno sin segundo, el Uno sin cuerpo, puro, el gran Poeta del universo, cuyas medidas son las estrellas y soles, nos otorga a cada uno lo que merecemos"[43].

"Están perdidos en la oscuridad quienes tratan de lograr la Luz a través de rituales. Y los que piensan que esta naturaleza es todo están en la oscuridad. Los que desean dejar la naturaleza a través del pensamiento están dando vueltas en la más densa oscuridad"[44].

¿Son los rituales desaconsejados? No, ellos benefician a quienes están avanzando.

En uno de los Upanishads [Katha] un joven, Nachiketa, pregunta lo siguiente: "Hay quienes dicen de un hombre muerto: 'se ha ido'; otros: 'él todavía está presente'. Tú eres Yama, la muerte, sabes la verdad, por favor dímela. Yama responde: "Aún los devas, muchos de ellos, no lo saben, menos aun los hombres. Muchacho, no me lo preguntes". Pero, Nachiketa persiste. Yama nuevamente responde: "Te ofrezco el placer que sienten los dioses, pero no insistas en obtener respuesta a tu pregunta". Sin embargo, Nachiketa se mantuvo firme, como una roca. Entonces, el dios de la muerte dijo: "Hijo mío, has declinado, por tercera vez, riqueza, poder, larga vida, fama y familia. Eres lo suficientemente valiente como para consultarme sobre la verdad más elevada. Te la enseñaré. Hay dos senderos: uno el de la verdad, el otro del placer. Has elegido el primero".

Ahora, noten aquí las condiciones para impartir el conocimiento. Primero pureza, un muchacho, alguien puro,

43   *Isha Upanishad*, 8, adaptado.
44   *Isha Upanishad*, 9.

un alma desnuda, preguntando sobre el secreto del universo. Segundo, que debe buscar la verdad por la verdad solamente.

A menos que la verdad provenga de alguien que la ha realizado, alguien que la ha percibido por sí mismo, no puede fructificar. Lo libros no pueden otorgarla. Las discusiones filosóficas no pueden establecerla. La Verdad llega a quien conoce su secreto. Una vez que la recibes, quédate tranquilo. No te agites con vanas argumentaciones. Realízate a ti mismo. Sólo tú puedes hacerlo.

Ni la miseria ni la felicidad, ni el vicio ni la virtud, tampoco el conocimiento, ni la ignorancia, son [la Verdad]. Eres tú quien debe realizarla. ¿Cómo podría describírtela?

El que llora con todo su corazón, pidiendo: "O Señor, sólo te quiero a Ti", a él, el Señor se le revela. Sé puro, calmo. La mente intranquila no puede reflejar al Señor.

"Para lograr a Aquel, que los vedas declaran, servimos con oración y sacrificio. Om es el sagrado nombre de Aquel indescriptible Uno. Esta palabra es la más sagrada de todas. Quien conoce el secreto de esta palabra recibe lo que anhela"[45]. Toma refugio en esta palabra. La puerta se abre para quien toma refugio en esta palabra. (VI. 86-88)

"Hijos de la Dicha Inmortal"

El alma humana es eterna, inmortal, perfecta e infinita; muerte sólo significa el cambio de centro de un cuerpo a otro. El presente está determinado por nuestras acciones pasadas y el futuro por el presente. El alma irá evolucionando o involucionando, de nacimiento en nacimiento y de muerte en muerte. Pero, luego surge otra pregunta: ¿es el hombre un pequeño bote perdido en

---

45   *Katha Upanishad*, 1.2.15-16.

la tempestad, elevándose en la espumosa cresta de una ola en un momento para ser sacudido al profundo abismo al momento siguiente, rodando de un extremo al otro a la merced de las buenas y malas acciones, el resto de un naufragio, impotente e indefenso en una siempre embravecida, rápida corriente de causa y efecto, una pequeña polilla bajo la rueda de la causalidad, que gira aplastándolo todo a su paso y no se detiene con las lágrimas de la viuda ni con el llanto del huérfano? El corazón desfallece ante esta idea. Sin embargo, esta es la ley de la naturaleza.

¿Es que no hay esperanza? ¿Es que no hay escapatoria?, fue el grito que salió del fondo del corazón desesperado. Llegó al trono de la misericordia, y palabras de esperanza y consolación vinieron e inspiraron al sabio védico, y él se levantó frente al mundo y con resonante voz proclamó las buenas nuevas: "¡Escuchad hijos de la dicha inmortal, incluso aquellos que residen en las altas esferas! He encontrado al Anciano Uno, quien está más allá de toda oscuridad, de toda ilusión. Es sólo conociéndolo que seréis salvados de la repetida muerte"[46]. "Hijos de la dicha inmortal, ¡qué dulce, esperanzador nombre! Permite que te llame a ti, hermano, con ese dulce nombre, heredero de la dicha inmortal. El hindú se niega a llamarte pecador. ¡Pecadores los hijos de Dios, los partícipes de la dicha inmortal, seres santos y perfectos! Es un pecado llamar al hombre así. Es una calumnia a la naturaleza humana. Levántense, leones; sacúdanse la ilusión de ser corderos. Son alma inmortal, espíritus libres, benditos y eternos. No son materia, no son cuerpos. La materia es su sirviente y no ustedes sus servidores.

Los Vedas no proclaman una horrible combinación de leyes que no perdonan, no una prisión de causa y efecto sin fin, sino, a la cabeza de todas esas leyes, en y a través de cada partícula de materia y energía, se yergue el Uno "por cuyo comando el viento sopla, el fuego quema, las nubes precipitan agua y la muerte asecha sobre la tierra".

¿Y cómo es Su naturaleza?

46   *Shvetashvatara Upanishad*, 2.5, 3.8.

Él está en todas partes, el Uno, puro y sin forma, el Todo-Poderoso y Todo-Compasivo. "Tú eres nuestro padre, Tú eres nuestra madre, nuestro bienamado amigo eres Tú. Eres la fuente de toda fuerza, danos fortaleza. Tú eres el que soporta las cargas del universo, ayúdame a soportar la pequeña carga de esta vida"[47]. Así declaman los rishis de los Vedas. ¿Y cómo adorarlo? Con amor. "Él debe ser amado como el más amado, más querido que todo en esta y en la próxima vida". (I. 10-11)

La Libertad es el Canto del Alma

Una enorme locomotora ha pasado sobre los rieles y un diminuto gusano, que trepaba por uno de los rieles, salvó su vida a gatas. Aun así, este gusanito, tan insignificante, que puede ser aplastado a cada momento, es algo vivo; mientras que la locomotora, tan grande, gigantesca, es sólo una máquina. Uno está vivo, mientras que la otra es sólo materia inerte; todos su poderes, fuerza y velocidad son sólo los de una máquina muerta, un invento mecánico. Mientras que el pobre pequeño gusano, que se arrastró a través del riel y a quien el mínimo toque de la máquina lo hubiera matado, es un ser majestuoso en comparación con la enorme locomotora. Es una pequeña parte del Infinito y, por ello, más grande que esa poderosa máquina. ¿Por qué es eso? ¿Cómo diferenciamos lo vivo de lo muerto? La maquina mecánicamente realiza todos los movimientos que el maquinista le hace hacer; sus movimientos no son vivos. ¿Cómo podemos distinguir entre lo viviente y lo inerte, entonces? En lo vivo hay libertad, hay inteligencia. En lo muerto, todo está determinado y no hay libertad posible, porque no hay inteligencia. Esta libertad que nos distingue de las máquinas, es por lo que todos estamos luchando. Ser más libres es la meta de todos nuestros esfuerzos, porque sólo en la libertad perfecta puede haber perfección. Este

47   *Pandava Guita*, adaptado.

esfuerzo por lograr liberación es el substrato de todas las formas de adoración, sea que lo sepamos o no.

Desde su nacimiento, el niño se rebela en contra de la ley. Su primer manifestación es la de llorar, protesta en contra de la prisión en la que se encuentra. Ese anhelo por libertad produce la idea de un Ser que es siempre libre. El concepto de Dios es un elemento fundamental en la constitución humana. En Vedanta *Sat-Chit-Ananda* (Existencia-Conocimiento-Dicha) es el concepto más elevado de Dios que la mente puede concebir. Es la esencia del conocimiento y es, por naturaleza, la esencia de la dicha. Hemos sofocado esa voz interna demasiado tiempo, en seguimiento de la ley y para calmar la naturaleza humana, pero allí está ese instinto humano de rebelarse contra la ley de la naturaleza. Quizás no entendamos que significa, pero allí está esa lucha inconsciente entre lo humano y lo espiritual, entre la baja y la elevada mentalidad; y la lucha intenta preservar la vida de uno separada, lo que llamamos: "individualidad".

Hasta los infiernos se destacan por este hecho milagroso de que nacemos rebeldes. Y enfrente del primer hecho de la vida, la irrupción de la vida misma, nos rebelamos y clamamos: "Que no hayan leyes para nosotros". Mientras les obedecemos somos como máquinas. Leyes, como leyes, se vuelven la naturaleza del hombre. El primer indicio de la vida elevada es el de ver ese combate interno para cortar las ligaduras de la naturaleza y ser libre. "¡Libertad, libertad! ¡Libertad, libertad!", es el canto del alma. (I. 333-35)

Deshipnotícense

¿Es que nosotros debemos aconsejar al hombre que se arrodille y llore: "Oh, que miserables pecadores que somos"? No. Más bien, recordémosle su naturaleza divina. Les voy a contar una historia. Una leona, buscando una presa, llegó hasta una majada de ovejas, pero al saltar sobre una de ellas dio a luz a un cachorro y murió. El leoncito se crió con la majada, comiendo pasto y balando como un cordero, sin saber que era un león. Un día, otro león acertó a pasar cerca de la majada y se asombró al ver a un león adulto comiendo pasto y balando. Al verlo, las ovejas corrieron asustadas y el león-oveja también. Pero, el otro león vigiló hasta que un día lo encontró dormido. Entonces, despertándolo, le dijo: "tú eres un león". El otro dijo: "no" y comenzó a balar. Pero el león extranjero lo llevó hasta un lago y le pidió que viera su imagen en el agua y que le dijera si no se le parecía. Viendo su imagen, reconoció que sí. Luego el otro león comenzó a rugir y le pidió que hiciera lo mismo. El león-oveja probó su voz y pronto comenzó a rugir como el otro. Y nunca más volvió a ser una oveja.

Así es. Por hábito, somos leones en cueros de ovejas. Estamos hipnotizados en debilidad por nuestro entorno. Y el terreno de Vedanta es el de la auto-des-hipnotización.

Si la habitación está a oscuras, ¿te golpeas el pecho, gritando: está oscuro, oscuro, oscuro? No. La única manera de obtener luz es la de encenderla y así la oscuridad desaparecerá. La única manera de darse cuenta de la luz que hay en ti es la de encender la luz dentro tuyo; la oscuridad del pecado y la impureza desaparecerá. Piensa en tu Ser superior, no en el inferior. (I. 326-7, VIII. 257)

El Evangelio de la Fortaleza

Hombres, hombres son los necesarios, todo lo demás estará listo, pero fuertes, vigorosos, jóvenes genuinos y sinceros hasta los huesos, son requeridos. Cien de ellos revolucionarían al mundo. La voluntad es más fuerte que todo lo demás. Todo debe someterse a la voluntad, porque proviene de Dios, de Dios mismo. Una voluntad pura y fuerte es omnipotente. Lo que queremos es fortaleza, entonces confía en ti mismo. Nos hemos vuelto débiles y por ello el ocultismo y el misticismo vienen hacia nosotros.

Quizás haya gran verdad en ellos, pero casi nos han destruido. Fortalece tus nervios. Queremos músculos de hierro y nervios de acero. Ya hemos llorado bastante. No más llanto, yérganse y sean hombres. Queremos una religión que haga hombres. Y aquí yace la prueba de la verdad: cualquier cosa que te debilite física, mental, intelectual y espiritualmente debe ser rechazada como veneno. No hay vida en ella; no puede ser la verdad. La verdad fortalece, ilumina, da vigor. Vuelvan a los Upanishads, la brillante, fortaleciente, luminosa filosofía, y sepárense de todas esas cosas misteriosas, todas esas cosas que debilitan. Tomen esta filosofía. Las más grandes verdades son las cosas más simples en el mundo, simples como tu propia existencia. Las verdades de los Upanishads están frente a ti. Tómenlas, vivan a su altura.

Fortaleza, fortaleza es lo que los Upanishads me dicen desde cada página. Esta es la única gran cosa para recordar. Ha sido la lección más grande que se me ha enseñado en esta vida. Fortaleza, fortaleza, dice, fortaleza. Hombre, no seas débil. El hombre pregunta: ¿es que no existen las debilidades humanas? Existen, responden los Upanishads; pero, ¿serán ellas trascendidas con más debilidad? ¿Tratarías de lavar suciedad con suciedad? ¿Será el pecado redimido con pecado y la debilidad curada con debilidad? Fortaleza, hombre, fortaleza, dicen los Upanishads. Levántate y se fuerte. Ay, es la única literatura del mundo donde uno encuentra la palabra *abhih*, "intrépido", una y otra vez. En ninguna otra escritura se aplica este adjetivo al hombre o a Dios. Abhih, ¡[sé] intrépido! Y surge en mi mente la memoria de la visión del gran emperador occidental Alejandro el Grande, y veo, como en una foto, al destacado monarca parado en la orilla del Indus, conversando con uno de nuestros *sannyasins* [monjes], el anciano con quien él estaba hablando, quizás estaba desnudo, totalmente desnudo, sentado sobre una piedra y el emperador, asombrado con su sabiduría, tentándolo con gloria y oro para llevarlo con él a Grecia. Y éste hombre sonríe ante su oro y sus tentaciones y las rechaza. Luego, el emperador, tomando su autoridad de emperador, dice: "Te mataré si no accedes", y el hombre rompe en carcajadas y contesta: "Nunca has dicho tanta mentira como ahora, ¿quién puede matarme? Tú, ¿matarme?, ¡emperador del mundo material! ¡Jamás! Por que soy Espíritu, sin nacimiento ni decadencia. Nunca nací y nunca moriré. Soy el Infinito, el Omnipresente, el Omnisciente. Y, ¿tú quieres matarme? ¡Qué infantil eres!".

Los Upanishads son la gran mina de fortaleza. En ellos se encuentra fuerza suficiente como para robustecer al mundo entero. Todo el mundo puede ser revitalizado, fortalecido, energizado, a través suyo. Ellos convocarán a viva voz a los débiles, los miserables, los caídos de todas las razas, credos y sectas, para que se levanten y sean libres. Libertad, libertad física, libertad mental y libertad espiritual son las palabras claves de los Upanishads. (III. 223-25, 237-38)

El Valiente Mensaje del Oriente

Aproximadamente mil cuatrocientos años antes de Cristo, en India florecía un gran filósofo, llamado Patánjali. Él coleccionó todos los hechos, evidencias e investigaciones de psicología, tomando para ello todas las experiencias acumuladas en el pasado. Recuerden que este mundo es muy antiguo. No fue creado sólo hace dos o tres mil años. Se enseña aquí, en Occidente, que la sociedad comenzó hace ocho mil años, con el Nuevo Testamento. Antes de esto no había sociedad. Esto puede ser cierto en relación a Occidente, pero no es cierto para todo el mundo. Frecuentemente, mientras conferenciaba en Londres, un amigo mío, muy intelectual e inteligente, discutía conmigo. Y un día, en que él estaba usando todas sus armas en mi contra, de pronto exclamó: "¿Por qué tus rishis no vinieron a Inglaterra a enseñarnos?". Le repliqué: "Porque no había Inglaterra. ¿Es que vendrían para enseñarle a los bosques?".

"Cincuenta años antes", me dijo Ingersoll[48], "usted hubiera sido colgado en este país, si hubiese venido a predicar. Habría sido quemado vivo o apedreado en las villas". En alguna otra oportunidad, les he dicho la definición de hombre y de Dios. Hombre es un círculo infinito cuya circunferencia no está en parte alguna, pero cuyo centro está localizado en un punto; y Dios es un círculo infinito cuya circunferencia no está en parte alguna, pero cuyo centro está en todas partes. Él trabaja a través de todas las manos, ve a través de todos los ojos, camina con todos los pies, respira a través de todos los cuerpos, vive en todo lo vivo, habla por todas las bocas y piensa con todos los cerebros. El hombre puede volverse como Dios y lograr control sobre todo el universo, si multiplica infinitamente su centro de auto-conciencia.

El error máximo de todos los sistemas éticos, sin excepción, ha sido la falacia de enseñar los medios por los cuales los hombres no pudieron refrenarse de cometer malas acciones. Todos los sistemas éticos enseñan: "No robar". Muy bien. Pero, ¿por qué roba un hombre? Porque todo robar, y otras acciones malvadas, se han vuelto automáticas, como reglas. ¡El hombre o mujer, sistemático ladrón, mentiroso, injusto, se ha vuelto todo eso a pesar de sí mismo! Es, realmente, un enorme problema psicológico. Nosotros debemos mirar al hombre bajo las luz más caritativa. Ser bueno no es tan fácil. ¿Qué son ustedes sino meras máquinas hasta tanto no se liberen? ¿Deberían estar orgullosos de ser buenos? Por cierto no. Son buenos porque no pueden ser otra cosa. Otro es malo porque no puede ser otra cosa. Si ustedes hubieran estado en su posición, ¿quién sabe qué hubieran sido? La mujer en la calle o el ratero en la cárcel, son el Cristo que ha sido sacrificado para que ustedes sean un buen hombre. Tal es la ley del equilibrio. Todos los ladrones y asesinos, todos los injustos, los débiles, los pecadores, los malvados, ¡son todos mi Cristo! ¡Yo debo adoración al Dios Cristo y al demonio Cristo!

---

48   Robert Ingersoll, un conocido discursista agnóstico norteamericano del siglo diecinueve.

Tal es mi doctrina, no puedo cambiarla. Mis honores a los pies de los buenos y santos, y a los pies de los débiles y malvados. Todos ellos son mis maestros, son mis padres espirituales, todos son mis salvadores. Quizás yo maldiga a uno y, sin embargo, me beneficie con sus faltas; quizás bendiga a otro y me beneficie con sus buenas acciones. Esto es tan verdadero como que estoy aquí. ¡Desdeñar a la mujer de la calle porque la sociedad así lo indica! ¡Ella, mi salvadora, ella, cuyo caminar en las calles es la causa de la castidad de otra mujer! Piensen en esto. Piensen, hombres y mujeres, sobre esto. Es verdad, ¡una desnuda y valiente verdad! Mientras más veo del mundo, más hombres y mujeres, esta convicción crece. ¿A quién debo reprobar? ¿A quién debo elogiar? Ambos lados del escudo deben ser contemplados. (II. 27, 33-34)

11
La Filosofía de Vedanta

El Espíritu y la Influencia de Vedanta

He llegado aquí para representar una filosofía de India, llamada filosofía Vedanta. Esta filosofía es muy, muy antigua. Es la conclusión de la suma de la literatura Aria, conocida como los Vedas. Es, por así decirlo, la flor misma de todas las especulaciones, análisis y experiencias personificados en esa colección literaria acuñada a través de las centurias. Esta filosofía Vedanta presenta ciertas particularidades. En primer lugar, es perfectamente impersonal. No debe su origen a profeta o persona alguna. No se construye alrededor de un hombre como centro. Sin embargo, no tiene nada que decir en contra de filosofías que sí se constituyen en torno a ciertas personas. Más adelante, en India surgieron otras filosofías y sistemas alrededor de personas, como el budismo o tantas de nuestras sectas vigentes. Al igual que los cristianos y los mahometanos, todas tienen un líder a quien deben su lealtad. Pero la filosofía Vedanta se yergue detrás de todas esas sectas; y no hay lucha ni antagonismo entre Vedanta y los otros sistemas del mundo.

Vedanta proclama que el hombre es divino, que todo lo que vemos alrededor nuestro es el resultado de esa divina conciencia. Todo lo que es fuerte, bueno y poderoso en la naturaleza es debido a esa divinidad, y, aunque, en muchos está en estado potencial, no hay en realidad diferencia alguna entre hombre y hombre en esencia, siendo todos igualmente divinos. Allí hay, como si fuera, un infinito océano detrás, y tú y yo somos las variadas olas, emergiendo de ese océano. Y cada uno de nosotros está tratando, lo mejor que puede, de manifestar esa divinidad exteriormente. Así, potencialmente, cada uno de nosotros tiene ese infinito océano de Existencia, Conocimiento y Dicha como derecho de nacimiento, nuestra real naturaleza, y las diferencias entre nosotros son causadas por el menor o mayor poder de manifestar esa divinidad. Por ello, Vedanta sostiene que cada hombre debe ser tratado no por lo que manifiesta, sino por lo que es. Cada ser humano es divino; entonces cada maestro debe colaborar, no condenando al hombre, sino ayudándole a invocar su inherente divinidad.

Ésta también enseña que la vasta masa de energía, que vemos desplegada en la sociedad y en cada plano de acción, es realmente interna; entonces, lo que otras sectas llaman inspiración, Vedanta se toma la libertad de llamarlo *espiración* del hombre. Al mismo tiempo no discrepa con otras sectas. Vedanta no discute con aquellos que no entienden la divinidad del hombre. Consciente o inconscientemente, cada hombre está tratando de desenvolver esa divinidad.

El hombre es como un resorte infinito, encerrado en una pequeña caja, tratando de desplegarse. Y todo el fenómeno social que vemos es el resultado de esta lucha. Todas las competencias y batallas y maldades que vemos alrededor nuestro, no son a causa de esos despegamientos ni son sus efectos. Como decía uno de nuestros filósofos, en el caso de la irrigación de un campo, el tanque está en alguna parte elevada y el agua está tratando de correr hacia el campo, pero es sostenida por una compuerta. Apenas la compuerta es levantada, el agua corre, llevada por su propia naturaleza, y si hay polvo o tierra en el camino, el agua les pasa por encima. Ni el polvo, ni la tierra son el resultado o la causa de este desplegarse de la divinidad del hombre. Ellas son sólo circunstancias coexistentes y, por ello, pueden ser remediadas.

Ahora, esta idea, dice Vedanta, se encuentra en todas las religiones, sea en India o en el extranjero. Es sólo que en algunas la idea es expresada a través de la mitología, y, en otras, a través de la simbología. Vedanta sostiene que no ha habido una religión inspiradora, una manifestación del hombre divino, por más grandiosa que sea, sino que ésta ha sido la expresión de la unidad infinita en la naturaleza humana. Y todo lo que llamamos ética y moral y hacer el bien, es también la manifestación de esa unidad. Hay momentos en que cada hombre siente que él es uno con el universo y se apresura a expresarlo, lo sepa o no. Esa expresión de unidad es lo que denominamos amor y simpatía, y es la base de toda nuestra moral y ética. Esto aparece en su total expresión en el conocido aforismo de la filosofía Vedanta: *Tat Twam Asi*, "Tú eres Aquello".

A cada hombre se le enseña: Eres uno con este Ser Universal, y, como tal, cada alma que existe es tu alma y cada cuerpo que existe es tu cuerpo. En herir a otros te hieres a ti mismo. Amando a otros, amas a tu ser. Tan pronto como una corriente de odio es lanzada hacia fuera, a quien quiera que ésta hiera, también te hiere a ti. Y si es amor lo que emanas, éste regresará a ti. Por que Yo soy el universo. Este universo es mi cuerpo. Soy el Infinito, es sólo que aún no me he dado cuenta. Pero estoy luchando para volverme consciente de ésta Infinitud, y cuando llegue a la plena conciencia del Infinito, la perfección será lograda.

Otra particularidad del Vedanta es que debemos permitir esa variación infinita de pensamientos religiosos y no tratar de que todos estén de acuerdo en una misma opinión, porque la meta es la misma. Como tan poéticamente lo expresa el vedantista: "Como los diferentes ríos, cuyas fuentes están en distintas montañas, se precipitan, sinuosos o rectos, a sumergirse en el océano, así, todos los credos y religiones, que surgen de variados puntos de vista y siguen cursos directos o curvos, al final todos llegan a Ti"[49].

Como una manifestación de esto, descubrimos que esta antigua filosofía, ha inspirado, a través de su influencia, al budismo, la primera religión misionera del mundo; indirectamente, también ha influenciado a la cristiandad a través de los Alejandrinos, los gnósticos y los filósofos europeos de las edades medias. Y, más adelante, influenciando al pensamiento germánico, casi ha producido una revolución en los campos de la filosofía y la psicología. Sin embargo, toda esa masiva influencia ha sido casi imperceptible para el mundo. Como la suave caída del rocío nocturno lleva nutrientes a toda vida vegetal, así, suave e imperceptiblemente, esta divina filosofía se ha extendido por el mundo para el bienestar de la humanidad. Para predicar esta religión no se han usado legiones armadas.

49   *Shiva Mahimnah Stotram*, 7.

En India nunca hubo persecución religiosa por los hindúes, sólo esa maravillosa reverencia que ellos sienten por todas las religiones del mundo. Ellos acogieron a una porción de los hebreos cuando fueron exiliados de su propio país, los judíos Malabar permanecen allí. En otra época, recibieron a los Parsis que habían sobrevivido, y allí están aún hoy, parte nuestra y amados por nosotros, como los modernos Parsis de Bombay. Hubieron cristianos que dijeron que ellos habían venido con Santo Tomas, el discípulo de Jesús Cristo, y se les permitió asentarse en India y mantener sus propios ideales. En India todavía existe una de sus colonias. Este espíritu de tolerancia no se ha secado. No puede ni va a morir.

Esta es una de las grandes lecciones que Vedanta tiene para enseñar. Sabiendo que consciente o inconscientemente, estamos luchando para alcanzar la misma meta, porqué deberíamos de ser impacientes. No necesitamos impacientarnos si un hombre es más lento que otro. No tenemos porqué maldecirlo o injuriarlo. Cuando nuestros ojos estén abiertos y el corazón se haya purificado, la divinidad manifiesta en cada corazón humano, sólo entonces podremos hablar de la hermandad del hombre.

Cuando el hombre ha alcanzado lo máximo, cuando ya no ve diferencias entre un hombre y una mujer, entre sectas, credos, color o nacimiento, ninguna de esas distinciones, sino que va más allá y encuentra esa divinidad que es el hombre real detrás de cada ser humano, sólo entonces él alcanza la hermandad universal, y sólo ese hombre es un vedantista.

Estos son algunos de los resultados histórico-prácticos de Vedanta. (I. 387-92)

Los Principios de Vedanta

El vedantista sostiene que un hombre no nace, ni muere, ni va a los cielos, y que la reencarnación es un mito en relación con el alma. Se da el ejemplo de un libro cuyas páginas son pasadas. Es la historia del libro la que va pasando, no el lector. Cada alma es omnipresente, entonces, ¿a dónde iría o de dónde vendría? Esos nacimientos y muertes son cambios de la naturaleza que nosotros confundimos con cambios en nosotros mismos.

Reencarnación es la evolución de la naturaleza y la manifestación de Dios dentro nuestro.

Vedanta dice que cada vida es construida en el pasado y que cuando podemos mirar hacia atrás, a todo nuestro pasado, nos liberamos. El deseo de liberación tomará la forma de una disposición religiosa desde la infancia. Unos pocos años podrán, de alguna manera, aclararle a uno la verdad. Después de dejar esta vida, y cuando todavía está esperando por la próxima, el hombre aun está en lo fenomenal.

Describiríamos el alma de esta manera: La espada no puede cortarla ni la lanza traspasarla. El fuego no puede quemarla ni el agua mojarla. Indestructible e omnipresente es el alma. No llores por ella.

Si ha sido muy malo, nosotros creemos que se volverá bueno en el tiempo por venir. El principio fundamental es que hay libertad eterna para todos. Todos llegarán a ella. Debemos luchar, empujados por nuestro deseo de ser libres. Todo otro deseo, excepto éste, es ilusorio. Toda buena acción, dice el vedantista, es la manifestación de esa libertad.

Yo no creo que vaya ha haber un tiempo en que todo lo malo del mundo se desvanecerá. ¿Cómo puede ser? Este río sigue su curso. Cierta cantidad de agua sale por un extremo, pero cierta cantidad de agua entra por el otro.

Vedanta dice que tú eres puro y perfecto, que existe un estado más allá de lo bueno y de lo malo, y que éste es tu propia naturaleza. Es aun más elevado que lo bueno. Bueno es solo una diferenciación de grado de lo malo.

No tenemos una teoría sobre el mal. Le llamamos ignorancia.

Todo, todo lo que significa tratar con personas, toda ética, está en el mundo fenomenal. No pensaríamos en aplicar cosas como ignorancia a Dios. De Él decimos que es Existencia, Conocimiento y Dicha Absoluta. Todo esfuerzo de pensamiento y habla harán fenomenal al Absoluto, quebrantando Su naturaleza.

Hay una cosa para recordar: que la aserción: "Yo soy Dios", no puede ser hecha en relación al mundo de los sentidos. Si dicen en el mundo sensorio que son Dios, ¿qué les impediría de hacer lo incorrecto? Entonces, la afirmación de su divinidad se aplica al noúmeno. Si yo soy Dios, estoy más allá de las tendencias sensorias y no puedo hacer mal alguno. Moralidad, por cierto, no es la meta del hombre, sino el medio a través del cual se obtiene la liberación.

La totalidad de las críticas a la filosofía Advaita pueden ser resumidas en que ésta no conduce al placer de los sentidos. Estamos felices de admitirlo.

El sistema de Vedanta comienza con un tremendo pesimismo y finaliza con real optimismo. Nosotros negamos el optimismo de los sentidos pero afirmamos el optimismo real de lo súper-sensorial. Que la felicidad verdadera no está en los sentidos, sino más allá de ellos, y en cada hombre. Esa especie de optimismo que vemos en el mundo es lo que nos conducirá a la ruina a través de los sentidos.

La abnegación es de gran importancia en nuestra filosofía.

Negación implica la afirmación del Ser real. Vedanta es pesimista en la medida en que niega el mundo de los sentidos pero es optimista en su afirmación del mundo real.

Vedanta le da gran importancia al poder de razonar del hombre, y aunque dice que hay algo más elevado que el intelecto, sostiene que éste es el camino.

Necesitamos de la razón para separar toda vieja superstición. Y lo que permanece es Vedanta. Hay un hermoso poema en sánscrito, donde el sabio dice: "¿Por qué lloras amigo? No hay temor ni muerte para ti. ¿Por qué lloras? No hay miseria para ti, porque tú eres como el cielo azul infinito, que no varía en su naturaleza. Las nubes, de todos los colores, pasan frente a él, juguetean por un momento y desaparecen. Pero el cielo es el mismo. Sólo tienes que apartarte de las nubes"[50].

Nosotros debemos abrir las puertas y limpiar el camino. El agua entrará y lo llenará todo por su propia naturaleza, porque ya estaba allí. Vedanta enseña que *nirvana* puede ser logrado aquí y ahora, que no debemos esperar a la muerte para alcanzarlo. Nirvana es la realización del Ser. Y luego de haberlo conocido, aunque sea por un instante, nunca más puede uno quedar ilusionado con el espejismo de la personalidad. Teniendo ojos, deberemos ver lo aparente, pero todo el tiempo sabremos qué es. Habremos descubierto su naturaleza real. Es la pantalla que esconde al perenne Ser. La pantalla se abre y vemos al Ser detrás de ella. Todos los cambios suceden en la pantalla. En un santo, esa pantalla es delgada y la realidad casi se trasluce. En un pecador la pantalla es gruesa, y nosotros perdemos la noción de que Atman está allí también, como lo está detrás de la pantalla del santo. Cuando la pantalla es quitada, nos damos cuenta que en realidad esta nunca existió, que fuimos Atman y nada más. Hasta la pantalla queda olvidada.

Las dos fases de esta distinción en la vida son: primero, que el hombre que conoce a su Ser real no será afectado por cosa alguna. Segundo, que sólo ese hombre puede hacer bien al mundo. Que solamente ese hombre habrá visto el motivo real para hacer bien a otros, porque sólo existe uno. No puede ser llamado egoísta, porque esa sería una diferenciación. Esto es lo único sin egoísmo. Es la percepción de lo universal, no de lo individual. Cada situación de amor y simpatía es una afirmación de lo universal. "No yo, sino tú". 'Ayuda a otro por que tú estás en el otro y él está en ti', es la manera filosófica de expresarlo. El verdadero vedantista dará su vida por un compañero sin pesar, porque él sabe que no muere. Mientras quede al menos un insecto viviendo en el mundo, él estará viviendo. Mientras una boca coma, él comerá. Entonces, él va haciendo el bien a otros y no le importan las ideas modernas de preocuparse por el cuerpo. Cuando un hombre alcanza este punto de abnegación, va más allá de las luchas morales, más allá

---

50   *Avadhuta Guita*, adaptado.

de todo. Él ve a la misma divinidad manifestándose en todo: en el predicador más erudito, en la vaca, en el perro, en los lugares más miserables. Sólo él es feliz. Y, el hombre que ha alcanzado esta ecuanimidad ha conquistado en vida a la existencia toda. Dios es puro, entonces, se dice que tal hombre vive en Dios. Jesús dijo: "Antes de que Abraham fuera, yo era". Eso significa que Jesús y otros como él, son espíritus libres. Y Jesús de Nazaret, tomó una forma humana no bajo la compulsión de sus acciones pasadas, sino para hacer bien a la humanidad. No es que cuando un hombre se libera vaya a detenerse y transformarse en una cosa inerte. Sino que se volverá más activo que cualquier otro ser, porque todos los otros actúan sólo por obligación, él sólo en libertad.

¿Es que, si no estamos separados de Dios, no tenemos individualidad? Ésta es Dios. Nuestra individualidad es Dios. No se trata de la individualidad que tienes ahora; estás llegando a ella.

Individualidad significa lo que no puede ser dividido. ¿Cómo puedes llamar a esto individualidad? En un momento estás pensando de una manera y en el próximo de otra. Dos horas más tarde, de otra. Individualidad es aquello que no cambia, que está más allá de todas las cosas, incambiable. Sería muy peligroso para este estado el permanecer en la eternidad, porque entonces, el ladrón sería siempre un ladrón y el sinvergüenza un sinvergüenza. Si un bebé muriera, tendría que permanecer bebé. La verdadera individualidad es aquella que nunca cambia ni cambiará, esto es: Dios dentro nuestro.

El vedantismo es un extenso océano, sobre cuya superficie un buque de guerra puede estar cerca de un catamarán. Así, en el océano vedántico un verdadero yogui puede estar al lado de un idólatra, o hasta de un ateísta. Y, lo que es más, en el océano vedántico, el hindú, el mahometano, cristiano y parsi, son todos uno, todos hijos del Dios Todo-Poderoso. (V. 281-86)

Las Tres Principales Escuelas de Vedanta

Entre los vedantistas, existen tres variaciones principales. Pero todos están de acuerdo en un punto y esto es que todos creen en Dios.

La primera escuela de la que voy a hablarles es conocida como la escuela dualística. Los dualistas creen que Dios, quien es el creador y gobernador del universo, está eternamente separado de la naturaleza, eternamente separado del alma humana. Dios es eterno, la naturaleza es eterna, y también lo son todas las almas. La naturaleza y el alma se vuelve manifiesta y cambia, pero Dios permanece el mismo. De acuerdo con los dualistas, este Dios es personal porque Él tiene cualidades, no porque Él tenga un cuerpo. Él tiene atributos humanos. Él es compasivo, Él es justo, Él es poderoso, Él es lo más elevado; uno pude acercársele, uno puede rezarle, uno puede amarlo, Él ama en retorno, y así. En una palabra, Él es un Dios humano, sólo que infinitamente más elevado que el hombre. Él no tiene las cualidades malvadas que el hombre posee. "Él es el repositorio de un infinito número de cualidades benditas", así es como ellos definen a Dios.

Otra doctrina propia de los dualistas es que cada alma debe, eventualmente, llegar a la salvación. Ninguna será dejada de lado. A través de varias vicisitudes, a través de variados sufrimientos y placeres, cada una de ellas finalmente llegará.

La filosofía Vedanta real comienza con los conocidos como no-dualistas calificados. Ellos sostienen que el efecto nunca es diferente de la causa; el efecto es sólo la causa reproducida en otra forma. Si el universo es el efecto y Dios la causa, esta debe ser Dios mismo, no puede ser otra cosa. Ellos comienzan con la afirmación de que Dios es ambas: la causa eficiente y material del universo, que Él mismo es el creador, y Él mismo es el material del cual toda la naturaleza es proyectada. Ahora, todo el universo, de acuerdo con esta secta, es Dios mismo. Él es el material de universo. Leemos en los Vedas: "Como la *urnanabhi* (araña) hila el cordón que sale de su propio cuerpo ... así también, el universo entero sale del Ser"[51].

Ellos dicen que esas tres existencias: Dios, la naturaleza y el alma, son uno. Dios es, como si fuera, el Alma, y la naturaleza y las almas son los cuerpos de Dios. Así como tengo un cuerpo y tengo un alma, así el universo entero y todas las almas son el cuerpo de Dios y Dios es el Alma de las almas.

Ahora, ambos: los dualistas y los no-dualistas calificados admiten que el alma es pura por naturaleza, pero a través de sus propias acciones esta se torna impura. Cada acción malvada contrae la naturaleza del alma y cada acción buena la expande, y esas almas son todas partes de Dios". "Como de un fuego ardiente, salen volando millones de chispas de su misma naturaleza, del mismo modo, del Ser Infinito, Dios, han salido todas esas almas"[52]. Cada alma tiene la misma meta.

Ahora llegamos a Advaita, la última de las escuelas de Vedanta, y como pensamos nosotros, la más pura flor de la filosofía y religión que país y tiempo alguno han producido, en donde el pensamiento humano adquiere su mayor expresión y va aun más allá del misterio que pareciera ser impenetrable. Esto es, Vedanta no-dual. Es muy abstrusa y elevada para ser la religión de las masas.

¿Qué declara el Advaitista? Él dice: Si hay un Dios, ese Dios debe ser ambos: la causa material y eficiente del universo. No sólo que Él es el creador, sino que es también lo creado. Él mismo es el Universo.

¿Cómo es posible? Dios, el puro, el Espíritu, ¿volverse el universo? Sí, aparentemente sí. Eso, que todos los ignorantes ven como el universo no existe realmente. ¿Quién eres tú y yo y todas esas cosas que vemos? Mera auto-hipnotización. Sólo hay una Existencia, Infinita, Todo-Bendita, Una. En esa existencia soñamos los variados sueños. Es el Atman, más allá, el Infinito,

---

51   *Mundaka Upanishad*, 1.1.7.

52   *Mundaka Upanishad*, 2.1.1.

más allá de lo conocido, más allá de lo conocible. En y a través de Aquello vemos el universo. Es la única realidad. Es esta mesa, es la audiencia frente a mí. Es la pared, es todo, menos el nombre y la forma. Quiten la forma de la mesa, borren el nombre, lo que queda es el Atman.

El Vedantista no considera al Atman como él ni como ella. Esas son ficciones, ilusiones del cerebro humano. No hay sexo en el alma. Las personas que están bajo la ilusión, que se han vuelto como animales, ven a una mujer o a un hombre. Los dioses vivientes no ven a una mujer ni a un hombre. ¿Cómo podrían los que están más allá de todo, mantener una idea de sexo? Todos y cada cosa es el Atman, el Ser, el sin sexo, el puro, el siempre bendito. Es el nombre, la forma, el cuerpo, los que es material y que hace toda esta diferenciación. Si tú sacas esas dos diferencias de nombre y forma, el universo entero es uno. No hay más dos, sino uno en todas partes. Tú y yo somos uno.

¿Qué predica el Advaitista? Destrona todos los Dioses que alguna vez existieron o existirán en el universo y ubica en ese trono al Ser del hombre, al Atman, más elevado que el sol y la luna, más elevado que los cielos, más elevado que este universo grandioso. Ningún libro, escritura ni ciencia pueden imaginarse la gloria del Ser que aparece como hombre, el Dios más maravilloso que haya existido, existe o existirá. Yo no debo, entonces, adorar a otro más que a mi Ser. "Yo adoro a mi Ser", dice el Advaitista. "¿Ante quien debo inclinarme? Saludo a mi Ser. ¿A quién debo ir por ayuda? ¿Quién puede ayudarme, a mí, el Infinito Ser del universo? Esos son sueños tontos, alucinaciones. ¿Quién ha, alguna vez, ayudado a otro? Nadie. Donde sea que veas un hombre débil, un dualista, llorando y clamando por la ayuda de los cielos, es porque él no sabe que los cielos están en él. Él quiere recibir ayuda de los cielos y la ayuda llega. Vemos que llega, pero lo hace desde dentro suyo y él la confunde, como si viniera de afuera. Algunas veces, un hombre enfermo, tirado en su cama, escucha llamar a la puerta. Él se levanta, abre la puerta y no encuentra a nadie; regresa a la cama y vuelve a escuchar el golpe.

Se levanta y abre la puerta. No hay nadie. Finalmente, descubre que fue el latir de su propio corazón lo que él tomó por golpes a la puerta. Así, el hombre, luego de emprender esta vana búsqueda de varios dioses fuera de sí mismo, completa el círculo y regresa al punto en que comenzó: el alma humana. Y se da cuenta de que el Dios que el buscaba en todas partes, a quién trató de encontrar en cada libro, en cada templo, en iglesias y en cielos, ese Dios a quien él hasta se imaginó sentado en el cielo y gobernando al mundo, es su propio Ser. Yo soy Él y Él es yo. Dios era Yo y este pequeño *yo* nunca existió.

"Sabe la verdad y libérate en un instante". Toda la oscuridad se desvanecerá. Cuando el hombre se vea a sí mismo como uno con el Ser Infinito del universo, cuando todo separatismo haya cesado, cuando los hombres y mujeres, los dioses y ángeles, los animales y plantas, y todo el universo, se hayan disuelto en esa Unidad, entonces, todo temor desaparecerá. ¿Es que puedo causarme daño alguno?, ¿puedo matarme?, ¿puedo herirme? ¿A quién debo temer? ¿Puedo sentir miedo de mí mismo? Entonces, el pesar se desvanecerá. ¿Qué puede hacerme sufrir? Soy la Existencia del Universo. Así, los celos desaparecen. ¿De quién puedo estar celoso?, ¿de mí mismo? Todos los malos sentimientos desaparecerán. ¿En contra de quién puedo tener un mal sentimiento?, ¿en contra de mí mismo? No hay ningún otro en el universo sino yo. Y éste es el único camino, dice el Vedantista, al Conocimiento. Maten esas diferenciaciones, maten las supersticiones de que son muchos. "Aquel que en este mundo de muchos ve ese Uno, aquel que en esta masa inconsciente ve a ese Ser consciente; aquel que en este mundo de sombras vislumbra esa Realidad, a él le pertenece la paz eterna, a nadie más, a nadie más"[53].

El Advaitista o el Advaitista calificado no dicen que el dualismo sea incorrecto; es un punto de vista correcto, pero inferior. Éste, está en el camino hacia la verdad; por lo tanto, dejen que cada uno

---

53   *Katha Upanishad*, 2.2.13.

elabore su propia visión sobre éste universo, de acuerdo con sus ideas. No hieran a otros, no nieguen la posición de otros. Tomen al hombre desde donde está parado, y, si pueden, ayúdenlo y pónganlo en una plataforma superior, pero no lastimen, ni destruyan. Todos llegarán a la verdad. (II, 239-40, 242, 245-53)

Vedanta Monista

La solución de Vedanta es que somos libres, no estamos ligados. No sólo eso, sino que decir o pensar que estamos ligados es peligroso, es un error. Es auto-hipnotismo. Tan pronto como dices: "Estoy apegado", "soy débil", "soy incapaz". ¡Pobre de ti!, te arrojas otra cadena encima. No lo digas, ni lo pienses. Escuché de un hombre que vivía en el bosque y solía repetir día y noche: "Shivoham", "Soy el bendito Uno". Un día, un tigre se le arrojó encima y lo arrastró, llevándoselo para matarlo. Las personas, del otro lado del río vieron lo que ocurrió y escucharon la voz, mientras él tuvo voz, diciendo: "Shivoham", aún en las mismas fauces del tigre. Han habido allí varios de esos hombres. Ha habido casos de hombres que mientras estaban siendo cortados en pedazos, bendijeron a sus enemigos. "Yo soy El, Soy El, y también lo eres tú". Esa es la posición de fortaleza. No obstante, hay cosas grandes y maravillosas en las religiones de los dualistas. Maravillosa es la idea de un Dios Personal, separado de la naturaleza, a quien adoramos y amamos. Algunas veces esta idea es muy tranquilizadora. Pero, dice Vedanta, ese sentimiento es como el efecto que proviene del opio. No es natural. Después de un tiempo produce debilidad; lo que el mundo quiere hoy, más que nunca, es fortaleza. Es la debilidad, dice Vedanta, lo que causa toda la miseria en este mundo. Debilidad es la única causa del sufrimiento. Nos volvemos miserables porque somos débiles. Mentimos, robamos, matamos y cometemos otros crímenes debido a la debilidad. Donde no hay algo que nos debilite no hay muerte ni pesar. Somos miserables a través de la ilusión. Dejen la ilusión y todo se desvanece. Esto es simple y llano, sin duda. A través de todas las discusiones filosóficas y de tremendos gimnásticos mentales, llegamos a esta única idea religiosa, la más simple del mundo entero.

Vedanta monista es la forma más simple en la que puedes expresar la verdad. Enseñar dualismo fue un tremendo error hecho en India y en todas partes, porque las personas no vieron los principios últimos, sino que sólo pensaron en el proceso, que es en verdad bien intrincado. Para muchos, esas tremendas proposiciones filosóficas y lógicas, fueron alarmantes. Ellos pensaron que esas cosas no podían hacerse universales, que no podían ser seguidas en la vida práctica de todos los días, y que bajo la guía de tal filosofía, surgiría mucha vida relajada.

Pero yo no creo para nada que las ideas monistas predicadas al mundo producirán inmoralidad y debilidad. Al contrario, tengo razones para creer que ellas son el único remedio que hay. Si esta es la verdad, ¿por qué permitir que la gente beba agua sosa cuando la corriente de vida está fluyendo? Si la verdad es que somos todos puros, ¿por qué, entonces, no enseñárselo ahora mismo a todo el mundo? ¿Por qué no decírselo, con voz de trueno, a cada hombre que ha nacido, a los santos y pecadores, hombres, mujeres y niños, al hombre en el trono y al hombre barriendo en las calles?

Pareciera, ahora, que es un postura muy grande y majestuosa, a muchos les parece sorprendente. Pero esto es debido a la superstición y nada más. Por comer todo tipo de comida en mal estado, o por ayunar en exceso, nos hemos vuelto incapaces de digerir una buena comida. Hemos escuchado palabras de debilidad desde la infancia. Escuchas a las personas decir que ellos no creen en fantasmas, pero, al mismo tiempo, son muy pocos los que no se espeluznan en la oscuridad. Esto es simple superstición. Lo mismo con todas las supersticiones religiosas. Existen personas en este país [Inglaterra], a los cuales si les digo que no existen seres tales como el diablo, pensarán que desapareció la religión. Muchas personas me dijeron: "¿Cómo puede haber religión si el diablo no existe? ¿Cómo puede haber religión sin alguien que nos dirija? ¿Cómo podríamos vivir sin ser gobernados por alguien? Nos gusta ser tratados así, porque nos hemos acostumbrado a ello. No nos sentimos felices hasta tanto no recibimos reprimendas diarias de alguien". ¡La misma superstición! Pero, por terrible que parezca, llegará el momento en que miraremos hacia atrás, cada uno de nosotros, y sonreiremos ante todas de esas supersticiones que cubrieron al alma pura y eterna, y repetiremos con alegría, con verdad y con fuerza: "Yo soy libre, fui libre y siempre seré libre".

Esta idea monista saldrá de Vedanta, y es la única idea que merece vivir. Porque es la verdad y la verdad es eterna. Y la verdad misma enseña que no es propiedad privada de individuo o nación alguna. Hombres, animales y dioses son todos recipientes de esta única verdad. Dejen que la reciban. ¿Por qué hacer la vida miserable? ¿Por qué dejar que las personas caigan en todo tipo de supersticiones? Daré diez mil vidas, si veinte entre ellos renuncian a las supersticiones. No sólo en este país, en la tierra donde hayan nacido, las personas se atemorizan si les dices esto. Dicen: "Esta idea es para *sannyasins* [monjes], que renuncian al mundo y viven en los bosques; está bien para ellos. Pero, para nosotros, pobres hogareños, debemos tener algún tipo de temor, debemos tener ceremonias" y así por el estilo.

Las ideas dualistas han gobernado el mundo por demasiado tiempo, y éste es el resultado. ¿Por qué no hacer un nuevo experimento? Pueden pasar años para que todas las mentes reciban el monismo, pero, ¿por qué no comenzar ahora? Si nosotros les hablamos de esto a veinte personas en nuestra vida, habremos hecho un gran trabajo. (II. 197-200)

El Absoluto y Su Manifestación

La única cuestión que es muy difícil de comprender al entender la filosofía Advaita, y la única cuestión sobre la que se preguntará una y otra vez y que siempre permanecerá sin respuesta, es: ¿Cómo es que el Infinito, el Absoluto, se ha vuelto finito? Ahora, voy a tratar sobre esta cuestión y, para ilustrarla, usaré un gráfico.

(a) Lo Absoluto

(c)
Tiempo
Espacio
Causalidad

(b) El Universo

Aquí está lo Absoluto (a), y ése es el universo (b). El Absoluto se ha vuelto el universo. Por universo no sólo se sugiere el mundo material sino también el espiritual, los cielos y las tierras, y, de hecho, todo lo que existe. Mente es el nombre de un cambio y cuerpo el nombre de otro cambio, y así por el estilo. Y todos esos cambios componen nuestro universo. Lo Absoluto (a) se a vuelto el universo (b) a través del tiempo, el espacio y la causalidad (c). Esta es la idea central de Advaita. Tiempo, espacio y causalidad son como la ventana a través de la cual se ve al absoluto, y cuando es visto desde el lado inferior, éste aparece como el universo.

Ahora, nosotros con una sola mirada nos damos cuenta de que en lo Absoluto no hay tiempo, ni espacio ni causalidad. La idea de tiempo no puede existir allí, a la vista de que no hay mente ni pensamiento. La idea de espacio no puede existir allí, a la vista de que allí no hay cambio externo. Lo que ustedes llaman moción y causalidad no pueden existir donde sólo hay uno. Debemos entender esto e imprimirlo en nuestra mente, de que lo que llamamos causalidad comienza luego, si se nos permite decirlo, de la degeneración de lo Absoluto en lo fenomenal y no antes. Nuestra voluntad, deseos y todas esas cosas, siempre llegan después de eso.

Ahora la cuestión es: ¿qué son tiempo, espacio y causalidad? Advaita significa no dualidad, no existen dos, sino uno. Aun así vemos que aquí hay una proposición de que lo Absoluto se manifiesta a sí mismo como muchos, a través del velo del tiempo, el espacio y la causalidad. Entonces, pareciera que hay dos: lo

Absoluto y *maya*, la suma total de tiempo, espacio y causalidad. Pareciera muy convincente el que hayan dos. A esto, el advaitista replica que no pueden haber dos. Para que hayan dos, debemos tener dos absolutos, existencias independientes que no pueden ser causadas. Pero el tiempo, espacio y causalidad no pueden ser señalados como existencias independientes. En primer lugar, el tiempo es enteramente una existencia dependiente; éste cambia con cada cambio de nuestra mente. A veces, en un sueño una imagina que uno ha vivido varios años; en otros momentos varios meses pasaron como un segundo. Así, el tiempo es enteramente dependiente de nuestro estado mental. Segundo, la idea de tiempo, algunas veces se desvanece totalmente. Lo mismo con el espacio. No podemos saber qué es el espacio. Aun así, éste está allí, indefinido, y no puede existir separado. Lo mismo sucede con la causalidad.

Todo este universo, entonces, es, como si fuera, una forma peculiar [de lo Absoluto]. Lo Absoluto es el océano, mientras que tú y yo, los soles y estrellas, y todo lo demás, son variadas olas del océano. Y, ¿qué hace diferentes a las olas? Sólo la forma, y esa forma es tiempo, espacio y causalidad, que son todos totalmente dependientes de la ola. Tan pronto como la ola desaparece ellos se desvanecen. Tan pronto como el individuo renuncia a esta maya, ésta se desvanece para él y él se libera. (II. 130, 135-36)

Un Análisis de la Percepción

Yo los estoy viendo. ¿Cuántas cosas son necesarias para esta visión? Primero, los ojos. Porque si yo soy perfecto en todo pero no tengo ojos, no me será posible verlos. Segundo, el órgano real de la visión. Porque los ojos no son los órganos. Ellos sólo son los instrumentos de la visión y detrás de ellos está el órgano real, el nervio central en el cerebro. Un hombre podrá tener el más claro par de ojos, pero si ese órgano se daña, él no podrá ver cosa alguna. Por eso es necesario que ese centro, u órgano real, esté allí. Similarmente, el oído externo sólo es el instrumento para llevar la vibración del sonido hacia el centro. Lo mismo con todos nuestros sentidos. Aun así, esto no es suficiente. Supongan que ustedes están en su biblioteca, leyendo un libro con intensidad, y el reloj suena, pero ustedes no lo escuchan. El sonido está allí, las pulsaciones en el aire están allí, el oído y el centro están allí, no obstante ustedes no lo oyen. ¿Qué es necesario? La mente no está allí. Así vemos que la tercera cosa necesaria es que la mente debe estar allí. Primero, debe estar el instrumento externo, luego el órgano a quien el instrumento externo le llevará la sensación, y, finalmente, el órgano mismo debe estar unido a la mente. Cuando la mente no está unida al órgano, el órgano y el oído podrán tomar la impresión pero, aun así, no estaremos conscientes de ello. La mente, también, es sólo el vehículo. Ésta tiene que llevar la sensación más allá y presentársela al intelecto. El intelecto es la facultad determinativa y decide sobre lo que le llega. No obstante éste tampoco es suficiente. El intelecto debe llevarla más adelante y presentarla totalmente ante el gobernador en el cuerpo, el alma humana, el rey en el trono. Ante él es presentada, y luego, de él sale la orden sobre que hacer o que no hacer. Y la orden desciende, en la misma secuencia, al intelecto, a la mente, a los órganos, y los órganos se la comunican a los instrumentos, entonces la percepción se completa.

Ahora, nosotros vemos que el cuerpo, la forma externa, no tiene luz como esencia propia, no es auto-luminosa, y no puede conocerse, tampoco puede la mente. ¿Por qué no? Porque la mente crece y mengua, porque ésta es fuerte en un momento y débil en el otro; porque puede ser influenciada por cualquier cosa y por todo. Por eso, la luz que brilla a través de la mente no le es propia. ¿De quién es, entonces? Debe pertenecerle a Aquello que la tiene como su propia esencia; para el alma nunca puede decaer o morir, jamás volverse débil o fuerte. Es auto-luminosa. Es la luminosidad misma. (II. 213-16)

El Bien y el Mal

En este mundo descubrimos que toda felicidad es seguida por la infelicidad, como su sombra. La vida tiene su sombra, la muerte. Ellas deben ir juntas, porque no son contradictorias, no son dos existencias separadas, sino manifestaciones diferentes de la misma unidad: vida y muerte, pesar y felicidad, bueno y malo. La concepción dualista de que bueno y malo son dos entidades separadas y de que ambas continúan por toda la eternidad, es absurda. Estas son las diversas manifestaciones del mismo y único hecho, en un momento apareciendo como malo y en otro momento como bueno. La diferencia no es de tipo sino de grado. Ellas difieren una de la otra en el grado de su intensidad.

Descubrimos, de hecho, que el mismo sistema nervioso conduce sensaciones buenas y malas, y cuando los nervios están dañados, no nos llega sensación alguna. El mismo fenómeno producirá placer en uno y dolor en el otro. Comer carne le da placer al hombre, pero dolor al animal que es comido. Nunca existió algo que diera placer a todos por igual. Algunos están satisfechos, otros descontentos. Y así seguirá siendo.

La historia del mundo muestra que el mal, tanto como el bien, es una cantidad en continuo crecimiento. Tomen por ejemplo al hombre más primitivo. Él vive en el bosque. Su sentido de placer es muy limitado y también lo es su poder de sufrir. Su miseria está toda en el plano de los sentidos. Si no obtiene comida en cantidad se siente miserable. Pero denle comida y libertad de andar y cazar y será perfectamente feliz. Su felicidad está sólo en los sentidos, lo mismo con su miseria. Pero si ese hombre crece en conocimiento, su felicidad aumentará, el intelecto se abrirá para él y su placer de los sentidos evolucionará en placer intelectual. Se sentirá feliz leyendo un hermoso poema y un problema matemático será de absorbente interés para él. Pero, con eso, los finos nervios se volverán más y más susceptibles a las miserias del dolor mental, de las cuales el salvaje padece.

Tomen por ejemplo su país [Inglaterra], que es uno de los más ricos del mundo, mucho más lujoso que cualquier otro, y vean cuán intensa es la infelicidad, cuántos lunáticos que tienen ustedes en comparación con otras razas, sólo porque los deseos son tan refinados. Vedanta no toma la posición de que éste mundo es sólo miserable. Eso no sería verdadero. Al mismo tiempo, es un error el decir que este mundo está lleno de felicidad y bendiciones. Entonces, es inútil decirle a los niños que este mundo es todo bueno, todo flores, todo leche y miel, que es lo que todos hemos soñado. Al mismo tiempo, es erróneo pensar que porque un hombre ha sufrido más que otro, todo es malo. Es esta dualidad, este juego de bueno y malo, lo que hace nuestro mundo de experiencias. Paralelo a esto, Vedanta dice: "No pienses que bueno y malo son dos, dos esencias separadas, porque son una y la misma cosa apareciendo en diferentes grados y en diferentes formas y produciendo diferencias de sentimientos en la misma mente". Así, el primer pensamiento de Vedanta es el de encontrar unidad en lo externo, la Existencia una manifestándose a Sí misma, sin importar cuán diferente Ésta aparezca en la manifestación.

Piensen en la antigua teoría de los persas: dos dioses creando este mundo, el buen dios creando todo lo bueno y el malo todo lo malo. En la misma superficie de esto uno ve lo absurdo, porque si se debe llevarlo adelante, cada ley de la naturaleza debe tener dos partes, una que está manipulada por un dios que luego se retira, y el otro dios maneja la otra parte. Ahí está su dificultad: ambos están trabajando en el mismo mundo, esos dos dioses se mantienen en harmonía, dañando una parte y haciendo bien a la otra. Este es un caso crudo, por cierto, la manera más cruda de expresar la dualidad de la existencia. Pero piensen en las más avanzadas, las teorías más abstractas, de que este mundo es parcialmente bueno y parcialmente malo. Esto también es absurdo, visto desde el mismo ángulo. La misma fuerza es la que nos nutre y la que mata a muchos a través de accidentes o catástrofes.

Descubrimos, entonces, que este mundo no es ni bueno ni malo. Es una mezcla de ambos. Y a medida que profundizamos, nos damos cuenta de que toda la culpa es trasladada de la naturaleza a nosotros mismos. Al mismo tiempo, Vedanta muestra la salida, pero no por negar lo malo, sino porque ésta analiza valientemente los hechos como son y no trata de conciliar. No es un creado de la desesperanza. No es agnosticismo. Encuentra un remedio y quiere ponerlo sobre bases adamantinas, no haciendo callar al niño y tapando sus ojos con algo que no es verdad, que el niño descubrirá en unos pocos días más.

Recuerdo que cuando yo era joven el padre de un muchacho murió y lo dejó muy pobre, con una familia a quien alimentar, y él descubrió que los amigos de su padre no querían ayudarlo. Él tuvo una conversación con un clérigo, quien le dio este consuelo: "Oh, todo es bueno. Todo nos llega para nuestro bien". Ese es el viejo método de tratar de cubrir una herida con una hoja de oro. Es una confesión de la debilidad, de lo absurdo. El joven se fue; seis meses más tarde, le nació un hijo al clérigo y él dio una fiesta de agradecimiento a la que invitaron a aquel joven. El clérigo oró: "Gracias a Dios por Su misericordia". Y el joven se paró y dijo: "¡Deténgase! Esto es todo miseria". El clérigo pregunto: "¿Por qué?". Porque cuando mi padre murió, usted dijo que, aunque aparentemente malo, todo era por el bien; entonces, ahora, esto es aparentemente bueno, pero en realidad muy malo". ¿Es ésta la manera de curar la miseria del mundo? Se bueno y ten misericordia de aquellos que sufren. No trates de parchar el mundo. Nada lo reparará. Ve más allá de él.

Este es un mundo de bien y mal. Donde sea que halla bien, habrá mal; pero, más allá y detrás de todas esas manifestaciones, todas esas contradicciones, Vedanta descubre esa Unidad. Ésta dice: "Renuncia al mal y renuncia al bien", ¿qué queda entonces? Detrás del bien y el mal hay algo que es tuyo, el verdadero "tú", más allá de todo mal y más allá de todo bien también, y esto es aquello que se está manifestando a sí mismo como bien y como mal.

Primero conoce *aquello* y entonces serás un verdadero optimista, no antes; porque entonces te será posible controlarlo todo. Controla esas manifestaciones y tendrás la libertad de manifestar tu "yo" real. Primero, se dueño de ti mismo, levántate y sé libre, ve más allá de las vallas de esas leyes. Porque ellas no te gobiernan en absoluto, son sólo parte de tu ser. Descubre, primero, que no eres esclavo de la naturaleza, nunca lo fuiste ni lo serás; de que esta naturaleza, infinita como crees que es, es finita, una gota en el océano, y tu Alma es el océano. Tú trasciendes las estrellas, el sol y la luna. Ellas son sólo como burbujas comparadas con tu ser infinito. Sábelo y así controlarás a ambos: el bien y el mal. Sólo entonces la visión total cambiará y te levantarás y dirás: "¡Qué bello es el bien y qué maravilloso el mal!".

Esto es lo que enseña Vedanta. No propone el inadecuado remedio de cubrir con hojas de oro la herida infestada, poniendo más hojas de oro si apesta más. Esta vida es una ardua realidad. Valientemente, labra tu camino a través de ella, aunque sea adamantino. ¡No importa! El alma es más fuerte. Vedanta no arroja la responsabilidad a pequeños dioses, porque ustedes son los arquitectos de sus destinos. Ustedes se causan sufrimiento, hacen bien y mal; ustedes son quienes se cubren los ojos con las manos y dicen que no pueden ver. ¡Quiten las manos y vean la luz! Ustedes son radiantes, perfectos desde el comienzo mismo. Ahora entendemos el verso: "Va de muerte en muerte quien ve multiplicidad aquí". Ve al Uno y sé libre. (II. 178-82)

El Cambio es Siempre Subjetivo

¿Qué es la teoría de la evolución? Hay dos factores: primero, un tremendo poder potencial tratando de expresarse, y, segundo, las circunstancias que se lo están impidiendo, el medio ambiente que no le permite expresarse. Entonces, para luchar con ese medioambiente, el poder toma cuerpos nuevos, una y otra vez. Una ameba, en la lucha, adquiere otro cuerpo, y otro, hasta que se convierte en un hombre. Ahora, si llevan esta idea hasta su conclusión lógica, llegará un tiempo en que aquel poder que estuvo en la ameba y evolucionó como hombre, habrá conquistado todas las limitaciones que la naturaleza puede ponerle en frente y así escapará de todo medio ambiente. Esta idea, expresada metafísicamente, suena así: hay dos componentes en cada acción, uno es el sujeto y el otro el objeto, la meta de la vida es la de hacer que el sujeto domine al objeto. Por ejemplo, me siento infeliz porque un hombre me reta. Mi lucha será la de volverme fuerte para conquistar el medio ambiente, de modo que si él me reta yo no lo sienta. Así es como todos estamos tratando de conquistar a la naturaleza. ¿Qué significa la moralidad? Hacer al sujeto fuerte, elevándolo a la altura del Absoluto, para que la naturaleza finita deje de tener control sobre nosotros. Es una conclusión lógica de nuestra filosofía de que llegará un tiempo en que habremos conquistado todo medio ambiente, ya que la naturaleza es finita.

Aquí hay otra cosa que aprender. ¿Cómo sabes que la naturaleza es finita? Sólo puedes saberlo a través de la metafísica. Naturaleza es aquel Infinito bajo limitaciones. Por ello es finita. Entonces, deberá haber un tiempo en que conquistaremos todo ambiente. ¿Y cómo los conquistaremos? No podemos conquistar todos los entornos objetivos. No podemos. El pequeño pez quiere volar de sus enemigos del agua. ¿Cómo? Desarrollando alas y volviéndose ave. El pez no cambia el agua ni el aire, se cambia a sí mismo. El cambio es siempre subjetivo. Descubrirán que a través de toda la evolución, la conquista de la naturaleza sucedió por cambios en el sujeto. Apliquen esto a la religión y la moral y descubrirán que el conquistar al mal ocurre únicamente cambiando al sujeto. Así es como el sistema advaita obtiene toda su fuerza, en el lado subjetivo del hombre. No tiene sentido el hablar de mal y miseria, porque estos no existen fuera de uno. Si estoy curado de todo enojo, nunca me sentiré enojado. Si he sido inmunizado contra el odio, no odiaré. Este es, entonces, el proceso a través del cual se logra esa conquista, por lo subjetivo, por la perfección de lo subjetivo.

Quizás cause conmoción el decir que la única religión que está de acuerdo con, y que va un poco más allá de, las investigaciones modernas, en ambas líneas, física y moral, es advaita, y por eso es que a los científicos modernos les gusta tanto. (II. 136-38)

Alma, Dios y Religión

En la primera, o dualista, etapa, el hombre sabe que él es una pequeña alma personal, Juan, Tomás o Jaime, y dice: "Seré Juan, Tomás o Jaime y nada más, por toda la eternidad". Del mismo modo, el criminal podría aparecer diciendo: "Seré un criminal para siempre". Pero cuando el tiempo pasa, Tomás se desvanece y regresa al puro Adam original.

"Benditos son los puros de corazón, porque ellos verán a Dios". ¿Podemos ver a Dios? Por cierto que no. ¿Podemos conocer a Dios? Por cierto que no. Si Dios pudiera ser conocido no sería más Dios. Conocimiento es limitación. Pero yo y mi Padre somos uno. Descubro la realidad en mi alma. Estas ideas están expresadas en algunas religiones y sólo indicadas en otras. En algunas fueron expatriadas. Las enseñanzas de Cristo son ahora muy poco entendidas en este país [EE.UU.]. Si me perdonan, diré que nunca fueron muy bien entendidas.

Las diferentes etapas de crecimiento son absolutamente necesarias para el logro de pureza y perfección. Los variados sistemas de religión son, en su base, fundados en las mismas ideas. Jesús dice: "El reino de los cielos está dentro vuestro". Y nuevamente, él dice: "Nuestro Padre, que está en los cielos". ¿Cómo reconcilian a ambas expresiones? De esta manera: cuando dijo lo segundo, él le estaba hablando a las masas sin educación. Era necesario hablarles en su propia lengua. Las masas quieren ideas concretas, algo que los sentidos pueden sentir. Un hombre puede ser un gran filósofo en el mundo pero un niño en religión. Cuando el hombre ha desarrollado un elevado estado espiritual él entiende que el reino de los cielos está en su interior. Este es el verdadero reino de la mente. Así vemos como las contradicciones aparentes de cada religión, marcan sólo diferentes estadios de crecimiento. Y, como tal, no tenemos derecho a culpar a otro por su religión. Hay estados de crecimiento en los cuales las formas y símbolos son necesarios; hay lenguajes que las almas pueden entender en cada etapa.

La próxima idea que quiero presentarles es de que la religión no consiste de dogmas o doctrinas. Lo importante no es lo que ustedes lean, ni los dogmas en los que crean, sino de lo que se dan cuenta. "Benditos son los puros de corazón porque ellos verán a Dios", sí, en esta vida. Y esto es la salvación. Existen aquellos que enseñan que esto puede ser logrado mascullando palabras. Pero ningún gran maestro enseñó que las formas externas fueran necesarias para la salvación. El poder de lograrla está dentro nuestro. Vivimos y actuamos en Dios. Los credos y sectas tienen su rol, pero son para niños, son temporales. Los libros no hacen la religión, pero las religiones producen libros. No debemos olvidar esto. Ningún libro ha creado a Dios; Dios ha inspirado a todos los grandes libros. Y ningún libro ha creado al alma. No debemos olvidar esto. La meta de toda religión es la realización de Dios en el alma. Esta es la única religión universal. Si hay una verdad universal en todas las religiones, la encuentro aquí, en la realización de Dios. Éste es el punto central, los ideales y métodos pueden diferir. Pueden haber miles de radios pero todos convergen en un centro, y éste es la realización de Dios, algo más allá del alcance del mundo de los sentidos, ese mundo de eterno comer, beber y hablar sin sentido, ese mundo de sombras falsas y de egoísmo. Existe aquello, que trasciende a los libros, a los credos, a las vanidades de este mundo, eso es la realización de Dios dentro nuestro. Un hombre puede creer en todas las iglesias del mundo, puede cargar en su cabeza todos los libros sagrados que hayan sido escritos, puede bautizarse a sí mismo en todos los ríos de la tierra, pero si no tiene la percepción de Dios, yo lo considero igual que el más rabioso ateísta. Y otro hombre quizás nunca haya entrado en una iglesia o mezquita, nunca hecho ceremonia alguna, pero si siente a Dios dentro suyo y, debido a ello, es elevado por encima de las vanidades del mundo, ese hombre es un santo.

Tan pronto como un hombre se levanta y dice que él está en lo correcto o que su iglesia es la indicada y todos los demás están equivocados, él mismo está equivocado. Él no sabe que la prueba de sí mismo depende de todos los otros. Amor y caridad por la totalidad de la raza humana, ésta es la prueba de la verdadera religiosidad. No estoy afirmando la declaración sentimental de que todos los hombres son hermanos, sino la de que uno debe sentir la unidad de la vida humana. Tanto como no sean exclusivas, veo que las sectas y credos son todos míos, son todos grandiosos. Todos están guiando al hombre hacia la real religión.

Voy a agregar que es bueno haber nacido en una iglesia, pero malo el morir en ella. Es bueno nacer infante pero malo permanecer así. Iglesias, ceremonias y símbolos son buenos para los niños, pero cuando el niño crece debe romper con la iglesia o con sí mismo. No debemos permanecer como niños para siempre. Sería como tratar de que todos las proporciones entraran en una sola. Yo no subestimo la existencia de sectas en el mundo. Que Dios quiera que hallan veinte millones más, porque mientras más haya, mayor será el campo de selección. A lo que yo objeto es a tratar de que sólo una religión sea para todos. Aunque todas las religiones son esencialmente lo mismo, debe haber variantes de formas producidas por distintas circunstancias entre las diferentes naciones. Nosotros debemos, cada uno, tener nuestra religión individual, individual tanto como a lo externo se refiere.

Muchos años antes visité a un gran sabio de nuestro país, un hombre realmente santo. Hablamos sobre nuestro libro de revelaciones, los Vedas, la Biblia de ustedes, el Corán, y sobre libros de revelaciones en general. Cuando finalizamos, el buen hombre me pidió que fuera hasta la mesa y tomara un libro. Este libro, entre otras cosas, contenía un calendario de lluvias para el año. El sabio me pidió: "léelo". Y yo leí sobre la cantidad de lluvia que caería. El me dijo: "Ahora, exprime el libro". Lo hice. Él me preguntó: "¿Por qué, hijo mío, no le sale ni una gota de agua? Hasta que no le salga una gota es sólo un libro, sólo un libro". Así, su religión es inútil hasta tanto no le haga realizar a Dios. El que, por religión entiende solamente el estudiar libros, me hace recordar a la fábula del asno que cargaba una pesada bolsa de azúcar en su espalda pero no conocía su dulzura. (I. 323-26)

III
La Religión de Vedanta

Las Variadas Facetas de la Verdad

El hombre siempre ha querido ver más allá, ha querido expandirse; todo lo que llamamos progreso, evolución, ha sido medido por esta búsqueda, la búsqueda del destino humano, la búsqueda de Dios. Descubrimos que, aunque no hay nada que haya traído al hombre más bendiciones que la religión, al mismo tiempo, no hay nada que le haya traído más horror que la religión. Nada ha hecho tanto por el amor y la paz que la religión; nada ha engendrado tan fiero odio como la religión. Nada ha hecho a la hermandad del hombre tan tangible, como la religión y nada ha creado más amarga enemistad que la religión. Nada ha construido tantas instituciones de caridad, tantos hospitales para el hombre y también para los animales; nada ha inundado el mundo con más sangre que la religión. Al mismo tiempo, sabemos que siempre ha habido una corriente de pensamiento, siempre ha habido grupos de hombres, filósofos, estudiantes de religiones comparadas, quienes han tratado, aún tratan, de lograr harmonía en medio de todas esas sectas discordantes. Esos intentos han sido exitosos en ciertos países, pero han fallado en el mundo.

Debemos recordar que todas las grandes religiones del mundo son muy antiguas, ninguna ha sido formada en el tiempo moderno, y que cada religión del mundo se debe a un país entre el Ganges y el Éufrates. Ninguna gran religión ha surgido en Europa ni en Norteamérica, ninguna. Todas las religiones son de origen asiático y pertenecen a esa parte del mundo. Predicar ha sido siempre la ocupación de los asiáticos. Los occidentales son grandiosos en organización, instituciones sociales y militares, gobiernos, etc. Pero, cuando se trata de predicar religión, los asiáticos no tienen comparación; es que se han dedicado a ello desde siempre y saben como hacerlo y para ello no usan demasiada maquinaria.

Este, entonces, es un hecho en la historia presente de la raza humana, de que todos esas grandes religiones existen, se dispersan y multiplican. Ahora, ciertamente, todo esto guarda un significado. Y si hubiera sido la voluntad, del omnisapiente y todo misericordioso Creador de que una de esas religiones debía existir y todas las demás morir, se hubiera vuelto un hecho hace mucho, mucho tiempo antes. Si hubiese sido verdad de que sólo una de esas religiones es real y las demás falsas, ésta ya habría cubierto al mundo entero. Pero no es así; ninguna lo ha hecho. Todas las religiones avanzan y decaen de tiempo en tiempo. Si se miraran las estadísticas, probablemente se descubriría que en cada país, las religiones a veces progresan y a veces retroceden. Las sectas se multiplican todo el tiempo. Si fuera cierto que una religión tiene toda la verdad y que Dios se la ha dado en cierto libro, ¿por qué hay tantas sectas? No pasan cincuenta años sin que se hayan fundado veinte sectas sobre el mismo libro. Si Dios ha puesto toda la verdad en ciertos libros, Él no nos ha dado esos libros para que nosotros nos peleemos sobre ellos. Esto pareciera ser un hecho. ¿Por qué? Aun si Dios hubiera dado un libro conteniendo toda la verdad sobre religión, no serviría para ese propósito, porque nadie lo entendería. Tomen, por ejemplo, la Biblia y todas las sectas cristianas. Cada una le da su propia interpretación al mismo texto, y cada una dice que solamente ella entiende el texto y todas las demás están equivocadas. Lo mismo sucede con cada religión. Hay muchas sectas entre los musulmanes y entre los budistas, y cientos entre los hindúes.

Ahora, yo expongo esos hechos ante ustedes, para mostrarles que todo intento de poner a la humanidad bajo un método de pensamiento espiritual ha fallado y siempre fallará. Ustedes no pueden hacer que todos estén de acuerdo con las mismas ideas. Eso es un hecho y le agradezco a Dios que así sea. No estoy en contra de secta alguna. Estoy contento de que las sectas existan y sólo deseo que continúen multiplicándose más y más. ¿Por qué? Simplemente, por esto: Si tú y yo, y todos los presentes aquí, tuvieran que pensar exactamente los mismos pensamientos, no habrían pensamientos para que pensáramos. Sabemos que para producir movimiento dos o más fuerzas deben colisionar. Es el choque de pensamientos, la diferencia entre ellos, lo que despierta al pensamiento. Ahora, si todos pensáramos similarmente, seríamos como momias egipcias en un museo, mirando de forma vacía a los rostros de cada uno, y nada más.

Los remolinos y embudos suceden solamente en un río vivo y torrentoso. No hay remolinos en aguas muertas y estancadas. Cuando las religiones estén muertas, no habrán más sectas. Será la perfecta paz y harmonía de una tumba. Pero, mientras la humanidad piense, habrán sectas. Variación es el signo de la vida y ésta debe estar allí. Rezo para que las sectas se multipliquen, de modo que al final hayan tantas como seres humanos, y que cada uno tenga su propio método, su método individual de pensamiento religioso. (II. 359-64)

Religión es Realización

Religión es un asunto práctico, no para formular discursos. Debemos analizar nuestras almas y encontrar lo que hay allí. Debemos entenderlo y realizar lo que entendemos. Eso es religión. Las charlas no hacen a la religión. Entonces, la cuestión de si hay un Dios, nunca podrá ser probada por la argumentación, por que las argumentaciones están tanto de un lado como del otro. Pero, si hay un Dios, Él está en nuestro corazón. ¿Lo han visto alguna vez?

Solamente los sabios del mundo tienen derecho a decirnos que ellos han analizado sus mentes y descubierto esos hechos, y de que si nosotros hacemos lo mismo creeremos también, no antes. Esto es todo lo que hay en la religión. Pero, ustedes deben recordar siempre: que, de hecho, el noventa y nueve por ciento de aquellos que atacan a la religión, nunca analizaron sus mentes. Nunca lucharon para logar los hechos. Así, sus argumentos en contra de la religión no tienen peso y no nos afectarán, como no nos afectan las palabras de un ciego cuando dice: "los que creen que el sol existe son unos tontos".

Existe una gran idea para aprenderla y sostenerse de ella, la idea de realización. Esta lucha y bullicio y diferencia en religiones, cesará sólo cuando nosotros entendamos que la religión no está en los libros ni en los templos. Está en la percepción verdadera. Sólo tiene religión el hombre que ha percibido a Dios y al alma. No hay diferencia real entre el más elevado gigante eclesiástico, que puede hablar volúmenes, y el más bajo materialista ignorante. Somos todos ateístas, confesémoslo. El mero asentimiento intelectual no nos hace religiosos.

Tomen, por ejemplo, a un cristiano o musulmán, o al seguidor de cualquier otra religión en el mundo. Cualquier hombre que verdaderamente haya realizado el significado del Sermón del Monte será perfecto y se volverá divino inmediatamente. Sin embargo, se dice que hay millones de cristianos en el mundo. Lo que quiere decir que la humanidad tratará en algún momento de realizar ese Sermón. Ninguno en veinte millones es un verdadero cristiano. Del mismo modo, se dice que en India hay trescientos millones de vedantistas. Pero si hubiera uno en miles, que realmente hubiera realizado la religión, este mundo habría cambiado mucho. Somos todos ateístas y aun así tratamos de pelear con el hombre que lo admite. Estamos todos en la oscuridad. Religión es para nosotros una mera aprobación intelectual, mera charla, mera nada.

A menudo consideramos que un hombre es religioso porque habla bien. Pero esto no es religión. "Maravillosos métodos de unir las palabras, poderes retóricos y explicación de los textos de variadas maneras son sólo para el placer de los educados, no son religión". La religión llega cuando la realización surge en nuestras almas. Ese será el amanecer de la religión y sólo entonces seremos morales. Ahora no somos más morales que los animales. Estamos sostenidos por las leyes de la sociedad. Si la sociedad hoy nos dice: "Si robas no te castigaré", correríamos a tomar la propiedad ajena. Es el policía el que nos hace morales. Es la opinión social la que nos hace morales, y, realmente, nosotros somos apenas mejores que los animales. Entendemos que esto es así en el secreto de nuestros propios corazones. Entonces, no seamos hipócritas. Confesemos que no somos religiosos y que no tenemos derecho de mirar a otros despectivamente. Somos todos hermanos y seremos verdaderamente morales cuando hayamos realizado la religión.

Si ustedes han visto cierto país y un hombre los obliga a decir que no lo han hecho, aun así, en lo recóndito de sus corazones ustedes saben que lo vieron. Así, cuando vean a la religión y a Dios más intensamente que cuando ven este mundo externo, nada podrá hacer temblar sus creencias. Entonces tendrán fe real. Esto es lo que significan las palabras de su Evangelio: "Si tienes fe como un grano de mostaza". Entonces sabrán la Verdad, porque ustedes se habrán vuelto la Verdad.

Este es el santo y seña de Vedanta: realiza a la religión. Ninguna charla lo logrará. (II. 163-65)

La Religión de Hoy

Descubrimos que en casi todas las religiones hay tres cosas básicas que tenemos en la adoración de Dios: formas o símbolos, nombres y el Dios-hombre. Todas las religiones los tienen, pero ustedes ven como ellas quieren disputar unas contra otras. Una dice: "Mi nombre es el único nombre, mi forma es la única forma, y mi Dios-hombre es el único Dios-hombre del mundo. Los de ustedes son simplemente mitos".

Esas son las forma de devoción externa por las cuales el hombre tiene que pasar. Pero si es sincero, si realmente quiere alcanzar la verdad, él va más allá de ellas, a un plano donde las formas son como nada. Templos o iglesias, libros o formas, son sólo el jardín de infantes de la religión, para hacer al niño espiritual, lo suficientemente fuerte como para dar el siguiente paso, y si él quiere religión esos primeros pasos son necesarios. Con el primero, el anhelo por Dios, viene la devoción real, verdadero *bhakti*. ¿Quién tiene ese anhelo? Esa es la cuestión. La religión no está en doctrinas, en dogmas, no en la argumentación intelectual. Es ser y descubrirse. Es volverse consciente. Escuchamos tantas conversaciones sobre Dios y sobre el alma y sobre todos los misterios del universo, pero si ustedes los toman uno por uno y les preguntan: ¿Han realizado a Dios? ¿Han visto a su alma? ¿Cuántos podrán decir que lo han hecho? Aun así, ellos están peleando unos contra otros.

Una vez, en India, representantes de diferentes sectas se reunieron para discutir. Uno dijo que el único Dios era Shiva; otro dijo que el único Dios era Vishnu; y así por el estilo. Y no hubo fin para la disputa. Un sabio, que pasaba por allí, fue invitado por los contendientes para decidir sobre la cuestión. Él le pregunto primero al hombre que clamaba que Shiva era el más grande entre los Dioses: "¿Has visto a Shiva? ¿Le conoces? Si no le conoces, ¿cómo es que sabes que es el mejor entre los dioses?". Luego, volviéndose hacia el adorador de Vishnu, le preguntó: "¿Has visto a Vishnu?" Y luego de preguntar lo mismo a todos ellos, supo que nadie allí sabía sobre Dios. Por eso discutían tanto, porque si realmente lo hubieran conocido, nunca habrían peleado.

Cuando se vierte agua en una jarra, se produce un sonido, pero éste cesa cuando se llena. Así, el mismo hecho de que se discuta y batalle sobre religión significa que los contendientes nada saben sobre ella. Para ellos la religión es sólo una masa de palabras espumosas, para ser escritas en libros. Cada uno se apura a escribir un gran libro, de hacerlo tan grande como pueda, robando material de cada libro en que pueda poner su mano, nunca reconociendo su deuda. Luego, él lanza el libro sobre el mundo, agregando alboroto al ya existente.

La gran mayoría de los hombres son ateístas. Estoy contento, de que en los tiempos modernos, otra clase de ateístas haya nacido en el mundo occidental, quiero decir: los materialistas. Ellos son sinceros ateístas. Son mejores que los ateístas religiosos, que no son sinceros, discuten y luchan sobre la religión y, sin embargo, no la quieren, ni tratan de realizarla, nunca de entenderla.

Recuerden las palabras de Cristo: "Pide y se os dará; busca y encontrarás; llama y se os abrirá". Esas palabras son literalmente verdaderas, no figurativas ni quimera. ¿Quién quiere a Dios? Esa es la cuestión. ¿Ustedes creen que todas las personas en el mundo quieren a Dios y no pueden obtenerlo? Esto no puede ser. ¿Es que lo que se quiere no tiene objeto externo? El hombre quiere respirar y allí hay aire afuera para que él respire. El hombre quiere comer y allí hay comida. ¿Qué es lo que crea esos deseos? La existencia de cosas externas. Fue la luz la que hizo a los ojos; fue el sonido lo que hizo a los oídos. Lo mismo con todos los deseos del ser humano fueron creados por algo que ya existía afuera. Este deseo por la perfección, por alcanzar la meta y trascender la naturaleza, ¿cómo puede estar allí, a menos que algo lo haya creado e implantado en el alma humana y hecho vivo? Aquél, entonces, en quien este deseo despierte, llegará a la meta.

Nosotros queremos todo excepto Dios. Eso que ven alrededor suyo no es religión. La señora tiene muebles de todo el mundo en su salón, y como la última moda dicta que hay que tener algo de Japón, ella compra un florero y lo pone en la habitación. Esta es la religión de la vasta mayoría. Ellos tiene toda clase de cosas para disfrutarlas, pero, a menos que tengan un poquito de gusto por la religión, la vida no será buena, porque la sociedad los criticará. La sociedad lo exige, entonces ellos tienen que tener alguna religión. Este es el estado presente de la religión en el mundo. (II. 42-45)

Sobre Hacer Bien al Mundo

Nos preguntan: "¿De qué le sirve tu religión a la sociedad?". Se hace de la sociedad una prueba a la verdad. Esto es ilógico. La sociedad es sólo una etapa por la cual vamos pasando. Nosotros podríamos, bajo la misma perspectiva, juzgar lo bueno o la utilidad de un descubrimiento científico por su uso para un bebé. Esto es simplemente monstruoso. Si el estado social fuera permanente, sería como si un bebé permaneciera bebé. No podría haber un hombre-bebé perfecto, los términos son contradictorios. Así, no podría haber una sociedad perfecta. El hombre deberá crecer y dejar atrás esas etapas tempranas. La sociedad es buena en cierta etapa, pero no puede ser nuestro ideal. Es un flujo constante. La civilización mercantil presente deberá morir, con todas sus pretensiones y decepciones, todo ese "gran espectáculo". Lo que el mundo quiere es poder de pensamiento a través de los individuos. Mi maestro solía decir: "¿Por qué no le ayudas a tu propio loto a florecer? Las abejas vendrán luego, por sí mismas". El mundo necesita personas que estén enloquecidas de amor por Dios. Deberán creer en sí mismos, entonces creerán en Dios. La historia del mundo es la de seis hombres de fe, seis hombres de profundo carácter puro.

Necesitamos tres cosas: el corazón que sienta, el cerebro que conciba y las manos que trabajen. Primero, debemos alejarnos del mundo y transformarnos en instrumentos aptos. Vuélvanse dínamos. *Sientan*, primero, por el mundo. ¿Dónde está el hombre que *siente* cuando todos están listos para actuar? ¿Dónde está el sentimiento que produce a un Ignacio de Loyola? Prueben su amor y humildad. Que el hombre no es humilde, ni ama, si es celoso. Los celos son un terrible, horrible pecado. Entran en un hombre tan misteriosamente. Pregúntense a sí mismos si sus mentes reaccionan en odio y celos. Buenos trabajos son continuamente deshechos por las toneladas de odio y enojo que se echan sobre el mundo. Si eres puro, si eres fuerte, *tú*, un hombre, tienes tanto peso como el mundo todo.

El cerebro que conciba -y esta es la próxima condición de hacer el bien- es sólo un árido Sahara, después de todo. No puede hacer algo por sí mismo a menos que tenga el *sentir* detrás suyo. Tomen el amor, que nunca ha fallado, luego, el cerebro concebirá y las manos harán lo correcto. Los sabios han soñado en y han *visto* la visión de Dios. "El puro de corazón verá a Dios". Todos los grandes dicen haber *visto* a Dios. Miles de años antes, la visión ha sido vista, la unidad que yace más allá ha sido reconocida, y ahora, la única

cosa que podemos hacer es completar esos gloriosos bosquejos.
(VI. 144-45)

La Meta de la Religión

La vida será un desierto, la vida humana será vana, si no
podemos conocer el más allá. Está muy bien decir: "Conténtate
con las cosas del presente". Las vacas y los perros lo están, y
todos los animales, eso es lo que los hace animales. Si el hombre
se queda con lo que tiene y abandona toda búsqueda del más allá,
la humanidad tendrá que involucionar hasta el planeta animal
nuevamente. Es la religión, la búsqueda de lo trascendente, lo
que marca la diferencia entre el hombre y el animal.

La religión no vive de pan, no habita en una casa. Una y otra vez,
escuchas esta objeción: "¿Qué bien hace la religión? ¿Puede esta
quitar la pobreza del pobre? Supón que no puede, ¿probaría esto
que la religión no es verdad? Supón que un niñito se para frente
a ti cuando estás tratando de exponer un teorema de astronomía
y te pregunta: "¿eso me dará pastelitos?". Y tú le respondes: "no,
no lo hará". "Entonces", dice el pequeño, "es inútil". Los niños
juzgan el mundo desde su propio punto de vista. Todo debe ser
juzgado por sus propios estándares y el infinito debe ser juzgado
por su estándar de infinito. La religión impregna a la totalidad
de la vida humana, no sólo al presente, pero el pasado, presente
y futuro. Esta es, entonces, la eterna relación entre el alma eterna
y el eterno Dios. ¿Es lógico medir su valor por sus acciones sobre
cinco minutos de vida humana? Por cierto no. Esos son todos
argumentos negativos.

Ahora surge la pregunta: ¿Puede la religión realmente lograr
algo? Sí, puede. Le da al hombre la vida eterna. Ha hecho del
hombre lo que él es, y podrá hacer de este animal humano un
dios. Esto es lo que la religión puede hacer. Quiten la religión de
la sociedad humana y ¿qué queda? Nada, excepto una selva de

brutos. Felicidad de los sentidos no es la meta de la humanidad. Visión (jñana) es la meta de toda la vida. Descubrimos que el hombre disfruta más de su intelecto que un animal de sus sentidos. Y vemos que el hombre disfruta más de su naturaleza espiritual que de su naturaleza racional. Así su elevada visión debe ser su conocimiento espiritual. Con ese conocimiento llegará la dicha. Todas las cosas de este mundo son sólo sombras, la manifestación en el tercer o cuarto grado del Conocimiento y Dicha real.

Una pregunta más: ¿Cuál es la meta? Hoy se afirma que el hombre está progresando infinitamente, hacia delante, más y más, y de que no hay una meta de perfección a la cual llegar. Siempre acercándose y nunca llegando, lo que sea que signifique y sin importar lo maravilloso que sea, es absurdo en sí mismo. ¿Es que hay algún movimiento en línea recta? Un línea recta infinitamente proyectada se vuelve un círculo. Regresa al punto de salida. Deberán finalizar donde empezaron; como empezaron en Dios, volverán a Dios. ¿Qué queda? Trabajo pormenorizado. Por la eternidad deberás hacer ese trabajo pormenorizado.

Todavía otra pregunta: ¿Descubriremos nuevas verdades de la religión a medida que avanzamos? Sí y no. En primer lugar, no podemos conocer nada sobre religión. Todo ha sido conocido. En todas las religiones del mundo encontrarán que hay una unidad entre nosotros. Siendo uno con la divinidad, no podría haber más progreso en ese sentido. Conocimiento significa descubrir esa unidad.

El cuestionamiento siguiente es: ¿Puede tal unidad ser descubierta? En India, se han hecho intentos desde los primeros tiempos, para alcanzar una ciencia de la religión y la filosofía, porque los hindúes no los separan como los países occidentales. Consideramos religión y filosofía como dos aspectos de la misma cosa, que deben estar igualmente afirmados en el razonamiento y la verdad científica. Vedanta no se satisface con finalizar en el dualismo, pero continúa su búsqueda por la unidad final, que es la misma meta para la ciencia como para la religión. (III. 3-5)

Los Fundamentos de la Religión

Mi mente puede entender mejor las religiones del mundo, antiguas o modernas, muertas o vivas, a través de esta cuádruple división:

1. Simbología: el uso de varias formas externas para preservar y hacer crecer la naturaleza del hombre.
2. Historia: la filosofía de cada religión, como fuera ilustrada en las vidas de los maestros humanos o divinos, reconocidos por cada religión. Esto incluye mitología, porque la mitología de una raza o período es o fue la historia de otra raza o período. Aun en los casos de maestros humanos, mucho de sus vidas es tomado como mitología por las generaciones sucesivas.
3. Filosofía: la racionalidad de la totalidad de cada religión.
4. Misticismo: la afirmación de algo superior al conocimiento sensorio y a la razón, que personas particulares, o todas las personas, bajo ciertas circunstancias, poseen. [Éste] se encuentra en las otras divisiones también.

Todas las religiones del mundo, pasado o presente, contienen uno u otro de estos principios, las más desarrolladas tienen los cuatro. (IV. 374)

Vedanta: Una Religión Desorganizada

Religión es la realización del espíritu por el espíritu. ¿Qué estamos haciendo ahora? Simplemente lo opuesto, realizando la materia como espíritu. Del Dios inmortal manufacturamos muerte y materia; de la muerte, materia inerte, manufacturamos espíritu.

Religión es crecimiento, no una masa de palabras sin sentido.

Dos mil años antes un hombre vio a Dios. Moisés vio a Dios en un arbusto ardiente. ¿Es que te ha salvado lo que Moisés hizo cuando vio a Dios? Ningún hombre que vea a Dios puede salvarte en lo más mínimo, excepto que quizás te excite e incite a hacer lo que él hizo. Esto es todo el valor de los antiguos ejemplos. Nada más. Señales en el camino. Un hombre que está comiendo no puede llenarle el estómago al otro que sólo le está mirando. Ningún hombre que vea a Dios puede salvar a otro. Tendrás que verlo por ti mismo. Todas esas personas peleando sobre cómo es la naturaleza de Dios, si Él tiene tres cabezas en un cuerpo, o cinco cabezas en seis cuerpos. ¿Han visto a Dios? No…Y no creen que puedan verlo alguna vez. ¡Qué tontos somos los hombres! Seguramente, ¡lunáticos!

[En India] se ha vuelto nuestra tradición de que si hay un Dios, Él debe ser tu Dios y mi Dios. ¿A quién le pertenece el Sol? Dices que el tío Sam es el tío de todos. Si hay un Dios, ustedes deben poder verlo. Si no, déjenlo ir.

Cada uno piensa que su método es el mejor. ¡Muy bien!, pero recuerde, puede ser bueno para *usted*. Una comida que es indigesta para uno puede ser muy digerible para otro. Porque sea bueno para usted, no concluya que su método es el método de todos, que la chaqueta de José le entrará también a María y Juan. ¡Todos los analfabetos, mujeres y hombres que no piensan, sin cultura, fueron puestos en ese tipo de estrechas chaquetas! Sería mejor que piensen por sí mismos. ¡Vuélvanse ateístas! ¡Vuélvanse materialistas! ¡Ejerciten la mente! …¿Qué derecho tienen de decir que el método de éste hombre es incorrecto? Quizás sea incorrecto para ti. Lo que sería como decir que, si tú te disciplinas bajo ese método, te degradarás. Pero eso no significa que el se degradará. Entonces, dice Krishna, si tienes conocimiento y ves a un hombre débil, no lo condenes. Ve a su nivel y ayúdale si puedes. Él crecerá.

Nosotros comenzamos una religión y establecemos un set de dogmas y traicionamos la meta de la humanidad; tratamos a todos como [si fueran] de la misma naturaleza. No hay dos personas con la misma mente ni el mismo cuerpo…no hay dos personas con la misma religión...

Si ustedes quieren ser religiosos, no entren a través de las puertas de una religión organizada. Ellas hacen cien veces más mal que bien, porque detienen el crecimiento de cada individuo. Estudien todo, pero mantengan su propio set firme. Si siguen mi consejo, no pongan su cuello dentro de la trampa. En el momento en que ellos traten de poner su soga en ti, saca tu cuello y vete a otra parte. [Como] la abeja que acuña polen de tantas flores, permanece libre, no atrapada por flor alguna, no te apegues.... No pases la puerta de religión organizada alguna. [Religión] es sólo entre tú y tu Dios; que no haya tercero entre ustedes. ¡Piensen en lo que esas religiones organizadas han hecho! ¿Qué Napoleón fue más terrible que esas persecuciones religiosas? ... Si tú y yo organizamos, comenzamos a odiar a cada persona. Es mejor no amar, si amar solamente significa odiar a otros. Eso no es amor. ¡Eso es el infierno! Si amar a tu propia gente significa odiar a todos, es la quintaesencia del egoísmo y de la brutalidad, y los hará brutos.

No seamos más adoradores de credos y sectas con pequeñas, limitadas nociones de Dios, pero veámosle en todo, en el universo. Si eres un conocedor de Dios, siempre encontrarás la misma adoración que hay en tu corazón.

Libérate, en primer lugar, de todas esas ideas limitadas y ve a Dios en cada persona, trabajando a través de todas las manos, caminando por todos los pies, y comiendo con todas las bocas. Él vive en cada ser, a través de todas las mentes Él piensa. Él es auto-evidente, más cercano a nosotros que nosotros mismos. Saber esto es religión, es fe, y ¡que le plazca a Dios el darnos esa fe! Cuando nosotros sintamos esa unidad, seremos inmortales. (I. 469-70, 473-74, 341)

Razón y Religión

La pregunta es: ¿Se demuestra la religión por los descubrimientos de la ciencia, a través de los cuales toda otra ciencia se demuestra a sí misma? ¿Son los mismos métodos de investigación que aplicamos para la ciencia y el conocimiento externo, aplicables a la ciencia de la religión? En mi opinión esto debe ser así; también pienso que mientras más pronto se aplique mejor. Si la religión queda destruida por tales investigaciones, entonces esta fue todo el tiempo inútil, indigna superstición, y mientras más pronto desaparezca, mejor. Estoy perfectamente convencido de que su destrucción es lo mejor que pudiera pasar. Toda la escoria será sacada, sin duda, pero las partes esenciales de la religión emergerán triunfantes de esta investigación. No sólo será científica, tan científica como cualquiera de la conclusiones de la física o de la química, sino que tendrá mayor fuerza, porque la física o la química no tienen mandato interno que responda por su verdad, mientras que la religión lo tiene.

La religión de Vedanta puede satisfacer las demandas del mundo científico en cuanto a las generalizaciones más elevadas y a la ley de la evolución. Sobre que la explicación de una cosa es inherente a ella, se satisface más plenamente en Vedanta. Brahman, el Dios de Vedanta, no tiene algo fuera de sí mismo, nada de nada. Todo esto, en verdad es Él. Él es el universo; Él, él mismo, es el universo. "Tú eres el hombre, Tú eres la mujer, Tú eres el joven que camina orgulloso de su juventud, Tú eres el anciano tambaleándose"[54]. Él está aquí. Es Él a quien sentimos y vemos. En Él vivimos y en Él nos movemos y existimos. Ustedes tienen esta concepción en el Nuevo Testamento. Esta es la idea: Dios inmanente en el universo, la esencia misma, el corazón, el alma de las cosas. Él se manifiesta a sí mismo, como si fuera, en este universo. Tú y yo somos pequeñas partes, pequeños puntos, pequeños canales, pequeñas expresiones, todos viviendo dentro

---

54   *Shvetashvatara Upanishad*, 4.3.

de ese infinito océano de Existencia, Conocimiento y Dicha.

La diferencia entre hombre y hombre, entre ángeles y hombres, entre hombres y animales, entre animales y plantas, entre plantas y piedras, no es de tipo, porque cada uno, desde el más elevado ángel hasta la más minúscula partícula de materia, no son más que la expresión de aquel infinito océano único; la diferencia es de grado. Yo soy una manifestación baja; quizás tú seas más elevado; pero en ambos el material es el mismo. Tú y yo hemos salido del mismo canal, de Dios; como tal, tu naturaleza es Dios, y también la mía. Tú eres de la naturaleza de Dios por derecho de nacimiento, y también yo lo soy. Tu puedes ser un ángel de pureza y quizás yo sea el más negro demonio. Sin embargo, mi derecho de nacimiento es ese océano infinito de Existencia, Conocimiento y Dicha, así como es el tuyo. Tú estás manifestando a tu ser más. Espera, yo manifestaré a mi ser más también, porque lo tengo todo dentro mío.

Ninguna extraña explicación es buscada, no se le pregunta a otros. La suma total de todo este universo es Dios mismo. ¿Es Dios, entonces, materia? No, ciertamente no, porque materia es aquel Dios percibido a través de los cinco sentidos. Aquel Dios, percibido por el intelecto es la *mente*; y cuando es el Espíritu el que ve, Él es visto como *Espíritu*. Él no es materia, pero lo que la materia tiene de real es Él. (I. 367-374-75)

Los Fundamentos de la Ética

Los filósofos de Vedanta descubrieron las bases de la ética. Aunque todas las religiones han enseñado preceptos éticos, como por ejemplo: "no mates, no maltrates, ama a tu vecino como a ti mismo", etc., sin embargo, ninguna de ellas han dado el por qué. ¿Por qué yo no habría de maltratar a mi vecino? No existieron respuestas satisfactorias ni conclusivas a esta pregunta, hasta que no fue tratada por la especulación metafísica de los hindúes, quienes no pudieron quedarse satisfechos con meros dogmas. Entonces, los hindúes dijeron, que éste Atman es absoluto y todo-penetrante, y, por ello, infinito. No pueden existir dos infinitos, porque ellos se limitarían el uno al otro, volviéndose finitos. También, cada alma individual es parte de aquella Alma universal, que es infinita. Entonces, en maltratar al vecino, el individuo, en realidad, se maltrata a sí mismo. Esta es la verdad metafísica básica que fundamenta todo código ético.

A menudo se cree que una persona en su progreso hacia la perfección va del error a la verdad, que cuando pasa de un pensamiento al otro, necesariamente debe rechazar el primero. Pero ningún error puede conducir a la verdad. El alma, pasando a través de sus diferentes estados va de verdad en verdad, y cada estado es verdad. Va de una verdad inferior a una verdad superior. Este punto puede ser ilustrado de la siguiente manera: Un hombre está viajando hacia el sol y va tomando fotos a cada paso. ¡Cuán diferente será la primera fotografía de la segunda y, más aun, de la tercera o de la última, cuando él finalmente llegue al sol real! Pero, todas ellas, aunque bien distintas unas de otras, son verdaderas, sólo parecen diferentes por las cambiantes condiciones de tiempo y espacio. Es el reconocimiento de esta verdad que les ha permitido a los hindúes el percibir la verdad universal de todas las religiones, desde las más inferiores a las más evolucionadas. Esto ha hecho de ellos, los únicos que nunca hicieron persecución religiosa. (I. 384-85)

La Moral en Vedanta

Una vez, un gigantesco intento fue hecho [en India] para predicar la ética de Vedanta, que fue exitoso, hasta cierta medida, por unos cientos de años, y sabemos, históricamente, que esos años fueron los mejores tiempos de esa nación. Me refiero a los intentos budistas de romper con los privilegios. Algunos de los más bellos epítetos con que se denominaba a Buda, que yo recuerdo, son: "Tú eres el que quiebra el sistema de castas, destructor de privilegios, predicador de la igualdad de todos los seres". Él predicó esa idea única de igualdad. Su poder ha sido malentendido hasta cierto punto en la hermandad de *shramanas* [monjes budistas], donde descubrimos que se han hecho cientos de intentos para ponerlos en una comunidad religiosa, con superiores e inferiores. No podrás hacer una iglesia si les dices a todos que son dioses. Uno de los buenos efectos de Vedanta ha sido la libertad de pensamiento religioso, que India ha disfrutado durante toda su historia. Que esta sea la tierra donde no ha habido persecución religiosa, donde se les permita a las personas el tener perfecta libertad en religión, es algo que debe ser glorificado .

Este lado práctico de la moralidad de Vedanta, es necesario, tanto hoy como siempre; más necesario ahora, quizás, que antes, porque todas esas demandas de privilegios se han intensificado tremendamente con la extensión del conocimiento. La idea de Dios y el demonio, o *Ahura Mazda* y *Ahriman*, presentan una considerable cantidad de poesía en ellos. La diferencia entre Dios y el demonio es sólo de egoísmo y no-egoísmo. El demonio sabe tanto como Dios, es tan poderoso como Dios, sólo no tiene santidad, eso lo hace malo. Apliquen la misma idea al mundo moderno: un exceso de conocimiento y poder, sin santidad, hace a los seres humanos malvados.

Los que entre ustedes han estudiado el Guita, recordarán los pasajes memorables: "Quien ve al sabio brahmin, a la vaca, al elefante, al perro y al sin casta, con los mismos ojos, él, en verdad, es el sabio y el hombre de conocimiento. Aun en esta vida, ese hombre ha conquistado la existencia relativa, cuya mente está firmemente fija en la unidad; porque el Señor es uno y el mismo para todos y el Señor es puro. Por ello, se dice que los que tienen esa ecuanimidad y son puros viven en Dios"[55]. Esta es la esencia de la

55 *Bhagavad Guita*, 5.18-19.

moralidad vedántica, esta ecuanimidad hacia todo. Hemos visto que es el mundo subjetivo el que gobierna al objetivo. Cambia al sujeto y el objeto se verá obligado a cambiar. Purifícate a ti mismo y el mundo se purificará. Esto sólo, debe ser enseñado ahora más que nunca. Nos estamos volviendo más ocupados con nuestra vecindad y menos con nosotros mismos. El mundo cambiará si nosotros cambiamos. Si nos volvemos puros el mundo lo hará también. La pregunta que surge es: ¿Por qué ver maldad en otros? No puedo ver maldad a menos que yo mismo sea malo. No puedo ser miserable a menos que sea débil. Las cosas que solían hacerme miserable cuando era un niño no lo hacen ahora. El sujeto ha cambiado, entonces el objeto se vio obligado a cambiar, esto es lo que Vedanta dice. Nos reiremos de todas esas cosas que llamamos causas de miseria y de mal, cuando lleguemos a ese estado de igualdad, de ecuanimidad. Esto es lo que Vedanta llama lograr la liberación. El signo de que nos acercamos a esa liberación es más y más esta igualdad y ecuanimidad. La misma en la miseria y la felicidad, la misma en el éxito y el fracaso, tal mente está acercándose al estado de libertad. (I. 424-26)

Religión Práctica

Leemos muchos libros, muchas escrituras. Concebimos muchas ideas desde nuestra infancia y las cambiamos de tanto en tanto. Entendemos lo que se considera religión teorética. Creemos entender lo que significa religión práctica. Ahora voy a presentarles mi idea de religión práctica.

¿Cuál es la meta de la vida? ¿Es este mundo, la meta de la vida? ¿Sólo esto? ¿Tenemos que ser sólo lo que somos ahora y nada más? ¿Es el hombre una máquina que funciona sin problemas técnicos? ¿Son todos los sufrimientos que experimentamos hoy todo lo que él puede tener?, y, ¿no querrá el hombre tener algo más?

El más elevado sueño de muchas religiones es el mundo. La gran mayoría de las personas sueñan con el tiempo en el que no habrán más enfermedades, pobreza o miseria alguna. Ellos tendrán un buen tiempo. Religión práctica, entonces, significa: "¡Limpia las calles! ¡Hazlas hermosas!". Y vemos que todos disfrutamos de ello.

¿Es disfrutar la meta de la vida? Si lo fuera sería un tremendo error el ser hombre. ¿Qué hombre puede disfrutar de una comida más que un perro o un gato disfrutan? Vayan a un zoológico y verán [a los animales salvajes] separando la carne de los huesos. ¡Es que tenemos que regresar al estado de ave de rapiña!... ¡Qué error entonces ha sido el convertirnos en hombres! Vanos han sido mis años, cientos de años, de lucha sólo para convertirme en el hombre que disfruta sensualmente.

Dense cuenta, luego, de la teoría ordinaria de la religión práctica, a lo que ella conduce. La caridad es grandiosa, pero en el momento en que dicen que es todo, corren el riesgo de caer en el materialismo. No es religión. No es mejor que el ateismo, es menos.

Si esto no puede ser [religión] práctica, y ciertamente no puede ser, ¿cuál es el ideal de la religión, entonces? ¿Para qué estamos aquí? Estamos aquí por la libertad, por el conocimiento. Queremos conocer, para liberarnos. Tal es nuestra vida, un clamor universal por la libertad. ¿Cuál es la razón por la cual crece la planta desde la semilla, quebrando el terreno y elevándose a sí misma alta en el cielo? ¿Cuál es la ofrenda que el sol le da a la tierra? ¿Qué es tu vida? La misma lucha por la libertad. La naturaleza alrededor nuestro está tratando de suprimirnos, y el alma demanda expresarse. La lucha con la naturaleza prosigue. La naturaleza dice: "Voy a conquistar". El alma dice: "Debo ser la conquistadora". La naturaleza dice: "¡Espera!, te daré un poquito de placer para aquietarte". El alma disfruta un poco, se ilusiona por un momento, pero al momento siguiente [vuelve a clamar por la libertad]. Han notado el eterno clamor que se sucede a través de los tiempos, con cada exhalación.

El alma humana infinita no puede ser satisfecha excepto con el Infinito mismo... El deseo infinito sólo puede ser saciado con el conocimiento infinito y con nada menor.

¿Qué es la religión práctica, entonces? El arribar a ese estado, la libertad, el logro de la libertad. Y si este mundo nos ayuda a lograrla, bien. Si no, si comienza a cubrirnos, agregando capas sobre las miles que ya hay, se vuelve un mal. Las posesiones, el saber, la belleza y todo lo demás, son de valor práctico en tanto nos ayuden con esa meta. Cuando estos dejan de ayudarnos en lograr esa meta de libertad son un peligro cierto. ¿Qué es la religión práctica, entonces? El usar las cosas de este mundo y del próximo sólo para lograr una meta: el logro de la libertad.

Renuncia a lo menor para así lograr lo más elevado. ¿Cuál es la fundación de una sociedad? Moralidad, ética, leyes. ¡Renuncia! Renuncia toda tentación de tomar la propiedad de tu vecino, de poner tus manos sobre él, todo el placer de tiranizar al débil, todo el placer de engañar a otros diciendo mentiras. ¿No es la moralidad la fundación de la sociedad? ¿Qué es el casamiento sino renunciar a la promiscuidad? El salvaje no se casa. El hombre se casa porque él renuncia. Y así con todo. ¡Renuncien! ¡Renuncien! ¡Sacrifíquense! ¡Dejen de lado! No por cero. No por nada. Pero para lograr lo más elevado. ¿Pero quién puede hacerlo? No puedes a menos que hayas logrado lo más elevado. Podrás hablar, podrás luchar, podrás tratar de hacer muchas cosas, pero la renunciación llega por sí misma cuando obtienes lo elevado. Luego lo menor cae por sí mismo.

Esto es religión práctica. ¿Qué más? ¿Limpiar calles y construir hospitales? Su valor consiste sólo de esa renunciación. Y no hay final para la renunciación. La dificultad es que ellos tratan de limitarla: hasta allí y no te pases. Pero no hay límite para la renunciación.

Donde está Dios, no hay otro. Donde el mundo está, no hay Dios. Esos dos nunca se unirán, luz y oscuridad. Esto es lo que he entendido del cristianismo y de la vida del Maestro. ¿No es eso el budismo? ¿No es eso el hinduismo? ¿no es eso la religión musulmana? ¿No es eso la enseñanza de todos los grandes sabios y maestros?

Todos ustedes son materialistas porque creen que son el cuerpo. Si un hombre me da una fuerte bofetada, diré que he sido abofeteado. Si él me golpea, diré que he sido golpeado. Si no soy el cuerpo, ¿por qué debería decir tal cosa? No se producirá diferencia alguna si digo que *soy* Espíritu. Ahora sencillamente soy el cuerpo. Me he convertido en materia. Es por eso, que debo renunciar al cuerpo, para poder regresar a lo que realmente soy. Yo soy Espíritu, el alma que ningún instrumento puede traspasar, ningún espada cortar, fuego alguno quemar, ni aire secar. Nunca nacido ni creado, sin comienzo ni final, sin muerte, sin nacimiento y omnipresente, eso es lo que soy yo. Y toda la miseria llega porque pienso que este puñadito de arcilla soy yo. Me identifico con la materia y asumo todas las consecuencias.

Religión práctica es identificarme con mi Ser. ¡Paren esta errónea identificación! ¿Cuánto han avanzado en ello? Pueden haber construido dos mil hospitales, cincuenta mil carreteras, pero ¿de qué les sirve, si no han realizado aun que son el Espíritu? Mueren como perros, con los mismos sentimientos con los que muere un perro. El perro aúlla y gime porque sabe que es sólo materia y está por disolverse.

Deben ver a Dios. El Espíritu debe ser realizado, y esto es religión práctica. No es lo que Cristo predicó lo que *ustedes* llaman religión práctica: "Benditos son los puros de espíritu porque de ellos es el reino de los cielos". ¿Fue esto una broma? ¿Cuál es la religión práctica en la que están pensando? ¡Señor, ayúdanos! "Benditos son los puros de corazón, porque ellos verán a Dios". ¿Significa esto limpiar las calles, construir hospitales, y todo eso? Son buenos trabajos, cuando están hechos con una mente pura. ¡No le des veinte dólares a un hombre y compres todos los diarios de San Francisco para ver publicado tu nombre!

El reino de los cielos está en nuestro interior. Él está allí. Él es el alma de todas las almas. Contémplalo en tu propia alma. Esto es religión práctica. Esto es libertad. Preguntémonos cuánto hemos avanzado en ello, cuánto adoramos al cuerpo o cuánto realmente es lo que creemos en Dios, en el Espíritu; ¿Cuánto creemos ser el Espíritu? Esto es altruismo. Esto es libertad. Esto es verdadera adoración. Realízate a ti mismo. Eso es todo lo que hay que hacer. Conócete como eres, Espíritu infinito. Esto es religión práctica. (IV. 238-41, 243-46)

La Visión de Vedanta Sobre la Vida Familiar

De acuerdo con las escrituras hindúes, la vida de cada individuo tiene sus deberes particulares, aparte de aquellos comunes a la humanidad. El hindú comienza la vida como estudiante, luego se casa y se vuelve un hogareño; en la vejez, se retira; y, finalmente, él renuncia al mundo y se vuelve un sannyasin. Cada uno de esas etapas de la vida tienen deberes determinados. No es que una sea intrínsicamente superior a la otra. La vida del hombre casado es tan importante como la del célibe que se ha dedicado al trabajo religioso. El mendigo de las calles es tan importante y glorioso como el rey en su trono. Es inútil decir que el hombre que no vive en el mundo es más grande que el que vive en el mundo. Es mucho más difícil vivir en el mundo y adorar a Dios, que renunciar al mundo y vivir una vida libre, fácil. Los cuatro estadios de vida de India, más tarde fueron reducidos a dos: el del hogareño y el del monje. El hogareño se casa y lleva adelante sus deberes como ciudadano; el deber del otro es el de dedicar toda su energía a la religión, a predicar y a adorar a Dios. Les leeré algunos párrafos del Mahanirvana Tantra, que trata sobre este tema, y verán que es una tarea muy difícil la de ser un hogareño y cumplir con sus deberes a la perfección:

El hogareño debe dedicarse a Dios; el conocimiento de Dios debe ser la meta de su vida. Aun así, él debe trabajar constantemente, realizar todas sus tareas. Él debe dar a Dios todos los frutos de sus acciones.

El máximo deber de un hogareño es el de ganarse la vida, pero tiene que cuidarse de no hacerlo a través de mentiras o engaño o robo. Y él debe recordar que su vida es para servir a Dios y al pobre.

Sabiendo que su padre y madre son los representantes visibles de Dios, el hogareños, siempre y por todos los medios posibles, debe agradarles. Si la madre y el padre están agradecidos Dios está contento con ese hombre. Es un buen hijo quien nunca les habla a sus padres con un tono agresivo.

Delante de los padres, uno no debe decir bromas, no debe estar inactivo, no debe mostrarse enojado o con mal modo. Ante los padres, el hijo debe arrodillarse, y debe levantarse cuando ellos entran en un cuarto, y no sentarse a menos que ellos se lo ordenen.

Comete pecado el hogareño que tiene comida, agua y ropa, sin haber cuidado antes que su padre, madre, hijos, esposa y los pobres tengan lo necesario. El padre y la madre son la causa de este cuerpo. Por ello, el hombre debe pasar por miles de sacrificios para asegurarse que ellos estén bien.

Lo mismo es su deber con respecto a su esposa. Ningún hombre debe retar a su esposa; debe mantenerla siempre, como si fuera su propia madre. Y aun en medio de dificultades y problemas no debe mostrar enojo hacia ella.

Él que piensa en otra mujer que no sea la esposa, si él la toca aunque sea con su mente, ese hombre va al negro infierno.

Delante de las mujeres un hombre no debe usar un lenguaje inapropiado, y nunca debe fanfarronear sobre su poder. Él no debe decir: "Yo he hecho esto y aquello".

El hogareño debe siempre agradar a su esposa con dinero, ropas, amor, fidelidad y palabras dulces, y nunca debe hacer algo que la perturbe. El hombre que haya logrado el amor de una casta esposa, ha logrado su religión y tiene todas las virtudes.

Los siguientes son los deberes del hombre con respecto a los hijos:

Un hijo debe ser amado y consentido hasta los cuatro años. Él debe ser educado hasta los dieciséis. Cuando tiene veinte años debe ser puesto a trabajar. Entonces deberá ser tratado por su padre con afecto, como un igual. En la misma manera se debe criar a la hija y se la debe educar con gran cuidado. Y cuando ella se case, el padre tiene que darle joyas y dinero.

Excesivo apego por alimentos, vestimentas y por el cuidado del cuerpo y el peinado, debe ser evitado. El hogareño debe ser puro de corazón y limpio de cuerpo, siempre activo y siempre listo para el trabajo.

Para su enemigos él debe ser un héroe. Debe resistir sus ataques. Tal es el deber del hogareño. Él no debe sentarse a llorar en un rincón, ni hablar tonterías sobre la no-resistencia. Si no se muestra como un héroe ante sus enemigos no habrá cumplido con su deber. Y para sus amigos y parientes, él debe ser tan manso como un cordero.

Es el deber de un hogareño no reverenciar al débil, porque si lo reverencia propaga debilidad. Y será un gran error si él no presta atención a quienes merecen respeto, la gente buena.

El hogareño es el centro de la vida y la sociedad. Es un ritual para él, el adquirir y gastar riquezas noblemente, porque el hogareño que lucha para volverse rico por buenos medios y para buenos propósitos, está haciendo prácticamente lo mismo para el logro de la salvación que lo que el anacoreta hace en su celda cuando reza. Porque en ellos, sólo vemos los aspectos diferentes de la misma virtud de la entrega y el auto-sacrificio motivados por la devoción a Dios y a todo lo que Dios es.

El hogareño debe luchar, por todos los medios, para lograr un buen nombre. No debe apostar, no debe frecuentar la compañía de los débiles, no debe decir mentiras y no debe convertirse en la causa de los problemas de otros.

El hogareño debe hablar la verdad y hablar suavemente, usando palabras agradables, que hagan bien a todos; no debe hablar sobre los asuntos de otro hombre.

El hogareño va hacia la misma meta que el más grande de los yoguis cuando cava pozos de agua, planta árboles a la vera de los caminos, levanta refugios para hombres y animales y cuando construye caminos y puentes. (I. 42-46)

Unidad en la Diversidad

Para comenzar, debo decirles que en India no hay politeísmo. En cada templo, si uno se para y escucha, descubrirá que los adoradores aplican todos los atributos de Dios, incluido omnipresencia, a las imágenes. No es politeísmo. Tampoco la denominación de *henoteísmo* explica la situación. "La rosa aunque llamada por otro nombre no dejará de esparcir la misma dulce fragancia". Los nombres no son explicaciones.

Recuerdo, siendo niño, haber escuchado a un misionero cristiano predicando ante una multitud en India. Entre otras cosas agradables, él les estaba diciendo que si le pegaba al ídolo de ellos con su bastón, ¿qué podría hacerle éste? Uno de sus escuchas, con agudeza, le replicó: "Si yo abuso de tu Dios, ¿qué podrá Él hacerme?". "Serás castigado", dijo el predicador, "cuando mueras". "Entonces, mi ídolo te castigará al morir", le dijo el hindú.

Por sus frutos se conoce al árbol. Cuando veo, entre los llamados idólatras, a hombres que en moralidad, espiritualidad y amor, no he visto en otras partes, me pregunto a mí mismo: "¿puede el pecado engendrar santidad?".

La superstición es un gran enemigo para el hombre, pero la intolerancia es peor. ¿Por qué va un cristiano a la Iglesia? ¿Por qué es santa la cruz? ¿Por qué se eleva el rostro al cielo al rezar? ¿Por qué hay tantas imágenes en las iglesias católicas? ¿Por qué hay tantas imágenes en las mentes de los protestantes, cuando ellos rezan? Hermano mío, nosotros no podemos pensar sobre algo sin una imagen mental. Por ley de asociación, la imagen material invoca a la idea en la mente y viceversa. Por ello es que los hindúes usan un símbolo externo al adorar. Él te dirá que le ayuda a mantener su mente fija en el Ser, a quien le reza. Él sabe tan bien como tú que la imagen no es Dios, ésta no es omnipresente. Después de todo, ¿cuánto significa la omnipresencia para la mayoría del mundo? Esta es meramente una palabra, un símbolo. ¿Es que Dios tiene un área superficial? Si no la tiene, cuando repetimos esa palabra *omnipresente*, pensamos en la extensión del cielo o en la del espacio, eso es todo.

Cuando descubrimos que, de una u otra manera, por las leyes de nuestra constitución mental, tenemos que asociar nuestras ideas de infinitud con la imagen del cielo azul o del mar, entonces, naturalmente, conectamos nuestra idea de santidad con la imagen de una iglesia, de una mezquita, o de una cruz. Los hindúes han asociado las ideas de santidad, pureza, verdad, omnipresencia y otras ideas similares con diferentes imágenes y formas, pero con esta diferencia, que mientras algunas personas dedican toda su vida a su ídolo en una iglesia y nunca se elevan más allá, porque para ellos la religión significa el asentimiento intelectual a ciertas doctrinas y al hacer bien a sus compañeros, para los hindúes la religión toda está centrada en su realización. El hombre debe volverse divino por la realización de su divinidad. Los ídolos o templos o iglesias o libros son sólo el soporte, la ayuda, de su infancia espiritual; pero él debe progresar continuamente. No debe detenerse en uno de ellos. "Adoración externa, ritual material", dicen las escrituras hindúes, "es el estado más bajo luchando por elevarse; la oración mental es la próxima etapa, pero el estado más elevado es cuando el Señor ha sido realizado"[56].

Marcos, el mismo ferviente hombre que está arrodillado frente al ídolo, te dice: "El Sol no puede expresarlo, ni la luna; tampoco las estrellas; el relámpago no puede expresarlo, ni que hablar del fuego. A través de Él, es que ellos brillan". Pero Marcos no abusa el ídolo de otros, ni considera pecado a sus adoraciones.

---

56 *Atmajnana Nirnaya*, 14.

Él reconoce en ello una necesaria etapa de la vida. "El hombre es padre del hombre" ¿Sería correcto que un anciano dijera que la infancia es un pecado o que la juventud lo es?

Si un hombre puede realizar su naturaleza divina con la ayuda de una imagen, ¿sería correcto llamar a esto pecado? O, incluso cuando ya haya pasado esta etapa, ¿debería él considerarla un error? Para el hindú, el hombre no viaja del error a la verdad, sino de la verdad a la verdad, de la verdad inferior a la superior. Para él, todas las religiones, desde el fetichismo más bajo hasta el más elevado absolutismo, son tantos intentos del alma humana de entender y realizar al Infinito, cada una determinada por las condiciones de su nacimiento y asociación; y cada una de ellas marca un momento en el progreso. Cada alma es una joven águila elevándose más y más alto, logrando más y más fortaleza, hasta que alcanza el glorioso Sol.

Unidad en la variedad es el plan de la naturaleza, y el hindú lo reconoce. Cada otra religión propone ciertos dogmas fijos y trata de forzar a la sociedad a aceptarlos. Le ofrece a la sociedad sólo una chaqueta, que le debe servir a Juan y Pedro y María. Si no le entra a Juan o a María, ellos deben irse sin chaqueta con la cual cubrir su cuerpo. Los hindúes han descubierto que lo Absoluto sólo puede ser realizado, o pensado, o estatuido, a través de lo relativo; y las imágenes, cruces y lunas crecientes, son simplemente símbolos, mástiles de donde colgar las ideas espirituales. No es que esta ayuda sea necesaria para todos, pero quienes no la necesitan no tienen derecho a decir que es incorrecta. En el hinduismo, ésta no es compulsoria.

Debo decirles una cosa. En India, la idolatría no es algo horrible. No es la madre de las prostitutas. Por otro lado, ésta es el intento de las mentes no desarrollada por entender verdades espirituales elevadas. Los hindúes tienen sus faltas, algunas veces tienen sus excepciones. Pero noten esto: ellos castigan sus cuerpos en lugar de cortar la garganta de sus vecinos. El fanático hindú se quema a sí mismo en la pira, él nunca enciende el fuego de la inquisición. Y hasta ésta [auto-inmolación], no puede ser puesta en la puerta de su religión, porque sería como poner a la quema de brujas en la puerta de la cristiandad.

Para el hindú, entonces, el mundo todo de las religiones es sólo un viaje, un llegar hasta la misma meta, de mujeres y hombres diferentes, a través de circunstancias y condiciones variadas. Cada religión solamente está desarrollando un Dios del hombre material, y el mismo Dios es el inspirador de todas ellas. ¿Por qué, entonces, existen tantas contradicciones? Son sólo aparentes, dice el hindú. Las contradicciones vienen de la misma verdad adaptándose a las diferentes circunstancias de las diferentes naturalezas.

Es la misma luz, filtrándose a través de vidrios de distintos colores. Y esas variaciones menores son necesarias para el propósito de adaptación. Pero, en el corazón de todo, reina la misma verdad. El Señor, en Su encarnación como Krishna, le ha declarado al hindú: "Yo estoy en cada religión, como el cordón que une un collar de perlas"[57]. "Donde sea que veas santidad y extraordinario poder elevándose y purificando a la humanidad, sabe que Yo estoy allí"[58]. (I. 15-18)

---

57   *Bhagavad Guita*, 7.7.
58   *Bhagavad Guita*, 10-41.

IV
El Hombre y Dios en Vedanta

Dios: Personal e Impersonal

El sistema advaita no es destructivo. Tal es su gloria, que tiene la valentía de predicar: "No molesten la fe de otros, ni siquiera de aquellos que por ignorancia se han apegado a formas bajas de adoración"[59]. Esto es lo que dice: No perturbes, pero ayuda a todos a elevarse más y más; incluye a la humanidad toda. Esta filosofía predica sobre un Dios que es la suma total. Si ustedes buscan una religión universal que pueda aplicarse a cada uno, esa religión no puede estar compuesta sólo de partes, sino que debe ser siempre la suma total de ellas e incluir todas los grados del desarrollo religioso. Esta idea no se encuentra así de clara en otro sistema religioso. Estos son sólo partes luchando para lograr la totalidad. La existencia de las partes es sólo para eso.

Entonces, desde el mismo comienzo, advaita no es antagónica con las varias sectas existentes en India. Hay dualistas que existen hoy, y representan la mayoría en India, porque el dualismo agrada naturalmente a las mentes no educadas. Es una explicación del universo natural, muy conveniente, con sentido común. Advaita no discute con esos dualistas. Los dualistas piensan que Dios está fuera del universo, en algún lugar del cielo, y los advaitistas piensan que Él está en su propia Alma y que sería una blasfemia dirigirse a Él como algo distante. Cualquier idea de separación sería terrible. Dios es lo más cercano de lo más cercano. No hay palabra alguna en el universo que pueda expresar esta cercanía, excepto la palabra Unidad. El advaitista no se satisface con ninguna otra idea, así como el dualista se sorprende y piensa que el concepto de advaita es blasfemia. Al mismo tiempo, el advaitista sabe que esa otras ideas deben existir, y entonces él no discute con el dualista, quien está en el camino correcto. Desde su punto de vista, el dualista deberá ver los muchos. Es una necesidad constitucional desde su perspectiva. Deja que él lo tenga. Los advaitistas saben que cualquiera sea la teoría dualista,

---

59   *Bhavagad Guita*, 3.26.

va hacia la misma meta a la que él va. Es en esto en lo cual él se diferencia del dualista, quien es forzado por su punto de vista a creer que todas las perspectivas diferentes son incorrectas.

Los dualistas del mundo creen en un Dios personal, puramente antropomórfico, a quien, como un gran potentado, le agradan ciertas personas y le desagradan otras. Él está arbitrariamente contento con algunas razas o gente y les bendice a manos llenas. Naturalmente, el dualista llega a la conclusión de que Dios tiene favoritos y espera ser uno de ellos. Descubrirán que en casi todas las religiones existe la idea: "Somos los favoritos de Dios y sólo creyendo como nosotros creemos, podrás ser favorecido por Él". Algunos dualistas son de mentalidad tan estrecha como para pensar que sólo los pocos que han sido predestinados al favor de Dios, serán salvados. El resto, podrán tratar duramente, pero no serán aceptados. Yo los desafío a que me muestren una religión dualista que no tenga más o menos esta exclusividad. Entonces, en la naturaleza de las cosas, las religiones dualísticas están determinadas a luchar unas con otras, y así lo han hecho siempre. Nuevamente, esos dualistas se ganan el favor popular dirigiéndose a la vanidad de los sin educación, a quienes les gusta sentir que tienen privilegios especiales.

El dualista piensa que no puedes ser moral hasta tanto no tengas un Dios con una vara en sus manos, listo para castigarte. Generalmente, las masas que no piensan son dualistas, y ellos, pobre gente, han sido perseguidos por miles de años, en cada país; su idea de salvación es, por lo tanto, libertad del miedo al castigo. En América, un clérigo me preguntó : "¡Qué!, ¿no tiene diablo en su religión?, ¿cómo es posible?". Pero, descubrimos que los más grandes y mejores hombres que han nacido en el mundo, han trabajado con esa elevada idea impersonal. Es el hombre que dice: "Yo y mi Padre somos uno", aquel cuyo poder ha descendido sobre millones. Durante dos mil años, él ha trabajo por el bien. Y sabemos que el mismo hombre, porque era un no-dualista, fue compasivo hacia otros. A las masas, que no pudieron concebir algo más elevado que un Dios personal, él les dijo: "Órale a tu

Padre en los cielos". A otros, que pudieron entender una idea más desarrollada, les dijo: "Yo soy la viña, ustedes las ramas". Pero, a sus discípulos, a quienes él se reveló más plenamente, les proclamó la verdad más elevada: "Yo y mi Padre somos uno".

El Vedantista no le da a Dios ningún otro atributo más que Él es Existencia Infinita, Conocimiento Infinito, Dicha Infinita, y los considera a los tres como uno. Existencia sin Conocimiento y Amor no puede ser. Lo que queremos es la armonía de la Existencia, el Conocimiento y la Dicha Infinitas. Tal es nuestra meta. (II. 141-43)

Dios en Todo

Desde mi infancia he oído sobre ver a Dios en todas partes y en todo, y que luego realmente podría disfrutar del mundo. Pero tan pronto como me mezclo con el mundo y éste me da algunas bofetadas, la idea se desvanece. Yo voy caminando por la calle, pensando que Dios está en cada hombre, cuando un hombre fuerte viene hacia mí y me empuja, y yo caigo en la vereda. Luego me levanto rápidamente con un puño alzado, la sangre acumulándose en mi cabeza, y todo en acto reflejo. En un instante me he enloquecido. Todo queda olvidado. En lugar de encontrarme con Dios, veo al diablo. Desde que nacimos nos contaron que debíamos ver a Dios en todo. Toda religión enseña eso, ve a Dios en todo y en todas partes. ¿No recuerdan que Cristo lo dice en el Nuevo Testamento? A todos se nos ha enseñado eso, pero las dificultades comienzan cuando llegamos al lado práctico.

Todos ustedes recuerdan como en las *Fábulas de Esopo* un bello ciervo contempla su forma reflejada en el lago mientras les dice a su pequeñuelo: "¡Qué poderoso soy! Mira mi espléndida cabeza. Mira mis piernas, cuán fuertes y musculares son. Y ¡qué rápido que puedo correr!". Luego, él escucha ladridos de perros a la distancia e inmediatamente sale corriendo; después de correr varios metros, regresa jadeando. El pequeño le dice: "Recién me estabas diciendo cuán fuerte eras. ¿Cómo es, entonces, que cuando los perros ladraron saliste corriendo?". "Sí, hijo mío, pero cuando los perros ladran toda mi confianza se desvanece". Tal es nuestro caso. Pensamos muy elevado de la humanidad, nos sentimos fuertes y valientes, tomamos grandes decisiones, pero cuando los perros de las pruebas y tentaciones ladran, somos como el ciervo de la fábula.

Entonces, si tal es el caso, ¿para qué sirve enseñar todas esas cosas? Tiene una gran utilidad. La utilidad es que la perseverancia finalmente conquistará. Nada puede ser logrado en un día.

"Se debe, primero, escuchar sobre este Ser, luego pensar, y, más tarde, meditar sobre Él"[60]. Todos pueden ver el cielo. Hasta el gusano, arrastrándose sobre el suelo, ve el cielo azul. Pero, ¡cuán lejos que está! Lo mismo sucede con nuestro ideal. Está muy lejos, sin duda, pero, al mismo tiempo sabemos que nosotros debemos tenerlo. Nosotros debemos tener, incluso, el más elevado ideal. Desafortunadamente, en esta vida, la mayoría de las personas andan a tientas en la oscuridad sin ningún ideal. Si un hombre con un ideal, comete mil errores, estoy seguro que uno sin ideal comete cincuenta mil. Entonces, es mejor tener uno.

El ideal del hombre es el de ver a Dios en todo. Pero si no puedes verlo en todo, al menos en una cosa, en esa cosa que te guste más y luego en otra. Y puedes continuar así. Vida infinita es lo que hay delante del alma. Tómate tu tiempo y llegarás a la meta. (II. 151-53)

Adoración del Dios Impersonal

Cuando Vedanta dice que tú y yo somos Dios, no quiere decir Dios personal. Para usar un ejemplo: De una masa de arcilla se modela un enorme elefante y de la misma arcilla se hace

---

60   *Brihadaranyaka Upanishad*, 2.4.5.

un pequeño ratoncito de barro. ¿Podrá el ratoncito de arcilla, volverse el elefante? Pero si los pones agua ambos son arcilla. Como arcilla son uno, pero como elefante y ratón habrá una diferencia eterna entre ellos. El Infinito, el Impersonal, es como la arcilla del ejemplo. Nosotros y el Gobernador del universo somos uno, pero como seres manifiestos, hombres, nosotros somos sus eternos esclavos. Sus adoradores. Así vemos como el Dios personal permanece. Todo lo demás, en este mundo relativo, permanece, y la religión está hecha para erguirse sobre mejores bases. Por ello, es necesario que primero conozcamos lo Impersonal para conocer lo Personal.

Las oraciones permanecerán, sólo adquirirán un mejor significado. Todas esa ideas sin sentido sobre las oraciones, las etapas inferiores de oración, que sólo expresan un montón de deseos tontos de nuestras mentes, quizás tenga que irse. El pedirle a Dios que te de un poco de aire, que te envíe un poco de lluvia, que haga que crezcan los frutos de tu jardín y cosas por el estilo, es bastante antinatural. Orarle al Gobernador del universo por cada pequeña necesidad nuestra y, desde la infancia, diciendo: "Oh, Señor, tengo dolor de cabeza, llévatelo", es ridículo. A Él debemos ir por cosas mayores. Es un tonto, desde luego, quien, descansando a la orilla del Ganges, cava un pequeño pozo de agua. Es, sin duda, un tonto quien viviendo cerca de una mina de diamantes, excava por cuentas de vidrio.

Y, sin duda, seremos unos tontos si vamos al Padre de toda misericordia, el Padre todo-amor, por cosas terrenales triviales. Hacia Él, debemos ir por fortaleza, por luz, por amor. Pero, mientras haya en nosotros debilidad y el querer depender servilmente, habrán esas pequeñas oraciones e ideas de adoración del Dios personal. Pero esos que son muy avanzados no se preocupan por esas pequeñas ayudas. Ellos han olvidado todo sobre buscar cosas para sí mismos, sobre querer cosas para sí. La idea predominante en ellos es: "No yo pero tú, hermano mío". Ellos son los que pueden adorar a Dios Impersonal. Y, ¿qué es la adoración de Dios Impersonal. No hay esclavitud en ello, "Oh,

Dios, yo soy nada. Ten misericordia de mí". Conocen el viejo poema Persa, traducido al inglés:

> Llegué a ver a mi bienamada. La puerta estaba cerrada. Golpeé con los nudillos y escuché una voz de adentro, diciendo: "¿Quién eres?". "Soy fulano". La puerta no fue abierta. Regresé y llamé por segunda vez. La misma pregunta me fue hecha y dí la misma respuesta. La puerta no fue abierta. Volví, por tercera vez, y la misma pregunta me alcanzó. Respondí: "Soy tú, mi amor", y la puerta se abrió.

La adoración de Dios Impersonal es a través de la verdad. Y ¿qué es la verdad? Que yo soy Él. Cuando digo que yo no soy Tú, es mentira. Cuando digo que estoy separado de ti, es mentira, una terrible mentira. Soy uno con este universo, nací uno. Es auto-evidente para mis sentidos, que soy uno con el universo. Soy uno con el aire que me circunda, uno con el calor, uno con la luz, eternamente uno con la totalidad del Ser Universal, quien es conocido como éste universo, quien es confundido con el universo. Porque es Él y nadie más, el Eterno Sujeto en el corazón, quien dice: "Yo soy", en cada corazón; el Uno sin muerte, el Uno sin sueño, siempre despierto, el Inmortal, cuya gloria nunca muere, cuyo poder nunca falla. Soy uno con Aquello.

Esto es todo, la adoración del Impersonal. ¿Y cuál es el resultado? Toda la vida del hombre será cambiada. Fortaleza, fortaleza es lo que tanto queremos en esta vida. Porque lo que llamamos pecado y miseria sólo tiene una causa y ésta es nuestra debilidad. Con la debilidad llega la ignorancia y con la ignorancia la miseria. Lo Impersonal nos hará fuertes. Entonces, las miserias serán burladas; entonces, ante las villanías del villano, sonreirán, y el tigre feroz, revelará, detrás de su naturaleza de tigre, mi propio Ser. Ese será el resultado. Esa alma es fuerte, la que se ha vuelto una con el Señor; nadie más es fuerte. En su propia Biblia, ¿cuál creen que fue la causa de la fortaleza de Jesús de Nazaret, esa fortaleza inmensa, infinita, que se rió de los traidores y bendijo a aquellos que deseaban matarlo? Fue esto: "Yo y mi Padre somos uno". Fue esta oración: "Padre, así como yo soy uno contigo, hazlos a todos uno conmigo". Esto es la adoración del Dios Impersonal. (I. 379-81)

Adoración al Dios Viviente

Queremos adorar a un Dios viviente. No he visto a otra cosa que no sea Dios en toda mi vida, tampoco tú. Para ver esta silla, primero ves a Dios, y luego a la silla en y a través de Él. Él está en todas partes, diciendo: "Yo soy". En el momento en que sientes "yo soy", te vuelves consciente de la Existencia. ¿Dónde encontraremos a Dios sino podemos verlo en nuestro corazón y en cada ser viviente? "Tú eres el hombre, Tú eres la mujer, Tú eres la muchacha y Tú eres el muchacho. Tú eres el anciano caminando con un bastón. Tú eres el joven caminando orgulloso de su fuerza. Tú eres todo lo que existe", un maravilloso Dios viviente, quien es el único hecho del universo.

Esto a muchos les parece una terrible contradicción del Dios tradicional, quien vive tras un velo en alguna parte y a quien nadie nunca ve. Los sacerdotes sólo nos garantizan de que si los seguimos, escuchamos sus sermones y hacemos como ellos nos indican, entonces, cuando muramos, ¡ellos nos darán un pasaporte que nos permitirá ver el rostro de Dios! ¿Qué son todas esas ideas del cielo, sino simple variaciones de esta charlatanería sin sentido de los sacerdotes?

Por cierto, la idea impersonal es muy destructiva; se lleva todo el mercantilismo de los sacerdotes, las iglesias y los templos. En India, en este momento hay una hambruna, pero hay templos y en cada uno de ellos ¡hay joyas que valen el tesoro de un rey! Si los sacerdotes enseñaran esta idea impersonal a la gente, su ocupación terminaría. Aun así, nosotros debemos humildemente enseñarla, sin la manipulación de los predicadores. Tú eres Dios y yo también lo soy. ¿Quién obedece a quién? ¿Quién adora a quién? Tú eres el más grande templo de Dios. Yo prefiero adorarte a ti que a cualquier templo, imagen o Biblia. ¿Por qué algunas personas son tan contradictorias en sus pensamientos? Ellos son como peces que resbalan entre nuestros dedos. Ellos dicen que obstinados hombres prácticos. Muy bien. Pero, ¿qué es más práctico que adorar aquí, adorarte a ti? Te veo, te siento y sé que tú eres Dios. Los mahometanos dicen que no hay Dios sino Alá. Vedanta dice que no hay algo que no sea Dios. Quizás atemorice a muchos de ustedes, pero lo entenderán gradualmente. El Dios viviente está dentro tuyo, pero ustedes construyen iglesias y templos y creen todo tipo de imaginaciones sin sentido. El único Dios a adorar es el alma humana en el cuerpo humano. Por supuesto, todos los animales son templos también, pero el hombre es el más elevado, el Taj Mahal de todos los templos. Si no puedo adorarlo, ningún otro templo servirá. En el momento en que realizo a Dios sentado en el templo de cada cuerpo humano; en el momento en que me levanto para reverenciar a cada ser humano y veo a Dios en él, en ese momento soy libre de las ligaduras. Todo lo que me ata se desvanece y yo soy libre.

Este es la adoración más práctica. Nada tiene que ver con teorización ni especulación. Sin embargo atemoriza a muchos. Ellos dicen que no es correcta. Ellos siguen teorizando sobre viejos ideales que les contaron sus abuelos, de que un Dios, en alguna parte en el cielo le dijo a alguien que era Dios. Desde ese tiempo sólo tenemos teorías. ¡Para ellos eso es práctico y nuestras ideas son imprácticas! No hay duda, dice Vedanta, cada uno de nosotros debe tener su propio camino, pero el camino no es la meta. La adoración a Dios en los cielos y todas esas cosas no son malas, pero son sólo pasos hacia la Verdad y no la Verdad misma. Son bellos y buenos y hay algunas ideas maravillosas en ellos, pero Vedanta dice a cada paso:

> Amigo mío, Ese que tu adoras como desconocido, yo lo adoro en ti. El que tu adoras como desconocido y a quien andas buscando en todo el universo, ha estado contigo todo el tiempo. Estás viviendo a través suyo y Él es el Eterno Testigo del universo.

El que todos los Vedas adoran, aun más, El que está siempre presente en el eterno "yo", si Él existe, el universo entero existe. Él es la luz y vida del universo. Si el "yo" no estuviera en ti, tú no verías el sol, todo sería una masa oscura. Porque Él brilla, tú ves el universo.

Normalmente surge una pregunta, y ésta es: ¿no conduciría esto a tremendas dificultades? Cada uno de nosotros pensaría: "yo soy Dios y cualquier cosa que hago debe ser buena, porque Dios no puede hacer mal". En primer lugar, aun corriendo el riesgo de un mala interpretación, ¿puede probarse de que el mismo peligro no existe del otro lado? Ellos han estado adorando a Dios en el cielo, separado de ellos y de quien sienten mucho miedo. Han nacido sacudidos de temor, y todas sus vidas seguirán siendo temerosos. ¿Es que el mundo ha mejorado con esto?

No es correcto decir que la idea Impersonal llevará a una tremendo mal en el mundo, como si la otra doctrina nunca se hubiera entregado a malas acciones, como si no hubiera llevado al sectarismo, inundando al mundo de sangre y causando que los hombres se descuartizaran entre ellos. "Mi Dios es el más grande. Lo decidiremos con una pelea". Ese es el resultado del dualismo en todo el mundo. Salgan a la luz abierta del día. Salgan de los caminos angostos. Porque, ¿cómo puede el alma descansar contenta viviendo y muriendo en pequeñas rutas? Salgan al universo de luz. Todo en el universo es suyo. Levanten sus brazos y abrácenlo con amor. Si alguna vez sintieron que querían hacer eso, sintieron a Dios. (II. 320-23)

La Naturaleza Real del Hombre

El cuerpo no es el Hombre Real; tampoco lo es la mente, porque la mente se agranda y disminuye. Es el trascendente Espíritu, el único que puede vivir por siempre. El cuerpo y la mente están cambiando continuamente y son, de hecho, sólo los nombres de una serie de cambios, como ríos, cuyas aguas están fluyendo constantemente, pero que presentan la apariencia de algo sin cambios. Cada partícula de este cuerpo está cambiando de continuo; nadie conserva el mismo cuerpo por varios minutos, aun así, pensamos que es el mismo. Lo mismo ocurre con la mente: en un momento es feliz y en el próximo es infeliz; en un momento fuerte y en el otro débil, un remolino en constante cambio. Eso no puede ser el Espíritu, que es infinito. Los cambios sólo pueden ocurrir en lo que es limitado. Es absurdo decir que el infinito cambia de alguna manera, no puede ser. Tú puedes moverte y yo puedo moverme, como cuerpos limitados; cada partícula en este universo está en un constante estado de flujo. Pero si tomamos el universo como unidad, como un entero, éste no puede moverse, no puede cambiar. El movimiento es siempre relativo, yo me muevo en relación a algo. Cada partícula en este universo puede cambiar en relación a otra partícula. Pero tomen el universo como una unidad, y ¿en relación a qué puede éste moverse? No hay algo que no sea él. Entonces, esta Unidad infinita no cambia, es inamovible, absoluta, y éste es el Hombre Real. Nuestra realidad, entonces, consiste en lo Universal y no en lo limitado. Pensar que somos pequeños seres limitados, en constante cambio, por más confortable que sea, es una ilusión.

La gente se atemoriza cuando le dicen que son el Ser Universal, siempre presente. A través de todo tú trabajas, en cada pie te mueves, por cada labio hablas, sientes en cada corazón. La gente se atemoriza cuando le dicen esto. Una y otra vez preguntarán si perderán sus individualidades. ¿Qué es individualidad? Me gustaría verla. Un bebé no tiene bigotes. Quizás, cuando sea un hombre le crecerán barba y bigotes. Si su individualidad estuviera en el cuerpo, se perdería. Si yo pierdo un ojo, o una de mis manos, se perdería mi individualidad, si ésta estuviera en el cuerpo. Entonces un bebedor no debe dejar de beber porque él perdería su individualidad. Un ladrón no podría ser un hombre bueno porque así él perdería su individualidad. Ningún hombre debería cambiar sus hábitos por temor a ello. No hay individualidad más que en el Infinito. Esa es la única condición que no cambia.

Todo lo demás está fluyendo constantemente. Tampoco puede la individualidad estar en la memoria. Supongan que, debido a un golpe en la cabeza, olvido todo mi pasado. Entonces, perdí toda mi individualidad, no existo más. Yo no recuerdo dos o tres años de mi infancia; si la memoria y la existencia son una, entonces lo que olvidé no existió. No he vivido la parte de mi vida que no puedo recordar. Esa es una idea muy limitada de lo que es la individualidad.

Nosotros todavía no somos individuos. Estamos luchando para lograr la individualidad, que es el Infinito, la naturaleza real del hombre. Sólo vive aquel cuya vida está en el universo entero, y más concentramos nuestras vidas en cosas limitadas, más rápidamente vamos hacia la muerte. Sólo vivimos cuando nuestra vida va hacia lo universal, hacia otros. Vivir la pequeña vida es la muerte, simple muerte, y así es como viene el temor a la muerte. El temor a la muerte sólo puede ser conquistado cuando el hombre realiza que mientras haya una vida en el universo, él vive. Cuando él puede decir: "Yo estoy en todo, en cada cuerpo; yo estoy en todo lo viviente; el universo soy yo", solamente entonces llega el estado sin temor. Es absurdo hablar de inmortalidad sobre las cosas que están cambiando constantemente. Como dice un anciano filósofo sánscrito: "Es sólo el espíritu el que es individual, porque es infinito". El infinito no puede ser dividido. El infinito no puede ser quebrado. Es el mismo, unidad indivisa por siempre, y ese es el hombre individual, el Hombre Real. El hombre aparente es sólo una lucha para expresar, para manifestar, esa individualidad que va más allá. La evolución no es del Espíritu.

Esos cambios que se suceden, el débil se vuelve bueno, el animal se vuelve hombre, o cómo prefieran pensarlo, no ocurren en el Espíritu. Esas son las evoluciones de la naturaleza y la manifestación del Espíritu. Supongan que allí hay una pantalla que me esconde de ustedes, en la cual hay un pequeño agujero, a través del cual puedo ver algunos de sus rostros, sólo algunos. Ahora, supongan que el agujero comienza a agrandarse, y, cuando lo hace, revela más y más la escena que hay frente a mi. Cuando, finalmente la pantalla toda desparece, yo estoy cara a cara con ustedes. Ustedes no cambiaron en absoluto en este caso. Fue el agujero lo que evolucionó y gradualmente los manifestó. Así sucede con el Espíritu. Ninguna perfección deberá ser lograda. Ustedes ya son libres y perfectos.

¿Qué son esas ideas de Dios y religión y búsqueda del más allá? ¿Por qué busca el hombre a Dios? ¿Por qué, en cada nación, en cada estado social, quiere un ideal perfecto en alguna parte, sea en el hombre, en Dios, o en otro lado? Porque esa idea está dentro suyo. Fue tu propio corazón latiendo y tú no lo sabías; lo confundías con algo externo. Es Dios dentro de tu propio ser que te está empujando a seguirlo, a realizarlo. Después de mucha búsqueda aquí y allá, en templos e iglesias, en tierras y cielos, finalmente regresas, completando el círculo donde empezaste, en tu propia alma y descubres que El, a quien estuviste buscando por todo el mundo, por quién lloraste y rezaste en templos e iglesias, a quién veías como el misterio de todos los misterios, envuelto con las nubes, es el más cercano de lo cercano, es tu propio Ser, la realidad de tu vida, cuerpo y alma. Es tu propia naturaleza. Afírmala, manifiéstala. Tú no debes volverte puro, ya eres puro. Tú no tienes que volverte perfecto, ya lo eres. La naturaleza es como esa pantalla, que oculta a la realidad tras ella. Cada buen pensamiento que piensas o sobre el cual actúas, va simplemente, como si fuera, rompiendo el velo, y la pureza, la infinitud, el Dios detrás, se manifiesta a Sí mismo más y más. Esta es toda la historia del hombre. Mientras más fino se vuelve el velo, más brilla, a través suyo, la luz que hay detrás, porque brillar es su naturaleza.

Esto [el Ser] no puede ser conocido; en vano tratamos de conocerlo. Si fuera un objeto de conocimiento, no sería lo que es, porque esto es el eterno Sujeto. Conocimiento es una limitación, conocimiento es objetivación. Él es el eterno Sujeto de todo, el eterno testigo del universo, tu propio Ser. Conocimiento es, como si fuera, un peldaño bajo, una degeneración. Nosotros ya somos ese eterno

Sujeto; ¿cómo podemos conocerlo? Es la naturaleza real de cada hombre y él está luchando para expresarlo de varias maneras. De otro modo, ¿por qué existen tantos códigos de ética? ¿Cuál es la explicación de toda ética? Una idea sobresale como el centro de todo sistema ético, expresada en variadas formas, significando: hacer bien a otros. El motivo que guíe a la humanidad debiera ser la caridad hacia el hombre, caridad hacia los animales. Todas expresiones de la verdad eterna de que "yo soy el universo; este universo es uno". De otra manera, ¿cuál es la razón? ¿Por qué debería hacer bien a mi vecino? ¿Por qué debería ayudar a otros? ¿Qué me motiva? La simpatía, el sentimiento de unidad en todas partes. El corazón más duro, algunas veces, siente simpatía por otros seres. Aun el hombre que tiene temor, si se le dice que esta individualidad asumida es realmente una ilusión, de que es innoble tratar de tomarse de esta aparente individualidad; ese mismo hombre, te dirá que extrema auto-abnegación es el centro de toda moralidad. Y, ¿qué es perfecta auto-abnegación? Significa la abnegación de este aparente ser, la abnegación de todo egoísmo.

Esa idea de "yo y mío", *ahamkara* y *mamata*, es el resultado de supersticiones pasadas, y mientras más muere ese ser, más se manifiesta el Ser Real. Eso es verdadera auto-abnegación, el centro, base y esencia de toda instrucción moral; y sea que el hombre lo sepa o no, la humanidad toda, lentamente está progresando hacia ello, practicándolo más o menos. Sólo que la gran mayoría de la humanidad lo practica inconscientemente. Permítanles hacerlo consciente. Permitan que ellos hagan el sacrificio sabiendo que este "mi y mío" no es el Ser Real, sino sólo una limitación. Sólo una vislumbre de aquella realidad infinita que está detrás; sólo una chispa del fuego infinito que es el Todo, representa al hombre presente. El Infinito es su naturaleza verdadera. (II. 79-83)

El Libre en Vida

Adorando a Dios, hemos estado siempre adorando a nuestro propio Ser escondido. La peor mentira que puedes contarte es la de que has nacido pecador o como un hombre débil. Sólo es un pecador aquel que ve a un pecador en otro hombre. Supongan que aquí hay un bebé y tú dejas una bolsa de oro sobre la mesa. Supongan que llega un ladrón y se lleva la bolsa. Para el bebé es lo mismo; porque no tiene un ladrón adentro, entonces él no ve a un ladrón afuera. Para los pecadores y viles existe vileza afuera pero no para el hombre bueno. Así, el débil ve a este mundo como un infierno y el parcialmente bueno lo ve como cielo, mientras que los hombres perfectos lo realizan como a Dios mismo. Sólo cuando el hombre ve a este universo como Dios, el velo de sus ojos cae; luego, ese hombre, purificado y limpio, descubre su visión totalmente cambiada. Se desvanecen todos los malos sueños que lo han torturado por millones de años. Y él, que pensaba ser un hombre, un dios o un demonio, él que pensaba que vivía en lugares bajos o elevados, en tierras y cielos, y así por el estilo, descubre que él es realmente omnipresente; que el tiempo todo está en él y que él no está en el tiempo; que todos los cielos están en él y que él no está en los cielos; y que todos los dioses, que los hombres han adorado, están en él y que él no está en ninguno de esos dioses. Él fue el creador de dioses y demonios, de hombres y plantas, de animales y piedras. Y la naturaleza real del hombre se yergue ahora, abierta frente a él, como siendo más elevada que los cielos, más perfecta que éste universo nuestro, más infinita que el tiempo infinito, más omnipresente que el omnipresente éter.

Sólo entonces un hombre se torna libre y sin temor. Entonces todas las ilusiones caen, todas las miserias se desvanecen, todos los miedos se acaban para siempre. El nacimiento se va y con éste la muerte; los dolores se desvanecen y con ellos se desvanece la muerte también. Para ese hombre, el universo entero desaparece, por así decirlo. Esta búsqueda, movimiento y continua batalla de fuerzas se detiene para siempre y aquello que estuvo manifestándose a sí mismo como energía y materia, como las luchas de la naturaleza, como la naturaleza misma, como cielos, tierras y plantas, y animales, y hombres, y ángeles, todos ellos se transfiguran en una Existencia infinita, indivisible e inmutable, y el hombre que sabe se da cuenta que es uno con esa Existencia. "Como es cubierto el cielo por nubes de variados colores que permanecen por un segundo y luego se desvanecen", de esa manera, frente a este alma llegan todas esas visiones, de tierras y cielos, de la luna y de los dioses, de placeres y dolores. Pero todas ellas pasan, dejando al infinito, azul, inmutable Espíritu único. El cielo nunca cambia; son las nubes las que cambian. Es un error el pensar que el Espíritu cambia. Es un error el pensar que somos impuros, que somos limitados, que estamos separados. El Hombre Real es la Existencia Única.

Ahora, surgen dos preguntas. La primera es: "¿Es posible realizar esto? Hasta ahora, es doctrina, filosofía. Pero, ¿es posible realizarla?". Sí, es posible. Hay hombres, que viven en éste mundo, para quienes la ilusión se ha desvanecido para siempre. La segunda pregunta es: "¿Se mueren ellos inmediatamente después de la realización?". No tan pronto como podríamos pensar. Dos ruedas unidas por un eje, corren juntas. Si agarro una de las ruedas y, con un hacha, corto el eje en dos, la rueda que agarré se detiene . Pero sobre la otra rueda está el momento pasado, entonces sigue corriendo una distancia y luego cae. Este ser puro y perfecto, el alma, es una rueda, y esta alucinación externa de cuerpo y mente es la otra rueda y ellas están unidas por el eje de la acción, de *karma*. Conocimiento es el hacha que acabará con la ligadura que hay entre ellas, y la rueda del alma se parará, parará de pensar que va y viene, viviendo y muriendo, parará de pensar que quiere y desea, y descubrirá que es perfecta y sin deseos. Pero sobre la otra rueda, esa del cuerpo y la mente, pesarán los actos pasados. Entonces, vivirá por cierto tiempo, hasta que esas acciones pasadas se agoten, hasta que sean vividas, y luego la mente y el cuerpo caerán y el alma será libre. No existirá más el ir al cielo y regresar, ni siquiera el ir a *Brahmaloka* o a ninguna otra de las esferas elevadas. Porque, ¿dónde está el que va o viene? El hombre que en esta vida ha logrado ese estado, para quien, al menos por un minuto, la visión ordinaria del mundo ha cambiado y la realidad se ha vuelto clara, él es conocido como el "libre viviente". Esta es la meta del vedantista: liberarse en vida.

Una vez, viajaba por una zona desierta en el Oeste de India. Caminé días y días por el desierto, pero me sorprendía cada día al ver bellos lagos, con árboles alrededor, y el reflejo vibrante de los árboles en el agua. "¡Qué maravilloso que parece y ellos le llaman un desierto!", me dije. Así seguí por casi un mes, viendo esos lagos maravillosos y los árboles y las plantas. Un día me sentí muy sediento y quise tomar un poco de agua, entonces me dirigí hacia uno de esos bellos lagos claros. Pero, mientras me acercaba, éste se desvaneció. Como un relámpago llegó a mi mente la idea: "Esto es el espejismo sobre el cual he leído toda mi vida". Y también vino la idea de que durante todo un mes, cada día, había estado viendo el espejismo y no lo sabía. A la mañana siguiente comencé mi camino. Allí estaba nuevamente el lago, pero con él también la idea de que era un espejismo y no un lago verdadero.

Así sucede con este universo. Todos nosotros estamos viajando en este espejismo del mundo, día tras día, mes tras mes, año tras año, sin saber que es un espejismo. Un día se quebrará, pero regresará luego. El cuerpo tiene que permanecer bajo el poder del karma pasado, y así es como retorna el espejismo. Este mundo regresará a nosotros hasta tanto estemos ligados por el karma, todo volverá a nosotros, pero no con el mismo poder. Bajo la influencia del conocimiento nuevo se romperá la fuerza de karma; su veneno se secará. Éste se transformará, porque junto a él vendrá la idea de que ya lo conocemos, de que la fina distinción entre la realidad y el espejismo ha sido conocida. Este mundo no será el mismo mundo de antes.

¿Qué ligadura puede quedarle a quien alcanza al Ser? Un poco de karma, una pequeña porción de su vida pasada, pero son todas buenas acciones. El ver y realizar la verdad no es posible, para hombre alguno, hasta tanto las malas acciones no sean totalmente agotadas y las impurezas pasadas completamente quemadas. Entonces, lo que queda ligado al hombre que ha alcanzado al Ser y visto la Verdad es el remanente de la buenas impresiones de su vida pasada, las buenas acciones. Aunque él viva en un cuerpo y trabaje incesantemente, sólo trabaja para hacer el bien. Sus labios sólo hablan para dar bendiciones a todos. Sus manos sólo hacen cosas buenas. Su mente sólo puede concebir buenos pensamientos. Su presencia es una bendición, donde sea que vaya. Él mismo es una bendición viviente. Tal hombre podrá, por su misma presencia, convertir a los más débiles en santos. Aun cuando no hable, su sola presencia será una bendición para la humanidad. (II. 279-82, 284)

¿Qué Es Lo Que Nos Hace Miserables?

¿Qué es lo que nos hace miserables? La causa de todas las miserias que padecemos es el deseo. Tú deseas algo, el deseo no es saciado, el resultado es angustia. Si no hay deseo, no hay sufrimiento. Pero aquí, también está el peligro de que sea malinterpretado. Se hace necesario que explique que es lo que quiero decir cuando digo 'renunciando el deseo y liberándose de toda miseria'. Las paredes no desean y nunca sufren. Es verdad, pero ellas nunca evolucionan. Esta silla no tiene deseos, nunca sufre, pero es siempre una silla. Hay cierta gloria en la felicidad; hay cierta gloria en el sufrimiento. Si me atrevo a decirlo, también hay utilidad en el mal. Todos conocemos la gran lección que encierra la miseria. Hay cientos de cosas que hemos hecho en nuestras vidas que desearíamos no haberlas hecho, pero las cuales han sido también grandes maestros. En cuanto a mí, me alegro de haber hecho algunas cosas buenas y muchas malas, me alegro de que hice algo correcto y me alegro de haber cometidos muchos errores, porque cada uno de ellos ha sido una gran lección. Yo, ahora, soy el resultado de todo lo que he hecho y pensado. Cada acción y pensamiento ha tenido su efecto, y esos efectos son la suma total de mi progreso.

Todos entendemos que los deseos son dañinos, pero, ¿qué queremos decir con 'renunciar a los deseos'? ¿Cómo podría continuar la vida? Sería como el mismo consejo suicida de matar el deseo junto con el hombre. La solución es esta: no es que no debas tener propiedades, ni otras cosas que son necesarias y hasta cosas lujosas; ten todo lo que quieras y más; sólo conoce la verdad y realízala. Las riquezas no pertenecen a nadie. No pienses en propiedad y posesión. Tú eres nadie, yo soy nadie y así con todos. Todo pertenece al Señor. Dios está en la riqueza que disfrutas. Él está en el deseo que surge en tu mente. Él es las cosas que tu compras para satisfacer los deseos. Él está en tu bello atavío, en tus bellos ornamentos. Esta es la línea de pensamientos. Todo será transformado, tan pronto como comiences a ver las cosas bajo esta luz. Si pones a Dios en cada uno de tus movimientos, en tus conversaciones, en tus formas, en todo, la escena total cambiará, y el mundo, en lugar de parecer hecho de sufrimiento y miseria, se volverá un cielo.

"El reino de los cielos está en tu interior", dijo Jesús. Lo mismo dice Vedanta y todo gran maestro. "Deja que vea el que tiene ojos para ver y que escuche el que tiene oídos para escuchar". Vedanta prueba que la verdad que hemos estado buscando todo este tiempo, está presente ahora y siempre con nosotros. En nuestra ignorancia pensamos que la habíamos perdido, y fuimos por el mundo gritando y gimiendo, luchando para encontrar la verdad, y, durante todo el tiempo, ésta estuvo morando en nuestros propios corazones. Solamente allí podemos encontrarla.

Si entendemos el renunciar al mundo en su sentido antiguo y crudo, entonces sería como esto: que no debemos trabajar, que debemos permanecer inactivos, sentados como cascotes, sin pensar ni hacer cosa alguna, pero que debemos volvernos fatalistas, conducidos por las circunstancias, ordenados por las leyes de la naturaleza, siendo llevados así de un lugar a otro y eso sería todo. Pero no es eso lo que la idea significa. Nosotros debemos actuar. Los hombres comunes, que van por la vida conducidos por sus deseos, ¿qué saben ellos sobre la acción? El hombre empujado por sus propios sentimientos y sus sentidos, ¿qué sabe él sobre actuar? Sólo actúa quien no es motivado por sus deseos, por ningún tipo de egoísmo. Trabaja quien no tiene un motivo ulterior en vista. Trabaja aquel que no espera algo de su trabajo.

Si un hombre se sumerge en la tontería de los lujos mundanos sin saber la verdad, él ha perdido su sendero. No puede alcanzar la meta. Y, si un hombre maldice al mundo, se retira al bosque, mortifica la carne, y se mata de hambre de a poco, haciendo a su corazón infecundo, asesina todos los sentimientos y se torna áspero, severo y seco, ese hombre también ha perdido su ruta. Esos son los dos extremos, los dos errores en las puntas. Ambos han perdido el sendero. Ambos perdieron la meta.

Entonces actúa, dice Vedanta, poniendo a Dios en todo y sabiendo que Dios está en todo. Trabaja incesantemente, considerando a la vida como divina, como Dios mismo, y sabiendo que eso es todo lo que debemos hacer, eso es todo por lo que debemos pedir. Dios está en todo. ¿A dónde más debemos ir para encontrarlo? Él ya está en toda acción, en cada pensamiento, en todo sentimiento. Sabiendo esto es que debemos trabajar. Esta es la única manera. No hay otra. Así, los efectos de las acciones no nos atarán. Hemos visto como los falsos deseos son la causa de toda miseria y de todo el mal que sufrimos, pero cuando ellos son deificados, purificados, a través de Dios, no traen mal, no producen miseria. Aquellos que no han aprendido este secreto, tendrán que vivir en un mundo demoníaco hasta que lo descubran. Muchos no saben sobre la infinita mina de dicha que hay en ellos, alrededor suyo, y en todas partes. Todavía no lo han descubierto. ¿Qué es un mundo demoníaco? Vedanta dice que es la ignorancia. (II. 147-50)

La Miseria: su Causa y su Cura

Si examinamos nuestras propias vidas, descubrimos que la gran causa de desdicha es esta: nos decidimos a hacer algo y ponemos toda la energía en ello, quizás eso falle, aún así no podemos dejarlo. Sabemos que está haciéndonos sufrir, que de cualquier manera que tratemos de agarrarnos de ello, sólo nos traerá miseria, sin embargo, todavía no podemos soltarnos y alejarnos de ello. Una abeja llegó a chupar miel, pero sus patitas quedaron pegadas a ella y no pudo liberarse. Una y otra vez, nos encontramos en ese estado. Ese es todo el secreto de la existencia. ¿Por qué estamos aquí? Vinimos aquí para sorber la miel y nos descubrimos pegados a ella, de pies y manos. Aunque hemos venido a tomar, hemos sido tomados. Vinimos a disfrutar pero estamos siendo disfrutados. Vinimos a gobernar y estamos siendo gobernados. Vinimos a hacer y estamos siendo deshechos. Esto es lo que descubrimos continuamente. Y esto se esparce en cada detalle de nuestra vida. Estamos siendo movidos por otras mentes, y siempre estamos luchando para influenciar otras mentes. Queremos disfrutar los placeres de la vida, y ellos nos comen los órganos. Queremos obtenerlo todo de la naturaleza pero, después de un tiempo, descubrimos que la naturaleza se lleva todo lo nuestro y, dejándonos secos, nos arroja a un lado.

Si no hubiera sido por esto, la vida hubiese sido brillante. ¡Qué importa! Con todos sus éxitos y fracasos, con todas sus alegrías y pesares, esta puede ser una sucesión de eventos brillantes si tan sólo nosotros no quedamos atrapados.

Esta es la única causa de la miseria: estamos apegados, hemos sido atrapados. Entonces, dice el Guita: "Actúa constantemente, actúa, pero no te apegues, no quedes atrapado". Reserva para ti el poder de dejarlo todo, sin importar cuán amado, sin importar cuánto pueda quererlo el alma, sin importar cuán profunda es la miseria que vayas a sentir al dejarlo. Aun así, resérvate el poder de dejarlo todo, cuando sea que tú quieras. Aquí no hay lugar para el débil, en ésta, ni en ninguna otra vida. La debilidad conduce a la esclavitud. La debilidad lleva a todo tipo de miserias, físicas y mentales. Debilidad es muerte. Hay miles de microbios alrededor nuestro, pero no pueden hacernos daño a menos que nos debilitemos, hasta que el cuerpo no esté predispuesto a recibirlos. Quizás hallan millones de microbios de la miseria, flotando a nuestro alrededor. ¡No importa! Ellos no podrán aproximarse; no tienen poder para entrar en nosotros a menos que la mente esté debilitada. Esta es la gran verdad: fortaleza es vida, debilidad es muerte. Fortaleza es felicidad, eterna vida, inmortal; debilidad es miseria y opresión constante. Debilidad es muerte.

El apego es la fuente de todo nuestro placer. Estamos atados a nuestros amigos, a nuestros parientes. Estamos apegados a nuestros trabajos espirituales e intelectuales. Estamos apegados a objetos externos, así obtenemos placer en ellos. Nuevamente, ¿qué es lo que trae esta miseria sino este apego real? Tenemos que desapegarnos para ganar alegría. Si sólo tuviéramos el poder de desligarnos por nosotros mismos, no habría miseria alguna. Sólo obtendrá lo mejor de la naturaleza aquel que, teniendo el poder de apegarse a algo con toda su energía, también tiene el poder de despegarse cuando debe hacerlo. La dificultad es que debe haber tanto poder de desapego como de apego. Hay quienes nunca son atraídos por cosa alguna. Ellos no pueden amar. Tienen un corazón duro y son apáticos. Ellos le escapan a las miserias de la vida. Pero una pared nunca sufre; una pared nunca ama, no es herida. Pero es una pared, después de todo. Seguramente que es mejor ser apegado y atrapado que ser una pared. Por lo tanto el hombre que no ama, que es duro, pétreo y escapa la mayoría de las miserias de la vida, también escapa a las alegrías. No es esto lo que queremos. Esto es miseria, es muerte. Ese alma que nunca siente debilidad alguna, ni miseria, no ha despertado. Es un estado de callosidad. No es lo que queremos.

Al mismo tiempo, no sólo queremos este poder enorme de amar, ese enorme poder de apegarnos, el poder de lanzar toda nuestra alma en un único objeto, perdiéndonos y dejándonos, como si fuera, aniquilar por otras almas (el poder de los dioses), sino que queremos ser más elevados que los dioses. El hombre perfecto puede poner toda su alma en un punto de amor, aún así quedar sin apego. ¿Cómo puede? Hay otro secreto por aprender.

El mendigo nunca es feliz. El mendigo sólo obtiene un subsidio que es dado piedad y desdén, o al menos con la idea de que el mendigo es un objeto inferior. Él nunca disfruta realmente de lo que obtiene.

Todos somos mendigos. Para cualquier cosa que hacemos esperamos recompensa. Todos comerciamos. Comerciamos con la vida, con la virtud; también con la religión. Y, ¡hasta comerciamos con el amor!

Si vienes a comerciar, si todo es una cuestión de dar y tomar, si todo es un asunto de compraventa, acata las leyes del mercado. Existen una buena temporada y una mala temporada; hay una elevación y una caída en los precios. Siempre esperas la cachetada. Es como mirar en un espejo. Tu rostro está reflejado: haces una mueca, una aparece en el espejo, si ríes, el espejo ríe. Esto es comprar y vender, dar y tomar.

Quedamos atrapados. ¿Cómo? No por lo que damos, pero por lo que esperamos. Obtenemos miseria a cambio de amor, no por el hecho de que amamos, pero por que esperamos amor a cambio.

No hay miseria sin expectativa. Deseo, querer, es el padre de la miseria. Los deseos están atados por las leyes de éxito y fracaso. Los deseos tienen que traer miseria.

El gran secreto del verdadero éxito, de la verdadera felicidad, es éste: el hombre que no espera, el que es perfectamente generoso, es el más exitoso. Pareciera una paradoja. ¿Es que no sabemos que cada hombre que es generoso es engañado, es herido? Aparentemente, sí. Cristo fue generoso y aun así fue crucificado. Es verdad, pero sabemos que su generosidad es la razón, la causa, de una gran victoria, la coronación de millones y millones de vidas con la bendición del éxito verdadero.

No pidas, no esperes. Da lo que tengas que dar. Volverá a ti, pero no pienses en eso ahora. Volverá multiplicado por mil, pero la atención no debe ser puesta en ello. Aún así, ten el poder de dar. Da y deja que termine allí. Aprende que la totalidad de la vida es dar, de que la naturaleza te forzará a dar. Entonces, da de corazón. Más tarde o más temprano tendrás que darlo todo. Has venido a la vida a acumular. Con los puños apretados quieres seguir agarrando. Pero, la naturaleza te pone una mano en la garganta y te hace abrir los puños. Sea que quieras o no, tienes que dar. En el momento en que dices: "no lo haré", el golpe llega, estás herido. No hay ser humano alguno que no vaya a ser obligado a darlo todo. Y más se lucha en contra de esta ley, más miserable uno se siente. Es porque no queremos dar, porque no estamos lo suficientemente resignados para acceder a esta gran demanda de la naturaleza, que somos miserables. El bosque muere, pero obtenemos fuego. El sol toma el agua del océano para regresarla en lluvias. Tú eres una máquina para dar y tomar. Tomas para dar. No pidas, entonces, recompensa; pero, mientras más des más recibirás. Mientras más rápidamente puedas vaciar esta habitación de aire, más rápidamente se llenará del aire exterior. Y si cierras todas las ventanas y aberturas, eso, que está dentro, permanecerá, pero lo que esté fuera no podrá entrar, y eso que está dentro se estancará, degenerará y se volverá venenoso. El río se vacía continuamente en el océano y se llena continuamente. No ocluyas la salida al océano. En el momento en que lo hagas, la muerte te llevará.

Sé, entonces, no un mendigo; sé sin apegos. Esta es la tarea más difícil de la vida. (II. 2-6)

El Hombre, Constructor de su Propio Destino

Conocía algunos astrólogos que predicaron cosas maravillosas, pero no tengo razón alguna para creer que las predicaron sólo de las estrellas o algo por el estilo. En muchos casos sólo leen la mente. Algunas veces son predicciones maravillosas, pero en la mayoría de los casos son una completa basura.

Es la gente que se vuelve vieja la que habla del destino. Los jóvenes normalmente no van a la astrología. Nosotros *quizás* estemos bajo la influencia planetaria, pero no debe importarnos. Buda dijo: "Se debe evitar a esos que se ganan la vida calculando las estrellas". Y él debe haber hablado con conocimiento de causa, porque él fue el hindú más grande que haya nacido. Deja que vengan las estrellas, ¿qué daño pueden hacernos? Si una estrella perturba mi vida, ésta no vale un centavo. Se darán cuenta de que la astrología y todas esas cosas místicas, son por lo general, signos de una mente débil. Entonces, tan pronto como estas se vuelvan prominentes en nuestra mente, debemos ver a un médico, comer bien y descansar.

Mientras más vivo, más me convenzo cada día de que cada ser humano es divino. En mujer u hombre alguno, sin importar cuán vil, esa divinidad no muere. Es sólo que él o ella no sabe cómo alcanzarla y se queda esperando por la Verdad. Y personas débiles, tratan de decepcionarlos con todo tipo de tonterías. Si un hombre engaña a otro por dinero, ustedes dicen que él es un canalla. ¡Cuánto mayor es la injusticia del que quiere engañar espiritualmente! Eso es muy malo. Hay una manera de probarlo. La Verdad tiene que hacerte fuerte y liberarte de toda superstición. El deber del filósofo es el de elevarte por sobre la superstición. Aun este mundo, este cuerpo y esta mente son supersticiones. ¡Alma infinita que eres! Y, ¡quedarte engañado por estrellas titilantes! Esa es una condición vergonzosa. Ustedes son divinidades. Las estrellas titilantes les deben su existencia.

Una vez, estaba viajando en los Himalayas, y el largo camino se estrechó frente nuestro. Nosotros, pobres monjes, no conseguimos que otros nos lleven, entonces debemos hacer el viaje a pie. Había un anciano entre nosotros. El camino va hacia arriba y hacia abajo por cientos de kilómetros; cuando el anciano vio lo que teníamos en frente dijo: "Oh, señor, ¿cómo cruzarlo? Ya no puedo caminar más. Mi pecho va a explotar". Le dije: "Mira a tus pies". Él lo hizo; entonces, le dije: "El camino que está debajo de tus pies es el que has transitado y es el mismo que está frente a ti". Las cosas más elevadas están bajo sus pies, porque ustedes son Estrellas Divinas. Todas esas cosas están debajo suyo. Si quieren, ustedes pueden tragar estrellas de a puñados, tal es su verdadera naturaleza. Sean fuertes, vayan más allá de toda superstición y sean libres. (VIII. 183, 184, 186-87)

V
El Concepto de Maya

¿Qué es Maya?

Casi todos ustedes han escuchado la palabra *maya*. Generalmente ésta es usada, aunque incorrectamente, para expresar ilusión, confusión, o algo similar. Pero la teoría de maya constituye uno de los pilares sobre los cuales descansa Vedanta. Es, entonces, necesario que ésta sea entendida apropiadamente. Les ruego por un poco de paciencia, porque se corre el gran peligro de que sea malentendida.

El uso más antiguo de [la palabra] *maya* que encontramos en la literatura Védica es en el sentido de ilusión. Pero, en ese entonces, no se había alcanzado aun el sentido real de la teoría. Encontramos pasajes como: "A través de su maya, Indra asumió varias formas". Aquí, es cierto, la palabra *maya* significa algo como magia, y descubrimos varios pasajes siempre hablando del mismo significado. La palabra *maya* luego despareció totalmente. Pero, mientras tanto, la idea fue evolucionando. Más tarde surgió la pregunta: "¿Por qué no podemos conocer el secreto del universo?". Y la respuesta fue muy significativa: "Porque hablamos en vano, porque estamos satisfechos con los objetos de los sentidos y porque corremos tras los deseos. Es como si cubriéramos a la Realidad con niebla". Aquí, no se usa la palabra *maya*, pero obtenemos la idea de que la causa de nuestra ignorancia es una especie de niebla que se interpone entre la verdad y nosotros. Mucho después, en uno de los Upanishads tardíos, encontramos nuevamente a la palabra *maya*, pero, esta vez una transformación ha tenido lugar, y una masa de nuevo significado se ha apegado a la palabra. Se han propuesto y repetido teorías; se tomaron otras, hasta que finalmente la idea de maya se estableció. Leemos en el *Shvetashvatara Upanishad*: "Sabe que la naturaleza es maya, y el Gobernador de esa maya es el Señor mismo".

En filosofías posteriores, descubrimos que la palabra *maya* ha sido manipulada de muchas maneras, hasta que llegamos al gran Shankaracharya. La teoría de maya ha sido un poco manipulada por los budistas también, pero en las manos de los budistas ésta se volvió muy parecida a lo que se llama idealismo y éste es el significado que generalmente se le da en el presente a la palabra *maya*. Cuando el hindú dice que el mundo es maya, inmediatamente la gente obtiene la idea de que el mundo es una ilusión. Esta interpretación tiene ciertas bases, como viniendo de los filósofos budistas, porque existió un grupo de filósofos quienes no creían en el mundo exterior. Pero la maya de Vedanta, en su última forma desarrollada, no es idealista ni realista, tampoco es una teoría. Es un simple hecho de la experiencia, que somos y que vemos alrededor nuestro.

Como ningún hombre puede saltar de su propio ser, así, ningún hombre puede ir más allá de los límites que le imponen las leyes de espacio y tiempo. Cualquier intento de resolver las leyes de causalidad, espacio y tiempo serán fútiles, porque el intento mismo, deberá tomar por hecho la existencia de las tres.

"Este mundo no existe", ¿qué se quiere decir con eso? Significa que no tiene existencia absoluta. Éste existe sólo en relación a mi mente, a tu mente y a la mente de todos los otros. Nosotros vemos este mundo con los cinco sentidos, pero si tuviéramos otro sentido, veríamos en él algo más. Si tuviéramos aun otro sentido, éste parecería algo aun más diferente. Este, entonces, no tiene existencia real. No tiene una existencia infinita, incambiable, inamovible. No podemos llamarle inexistente si vemos que existe y tenemos que trabajar en él y a través suyo. Es una mezcla de existencia y no existencia.

Esto es Maya

Cada niño nace optimista. Él sueña dorados sueños. En la juventud se vuelve aun más optimista. Es difícil que un joven crea que existe tal cosa como la muerte, la degradación o la derrota. La vejez llega y la vida es una masa de ruinas. Los sueños se han desvanecido en el aire y el hombre se vuelve un pesimista. Así vamos de un extremo a otro, sacudidos por la naturaleza, sin saber hacia dónde vamos.

Luego, allí está el tremendo hecho de la muerte. El mundo entero camina hacia la muerte. Todo muere. Todo nuestro progreso y vanidades, nuestras reformas, nuestros lujos, nuestras riquezas, nuestro conocimiento, tienen ese único final: la muerte. Que es todo lo que podemos dar por cierto. Las ciudades nacen y mueren, los imperios se elevan y son destruidos, los planetas se rompen en pedazos que se vuelven polvo, volando en la atmósfera de otros planetas. Eso ha sido así desde tiempo inmemorial. La muerte es el final de todo. Es el final de la belleza, de la opulencia, del poder y también de la virtud. Los santos mueren y los pecadores mueren, los reyes y los mendigos mueren. Todos están caminando hacia la muerte. Y aun así existe este tremendo aferrarse a la vida. De alguna manera, no sabemos como, nos aferramos a la vida. No podemos renunciarla. Y esto es maya.

Una madre está atendiendo a su pequeño con gran cuidado. Todo su alma, su vida, está en ese niño. El niño crece, se vuelve un hombre y quizás se torne un bruto y malvado que la golpea todos los días, aun así la madre se aferra a su hijo. Cuando su razón despierta, ella la cubre con la idea de amor. Ella piensa muy poco en que eso no es amor, sino algo distinto, que se ha agarrado de sus nervios y que ella no puede sacudírselo de encima. Por más que trate, ella no puede quitarse esa atadura. Y esto es maya.

Todos corremos tras el vellocino de oro. Cada uno piensa que se hará su voluntad. Cada hombre razonable ve que su oportunidad es de, quizás, una en veinte millones, sin embargo, lucha por ella. Esto es maya.

La muerte asecha día y noche sobre esta tierra nuestra, pero, al mismo tiempo, pensamos que viviremos eternamente. Una vez se le preguntó al rey Yudhishthira: "¿Qué es lo más asombroso del mundo?". El rey respondió: "Cada día las personas mueren alrededor nuestro, sin embargo, el hombre cree que él nunca morirá"[61]. Esto es maya.

Esas tremendas contradicciones en nuestro intelecto, en nuestro conocimiento, de hecho, en cada situación de nuestra vida, nos enfrentan en todas partes. Un reformador social se yergue y quiere remediar los males que hay en una nación, y antes de que puedan ser remediados, otros miles surgen en otras partes. Es como una caja vieja que se está cayendo. Le arreglas una parte y se arruina en otra. En India nuestros reformadores predican en contra de los males de la viudez obligada por la casta. En Occidente el no poder casarse es el gran mal. Ayuda al soltero en un lugar, ellos están sufriendo. Ayuda a las viudas en otra parte, ellas están sufriendo. Es como un reumatismo crónico que cuando deja la cabeza se instala en otra parte del cuerpo y cuando lo sacas de allí, se va a los pies. Los reformadores surgen y predican que la educación, el dinero y la cultura no deben estar en las manos de pocos, pero, quizás, cuando la cultura se extienda la felicidad física disminuya. El conocimiento de la felicidad trae el conocimiento de la infelicidad. ¿Qué debemos hacer, entonces? La prosperidad material que disfrutamos, causa una cantidad igual de miseria en otro lugar. Tal es la ley. Los jóvenes quizás no lo vean tan claramente, pero aquellos que han vivido lo suficiente y aquellos que han luchado lo suficiente, lo entenderán. Y esto es maya.

Esas cosas suceden todos los días y descubrir una solución a ese problema es imposible. ¿Por qué? Es imposible responder esto, porque la pregunta no puede ser lógicamente formulada. De hecho, no tiene *cómo* ni *por qué*. Sólo sabemos que *es* y que no podemos cambiarlo. Hasta tratar de entenderlo, dibujar una imagen exacta en nuestra mente, está más allá de nuestro poder. ¿Cómo podemos resolverlo, entonces?

Maya es un hecho de la experiencia de este universo, de cómo se sucede. Las personas generalmente sienten temor cuando escuchan estas cosas. Pero debemos ser valientes. Esconder los hechos no es una manera de descubrir el remedio. Como todos

61   *Mahabharata, Vanaparvan*, 313.116.

ustedes saben, cuando una liebre es perseguida por los perros, ésta esconde su cabeza en un hoyo, creyéndose a salvo. Lo mismo hacemos cuando nos refugiamos en el optimismo. Pero esto no va a remediar nada. Hay objeciones a esta idea, pero deberán notar que esas objeciones generalmente provienen de aquellos que tienen la mayoría de las cosas buenas de la vida. En este país [Inglaterra] es muy difícil volverse un pesimista. Todos me cuentan sobre cuán maravillosamente va el mundo, con cuánto progreso. Pero lo que cada uno es, es su propio mundo. Surgen viejas cuestiones: ¡La religión cristiana debe ser la única religión verdadera porque las naciones cristianas son prósperas! Pero tal afirmación se contradice a sí misma, porque la prosperidad de las naciones cristianas depende de la miseria de las naciones no cristianas. Deben haber algunos de quien sacar provecho. Supongan que todo el mundo se convirtiera en cristiano. Luego, las naciones cristianas se volverían pobres, porque ya no habrían naciones no cristianas de las cuales abusar. Así, el argumento se derriba a sí mismo. Los animales viven de las plantas, los hombres de los animales y, lo peor de todo: uno de otro; el fuerte del débil. Esto está sucediendo en todas partes. Y esto es maya.

¿Cuál es su solución para esto? Diariamente, escuchamos muchas explicaciones y nos dicen que en el largo plazo todo será bueno. Si lo damos por hecho, entonces ¿por qué esta forma diabólica de hacer el bien? ¿Por qué no se puede hacer el bien a través del bien y no por esos métodos diabólicos? Los descendientes de los seres humanos actuales serán felices. Pero, ¿por qué tiene que haber tanto sufrimiento ahora? No hay solución a esto. Esto es maya.

Tanto como incrementamos nuestro poder de ser felices, incrementamos también nuestro poder de sufrir, y algunas veces me siento inclinado a pensar que si aumentamos nuestro poder de sentirnos felices en una proporción aritmética, por otro lado, aumentamos nuestro poder de sentirnos miserables en progresión geométrica. Los que estamos progresando sabemos que mientras más lo hacemos, más avenidas se abren al placer como al dolor.

Y esto es maya.

Así, descubrimos que maya no es una teoría para explicar el mundo. Sino que simplemente es una declaración de hechos, tal cual son; de que la base misma de nuestro existencia es la contradicción; de que en todas partes debemos movernos a través de esta tremenda contradicción; de que donde sea que haya bondad, debe haber maldad también, y donde sea que haya maldad, deberá haber algo de bondad. Donde quiera que esté la vida, la muerte le sigue como su sombra. Y todo aquel que sonría deberá llorar y viceversa. Y este estado de cosas no puede ser remediado. Podemos en vano imaginarnos de que habrá un lugar donde sólo exista la bondad y no la maldad, donde sonreiremos siempre y nunca lloraremos. Eso es imposible en la naturaleza misma de las cosas, por que las condiciones seguirán iguales. Donde sea que esté el poder de hacernos sonreír, allí asecha el poder de hacernos llorar. Donde sea que esté el poder de producir felicidad, allí asecha el poder de producir infelicidad, allí está, en alguna parte, el poder de hacernos sentir tristes.

El mismo fenómeno que pareciera bueno hoy puede parecer malo mañana. La misma cosa que produce dolor en alguien, puede producir felicidad en otro. El fuego que quema al niño puede cocinar una buena comida para un hombre hambriento. Los mismos nervios que transmiten las sensaciones de dolor, también transmiten las de alegría. La única manera de detener la maldad es, entonces, deteniendo la bondad también. No hay otra manera. Para parar a la muerte deberemos parar a la vida también. La vida sin la muerte y la felicidad sin infelicidad son contradictorias y nunca pueden estar separadas, porque cada una de ellas es una manifestación diferente de la misma cosa.

Permítanme repetir una vez más que la posición de Vedanta no es pesimista ni optimista. No dice que todo este mundo es malvado o que es todo bondadoso. Dice que nuestra maldad no es de mayor valor que nuestra bondad, y nuestra bondad no es más valorable que nuestra maldad. Ellas están atadas, juntas. Así es el mundo, sabiéndolo tú trabajas pacientemente.

Esta maya está en todas partes, es terrible. Sin embargo debemos trabajar a través de ella. El hombre que dice que él trabajará cuando el mundo se vuelva bueno y entonces disfrutará de dicha, tiene tantas posibilidades de hacerlo como el que se sienta en la orilla del Ganga y dice: "cruzaré el río cuando éste haya vaciado toda su agua en el océano". La manera no es con *maya* sino *en contra* de ella. Esto es otro hecho que aprender. No nacemos como ayudantes de la naturaleza, sino como sus competidores. Somos sus amos, pero nos auto-sometemos. ¿Por qué esta casa está aquí? La naturaleza no la construyó. La naturaleza dice: "vete a vivir en la selva". El hombre dice: "Construiré una casa y lucharé contra la naturaleza", y así lo hace. Toda la historia de la humanidad es una lucha continua en contra de las llamadas leyes de la naturaleza, y el hombre sale victorioso al final. Entrando en el mundo interior, la misma naturaleza se está sucediendo allí también, esa lucha entre el hombre espiritual y el hombre animal, entre la luz y la oscuridad. Y aquí también resulta victorioso el hombre. Él sale, por así decirlo, fuera de la naturaleza hacia la libertad. (II. 91-95, 97-98, 102, 104)

La Trampa de Maya

Una vez, Narada [un gran sabio] le dijo a Krishna: "Señor, muéstrame a maya". Luego de algunos días, Krihsna le pidió que le acompañara en un viaje hacia un desierto. Después de haber caminado varios kilómetros, Krishna dijo: "Narada, tengo sed. ¿Podrías traerme un vaso de agua?". "Se la traeré de inmediato, señor" dijo Narada, partiendo.

Cerca de allí había una aldea. Él entró en ella y golpeó una puerta por el agua. Una hermosa joven abrió la puerta. Viéndola, él inmediatamente olvidó que su Maestro estaba esperándole, quizás muriendo de sed. Lo olvidó todo y comenzó a charlar con la muchacha. Ese día no regresó hasta donde estaba su Maestro.

Al día siguiente regresó a la casa para conversar con la joven. La conversación maduró en amor. Él pidió la mano de la joven, se casó con ella allí y tuvieron hijos. Así pasaron doce años. Él vivió, como creía, una vida feliz con su esposa e hijos, sus campos y ganado, etc.

Más adelante hubo una inundación. Una noche el río creció hasta salirse de cause, inundando a la aldea. Las casas se derrumbaron, los hombres y los animales fueron llevados por la corriente y perecieron, todo estaba flotando sobre las embravecidas aguas. Narada se vio obligado a escapar. Con una mano sostenía a la esposa y con la otra a dos de sus hijos, otro niño iba sobre sus hombros; mientras, él trataba de vadear esa tremenda corriente. Luego de dar unos pasos se dio cuenta de que la corriente era demasiado fuerte y el niño en sus hombros cayó y fue arrastrado por el agua. Un grito de desesperación salió de Narada. Tratando de salvarlo perdió a los otros dos. Finalmente su esposa, a quien él sostenía con toda sus fuerzas, fue tragada por la corriente y él fue lanzado a la orilla, llorando y lamentándose amargamente.

Detrás suyo se escuchó una suave voz: "Hijo mío, ¿dónde está el agua? Fuiste a buscar una jarra de agua; te he estado esperando durante media hora". "¡Media hora!", exclamó Narada. Doce años pasaron por su mente, y todas esas escenas habían transcurrido en media hora! Esto es maya. (II. 120-21)

Desgarrando el Velo de Maya

Vedanta, valientemente dice: Yo soy perfecto y completo, nunca he sido atado. Si piensas que estás ligado, ligado quedarás. Si sabes que eres libre, libre serás. Ese es todo el propósito de ésta filosofía, el hacernos saber que siempre fuimos libres y siempre lo seremos. Nunca cambiamos, nunca morimos y nunca hemos nacido. Entonces, ¿qué son todos esos cambios?, ¿qué sucede con este mundo fenomenal? Este mundo es asumido como un mundo aparente, sometido al tiempo, el espacio y la causalidad. Y esto, en Vedanta, es llamado *vivartavada*: superimposición ilusoria de nombres y formas sobre lo Absoluto. El absoluto no cambia. En la pequeña ameba esta perfección infinita es latente. Se la llama ameba debido a su envoltura de ameba. Y de la ameba al hombre perfecto, el cambio no es de lo que hay adentro, que permanece igual, inmutable, sino que el cambio sucede en la envoltura.

Aquí hay un panel y un hermoso paisaje afuera. Hay un pequeño orificio en el panel a través del cual nosotros sólo podemos tener una vislumbre del paisaje. Supongan que ese orificio comienza a agrandarse. A medida que se agranda, más y más del paisaje se hace visible, y cuando el panel desaparece estamos cara a cara con la totalidad del paisaje. Ese paisaje de afuera es el alma y el panel que hay entre ambos es maya: tiempo, espacio y causalidad. Hay una pequeño orificio en alguna parte, a través del cual yo sólo puedo obtener una vislumbre del alma. A medida que el orificio se ensancha, veo más y cuando el panel se desvanece sé que el alma soy yo.

Así, los cambios en el universo no son en lo Absoluto. Estos suceden en la naturaleza. La naturaleza evoluciona más y más hasta que lo Absoluto se manifiesta a sí mismo. En todos existe. En algunos éste está más manifiesto que en otros. La totalidad del universo es realmente una. En conexión con el alma, decir que una persona es superior a otra no tiene significado alguno. En conexión con el alma, decir que una persona es superior a un animal o planta no tiene significado alguno. El universo todo es uno. En las plantas el obstáculo para la manifestación del alma es muy grande; para los animales un poco menor; en el hombre menos aún; en hombres de cultura espiritual, menor todavía; y en hombres perfectos se ha desvanecido totalmente. Todas nuestras luchas, disciplinas, dolores, placeres, lágrimas y sonrisas, todo lo que hacemos y pensamos, va hacia aquella meta, a desgarrar el velo, haciendo el orificio mayor, adelgazando las capas que haya entre la manifestación y la realidad detrás. Nuestro trabajo, entonces, no es el de liberar el alma, sino el de eliminar las ligaduras. El sol es cubierto por capas de nubes pero permanece intocado por ellas. El trabajo del viento es el de llevarse a las nubes lejos, y más desaparecen las nubes, mayor es la luz del sol. No hay cambio alguno en el Alma que es infinita, absoluta, eterna Existencia, Conocimiento y Dicha. (I. 419-21)

El Juego de Dios

No culpes a otros. Si lo malo llega, sabe que el Señor está jugando contigo y quédate extremadamente contento. Después de cada alegría llega el pesar; podrán estar bien separados o cercanos. Más avanzada es el alma, más rápidamente uno le sigue al otro. Lo que queremos no es miseria ni felicidad. Ambas nos hacen olvidar nuestra verdadera naturaleza. Ambas son cadenas, de oro y de hierro. Más allá de ambas está el Atman, quien no conoce miseria ni felicidad. Esas son estados y los estados deben cambiar siempre; pero la naturaleza del alma es la dicha, la paz, inmutables. Nosotros no tenemos que lograrlas; nosotros las tenemos. Sólo lava la escoria y lo verás.

Radícate en el Ser. Sólo entonces podemos realmente amar al mundo. Toma tu posición en un lugar muy, muy elevado. Conociendo nuestra naturaleza universal nosotros debemos observar el panorama del mundo con perfecta calma. Este no es más que un juego de niños, y lo sabemos, así no puede perturbarnos. Si la mente se siente deleitada con el elogio, se sentirá infeliz con el insulto. Todos los placeres de los sentidos y hasta de la mente son momentáneos, pero dentro nuestro está el único placer sin asociaciones, sin dependencias. Éste es perfectamente libre. Es la dicha. Mayor es nuestra dicha interna, más espirituales somos. El placer en el Ser es lo que el mundo llama religión.

El universo interno, el real, es infinitamente mejor que el externo, que es sólo una proyección ensombrecida del verdadero uno.

Este mundo no es ni verdadero ni falso, es la sombra de la verdad. Dice el poeta: "La imaginación es la sombra dorada de la verdad".

Entramos en la creación y luego esto se vuelve el vivir para nosotros. Las cosas son muerte en sí misma; somos sólo nosotros quienes les damos vida, y luego, como tontos, las miramos y las disfrutamos o les tememos. Pero no sean como ciertas pescadoras quienes, sorprendidas por una tormenta, buscaron refugio en la casa de una florista. Se les asignó una habitación próxima al jardín, donde el aire estaba cargado con la fragancia de las flores. En vano trataron de descansar, hasta que una de ellas sugirió que humedecieran las cestas de pescados y las colocaran cerca de sus cabezas. Sólo así pudieron dormir.

El mundo es nuestra cesta de pescado. Nosotros no debemos depender de ellas para nuestro disfrute. Quienes lo hacen son *tamasicos*, enredados. Luego están los *rayasicos*, egotistas, quienes siempre están diciendo "yo", "yo". Ellos a veces hacen buenos trabajos y quizás se tornen espirituales. Pero los más elevados son los *sattvicos*, los introspectivos, esos que viven sólo en el Ser. Esas tres cualidades: *tamas*, *rayas* y *sattva* [ociosidad, actividad e iluminación], están en cada individuo, predominando una en algunos momentos más que en otros.

No hay posibilidad alguna de obtener placer sin dolor, bien sin mal; porque la vida misma es simplemente un equilibrio perdido. Lo que queremos es libertad, no vida, placer, ni bondad. La creación es infinita, sin comienzo y sin final, una constante ondulación sobre un lago infinito. Sin embargo, en ese lago, hay profundidades inalcanzables, donde el equilibrio ha sido recuperado; pero la ondulación en la superficie permanece siempre allí. La lucha por recobrar el equilibrio es eterna.

Para recuperar ese equilibrio debemos enfrentar tamas con rayas y luego conquistar rayas mediante sattva, el estado de belleza y calma que crecerá y crecerá hasta que todo desaparezca. Renuncia a las ligaduras. Transfórmate en un hijo de Dios, se libre, y luego podrás "ver al Padre", como lo vio Jesús. Fortaleza infinita es la religión y es Dios. Elude la debilidad y la esclavitud. Tu eres el Alma sólo si eres libre; la inmortalidad existe para ti sólo si eres libre; sólo hay Dios si Él es libre.

El mundo es para mi, no yo para el mundo. Bondad y maldad son nuestros no nosotros de ellos. Es la naturaleza del bruto la de permanecer donde se encuentra. Es la naturaleza del hombre la de buscar lo bueno y eludir lo malo. Es la naturaleza de Dios la de no buscar a ninguno de ambos, sino sólo ser eternamente dichoso. ¡Seamos Dios! Haz de tu corazón un océano, ve más allá de las pequeñeces del mundo. Enloquécete con alegría aun en medio de la maldad. Ve al mundo como una pintura y disfrutarás su belleza, sabiendo que nada te afecta. ¿Sabes qué es la bondad? Es como cuentas de vidrio que los niños descubren en el barro. Mira al mundo con complaciente calma. Ve lo bueno y lo malo como si fueran lo mismo, ambos son meramente el "juego de Dios". Alégrate con todo. (VII. 11-13)

VI
Karma Yoga
(El Sendero de la Acción)

Karma y Sus Efectos en el Carácter

La palabra *karma* deriva del sánscrito *kri*, "hacer". Toda acción es karma. Técnicamente, esta palabra también significa los efectos de las acciones. En conexión con la metafísica, algunas veces también significa los efectos de los cuales nuestras acciones pasadas fueron las causas. Pero en karma yoga nos ocupamos solamente de la palabra *karma* como acción.

El conocimiento es la meta de la humanidad. Este es el ideal que nos pone al frente la filosofía oriental. El placer no es la meta del hombre, sino el conocimiento. Placer y felicidad tienen un final. Es un error el suponer que el placer es el objetivo. La causa de todos los sufrimientos que hay en el mundo es que el hombre tontamente cree que el placer es el ideal por el cual tiene que luchar. Luego de un tiempo, el hombre se da cuenta de que no es la felicidad sino el conocimiento aquello hacia lo cual camina y que ambos: el placer y el dolor son grandes maestros, y que el aprende tanto de lo malo como de lo bueno. A medida que el placer y el dolor pasan delante de su alma, dejan fotografías diferentes, el resultado de esas impresiones combinadas es lo que se llama el "carácter" del hombre. Si toman el carácter de cualquier hombre, su realidad no es más que el agregado de tendencias, la suma total de la curva de su mente. Descubrirán que el dolor y la felicidad son factores igualmente determinantes en la formación de tal carácter. Bondad y maldad comparten la formación del carácter y, en algunas ocasiones, la infelicidad es mejor maestro que la felicidad. Estudiando las grandes personalidades que el mundo ha producido, me atrevo a decir que en la gran mayoría de los casos, descubrirán que el dolor les enseñó más que la felicidad. Fue la pobreza lo que los instruyó más que la riqueza. Más que los elogios fueron los golpes los que hicieron aflorar su fuego interno.

Ahora, ese conocimiento, nuevamente, es inherente al hombre. Ningún conocimiento viene de afuera, está todo dentro.

Lo que decimos que un hombre *conoce*, debería ser en un estricto lenguaje psicológico, lo que él *descubre*, o *destapa*. Lo que un hombre *aprende*, en realidad es lo que él *descubre* cuando quita lo que cubre a su propia alma, la cual es una mina de conocimiento infinito. Decimos que Newton descubrió la gravitación, ¿es que ésta estaba sentada en alguna esquina, esperando por él? Estaba en su propia mente. El tiempo maduró y él lo supo. Todo el conocimiento que el mundo recibe viene de la mente. La biblioteca infinita del universo está en tu propia mente. El mundo externo es sólo la sugerencia, la ocasión que te hace estudiar a tu propia mente, pero el objeto de tu estudio es siempre tu propia mente. La caída de una manzana le dio la sugerencia a Newton, y él estudió su propia mente. Él reorganizó todos los eslabones de pensamientos previos en su mente y descubrió un nuevo eslabón entre ellos, que hoy nosotros llamamos la ley de gravedad. No estaba en la manzana ni en cosa alguna en el centro de la tierra.

El conocimiento existe en la mente como el fuego en los pedernales. Sugerencia es la fricción que lo hace aparecer. Lo mismo sucede con todos nuestros sentimientos y acciones. Nuestras lágrimas y sonrisas, nuestras alegrías y pesares, nuestro llanto y nuestras carcajadas, nuestras maldiciones y nuestras bendiciones, nuestros elogios y nuestros insultos. Si nos estudiamos con calma, descubriremos que cada uno de ellos fue sacado de nuestro interior con muchos golpes. El resultado es lo que somos. Todos esos golpes juntos, son lo que llamamos *karma*, acción, trabajo. Cada golpe, mental y físico, que se le da al alma, por el cual, pareciera, que el fuego es extraído de ella, y por el cual, su propio poder y conocimiento es descubierto, es *karma* en el más amplio sentido de la palabra. Les estoy hablando, eso es karma. Están escuchando, eso es karma. Respiramos, eso es karma. Hablamos, eso es karma. Todo lo que hacemos, física o mentalmente, es karma y deja sus marcas en nosotros. (I. 27-29)

El Misterio de Karma

La mente es arrojada en una onda con cada trabajo que hacemos, cuando el trabajo termina, creemos que la ola desaparece. No. Sólo se ha refinado [hecho sutil], pero sigue allí. Cuando tratamos de recordar el trabajo, éste regresa y se vuelve una onda. Estaba allí, si así no fuera no habría memoria. Así, cada acción, cada pensamiento, bueno o malo, se asienta, se vuelve sutil, y es guardado allí. Ambos, los pensamientos felices e infelices son llamados obstrucciones dolorosas, porque, de acuerdo con los yoguis, a la larga traen dolor. Toda felicidad que venga a través de los sentidos, eventualmente producirá dolor. Todo placer nos hará sedientos de un placer mayor, y esto trae sufrimiento como resultado. Los deseos del hombre no tienen límite. Él continúa deseando, y cuando llega a un momento en que los deseos no pueden ser satisfechos, el resultado es el dolor. Por ello, los yoguis, consideran a la suma total de las impresiones, buenas o malas, como obstrucciones dolorosas. Ellas obstruyen los senderos para la libertad del alma. (I. 243)

La Filosofía de Karma

Discípulo: ¿Por qué es necesario hacer bien a otros?

Swami Vivekananda: Bueno, es necesario para el bien propio. Nos olvidamos del ego cuando pensamos que el cuerpo está dedicado para el servicio a otros; el cuerpo, que muy complacientemente identificamos con el ego. Y, en el largo plazo, llega la pérdida de la conciencia corpórea. Mientras más intensamente piensas en el bienestar de otros, más te olvidas de ti mismo. De esta manera, como tu corazón gradualmente se purifica a través de la acción, llegas a sentir la verdad de que tu propio Ser está en todos los seres y en todas en las cosas. Así es como el hacer el bien constituye un sendero, un método, de revelación del propio Ser o Atman. Sabe que esta es también una práctica espiritual, una disciplina para la realización de Dios. Su finalidad es la Auto-realización. Exactamente como esa finalidad es lograda por jñana (conocimiento), bhakti (devoción), y así sucesivamente, también se logra por el trabajo realizado para el bienestar ajeno.

Discípulo: Pero, señor, si yo tengo que pensar en otros todo el tiempo, ¿cuándo voy a pensar en el Atman? Si yo permanezco totalmente ocupado con algo particular y relativo, ¿cómo podré realizar al Atman, que es Absoluto?

Swamiji[62]: El fin más elevado de toda disciplina, de todos los senderos espirituales, es el logro del conocimiento de Atman. Si tú, por estar dedicado al servicio para otros y por purificar tu corazón con tales acciones, logras la visión de todos los seres como el Ser, ¿qué más quedaría por ser logrado en el sendero de la Auto-realización? ¿Dirías que la Auto-realización es el estado de existencia como materia muerta, como esta pared o esa madera?

Discípulo: Aunque esto no sea el significado, sin embargo sobre lo que las escrituras hablan como siendo la integración del Ser dentro de Su naturaleza real, consiste en la cesación de todas las funciones mentales y de todas las acciones.

Swamiji: Sí, ese samadhi, del cual hablan las escrituras es un estado nada fácil de lograr. Cuando, muy raramente, se manifiesta en alguien, no dura mucho tiempo. Entonces, ¿con qué se mantendrá ocupada esa persona? Por ello es que, luego de haber realizado ese estado descrito en las escrituras, el santo ve al Ser en todos los seres y, en esa conciencia, se dedica al servicio para que cualquier karma que todavía tenga que manifestar a través del cuerpo se acabe por sí mismo. Este es el estado que ha sido descrito por los autores de los *shastras* [escrituras] como *jivanmukti*, "libre en vida".

Discípulo: Entonces, después de todo, se llega a la idea, señor, de que a menos que ese estado de jivanmukti sea alcanzado, el

---

62   Swami Vivekananda es también llamado Swamiji.

trabajo para el bienestar del prójimo nunca podrá ser logrado en el verdadero sentido.

Swamiji: Sí, eso es lo que dicen los shastras. Pero, ellos también dicen que el trabajo, o el servicio, por el bienestar de otros, conduce a ese estado de jivanmukti. De otro modo, no habría necesidad, por parte de los shastras, de enseñarnos un sendero de prácticas religiosas llamado karma yoga. (VII. 111-13)

La Acción y Su Secreto

Una de las grandes lecciones que he aprendido en mi vida fue la de prestar tanta atención a los medios de la acción como a su fin. Aprendí esto de un gran hombre, cuya propia vida fue una demostración práctica de este principio. Yo siempre he estado aprendiendo grandes lecciones de este único principio. Y me parece que todo el secreto del éxito está allí: prestar tanta atención a los medios como al fin.

Nuestro mayor defecto en la vida es que nos sentimos tan atraídos por el ideal; la meta es mucho más fascinante, mucho más seductora, mucho más grande en nuestro horizonte mental, que perdemos de vista todos los detalles. Pero, cuando fallamos, si lo analizamos críticamente, descubriremos que en el noventa y nueve por ciento de los casos fue por que no le prestamos atención a los medios. Atención apropiada al conjunto de los detalles, a fortalecer los medios, es lo que necesitamos. Si los medios están bien, la meta será alcanzada. Nos olvidamos de que es la causa la que produce el efecto. El resultado no puede llegar por sí mismo. Y a menos que las causas sean exactas, apropiadas y poderosas, el efecto no se producirá. (II. 1)

Las Enseñanzas de Karma Yoga

El karma yoga enseña: "No renuncies al mundo. Vive en el mundo, imbúyete en sus influencias tanto como puedas, pero si es para tu propio placer no hagas nada". El placer no debe ser la meta. Primero extermínate y luego toma al mundo todo como a ti mismo. Como decían los antiguos cristianos: "El hombre viejo debe morir". Este "hombre viejo" es la idea egoísta de que todo el mundo está hecho para nuestro placer. Los padres tontos les enseñan a sus hijos a orar: "O Señor, has creado este sol para mi y esta luna para mi", como si el Señor no tuviera otra cosa que hacer más que crear todo para esos niños. No les enseñen a sus hijos esas tonterías. Luego, hay personas que son tontas de otra manera. Nos enseñan que los animales fueron creados para que nosotros los matemos y comamos, y que este universo es para el disfrute del hombre. Todo esto es tonto. Un tigre podría decir: "El hombre fue creado para mi", y orar: "¡O Señor, que pecadores son esos hombres que no viene a mi para ser comidos! Ellos están en contra de tus leyes". Que el mundo se ha creado para nuestro placer es la idea más dañina, que nos tira hacia abajo. Este mundo no es para nosotros. Millones pasan por él, cada año; el mundo ni lo siente. Otros millones ocupan sus lugares. Tanto como el mundo se crea para nosotros, también nosotros somos creados para el mundo.

Para actuar apropiadamente, entonces, deberás primero renunciar a la idea de apego. Segundo, no te confundas en la refriega. Mantente como un testigo y continua trabajando. Mi maestro solía decir: "Cuida de tus hijos como los cuida una niñera". La niñera tomará a tu hijo y lo acariciará y jugará con él y se comportará con él con suavidad, como si fuera su propio hijo. Sin embargo, en el momento en que la despidas, ella estará lista para irse de la casa. Todo lo que parecía apego ha sido olvidado. Una niñera ordinaria no sentirá en lo más mínimo el dejar a tus hijos y tomar otros a su cuidado. Así deberás ser con todo lo que consideres tuyo. Eres como la niñera. Si crees en Dios, cree que todas esas cosas que consideras tuyas son en realidad de Él. (I. 88-89)

Karma Yoga de Acuerdo con el Guita

¿Cuál es el significado de la idea: "trabajar sin motivo"? En esta época, muchos la entienden en el sentido de que uno debe trabajar de tal manera que ni el placer ni el dolor puedan afectar la mente. Si este es su significado real, entonces los animales podrían ser calificados de trabajar sin motivo. Algunos animales devoran su propia cría y no lo sienten. Los ladrones arruinan a otros robándoles sus propiedades, pero si ellos están endurecidos ante el placer o el dolor, también podrían ser considerados como trabajadores sin motivos. Si tal es el significado, entonces de uno que tenga un corazón de piedra, del peor de los criminales, se podría decir que actúa sin motivos. En ese sentido, la doctrina es un instrumento poderoso en las manos de los malvados. Ellos podrían actuar con maldad reclamando que lo hacen sin motivo. Si tal fuera el significado de trabajar sin motivo, entonces las enseñanzas del Guita han traído una doctrina temible. Por cierto, ese no es el significado.

El Guita instruye sobre el karma yoga. Debemos trabajar a través del yoga [concentración]. En tal concentración en la acción [karma yoga] no hay conciencia de la presencia del ego inferior. La conciencia de que yo estoy haciendo esto y aquello, nunca está presente cuando uno trabaja a través del *yoga*. Los occidentales no entienden esto. Ellos dicen: ¿cómo podemos trabajar sin conciencia del ego, sin el ego presente? Pero, cuando uno trabaja con concentración, perdiendo toda conciencia de sí mismo, el trabajo hecho será infinitamente mejor, y esto quizás todos lo han experimentado en sus propias vidas. Hacemos muchas cosas inconscientemente, como la digestión, muchas otras conscientemente, y otras todavía, estando inmersos en samadhi por así decirlo, donde no hay conciencia del ego inferior. Si un pintor, perdiendo la conciencia del ego se sumerge totalmente en su pintar, logrará una obra maestra. Un buen cocinero se concentra totalmente en sus preparaciones. Así, por ese momento, él pierde conciencia de todo lo demás. Pero, esas personas, sólo pueden hacer un trabajo perfecto, aquel al que están acostumbrados. El Guita enseña que todo trabajo debe ser hecho de esa manera. Él que se ha hecho uno con el Señor, por el yoga, actúa todo el tiempo inmerso en concentración, y no persigue beneficio alguno. Tal tipo de trabajo sólo trae bienestar para el mundo, ninguna maldad puede venir de él. Aquellos que trabajan así, nunca actúan para sí mismos.

El resultado de toda acción es una mezcla de bueno y malo. No hay trabajo bueno que no tenga un toque de maldad. Como el humo que rodea al fuego, algo malo se adhiere siempre a la acción. Debemos involucrarnos con los trabajos que hagan el mayor bien con el menor mal. Aryuna mató a Bishma y a Drona. Si esto no se hubiera hecho, Duryodhana no habría sido conquistada, las fuerzas del mal habrían triunfado sobre las fuerzas del bien, y así una gran calamidad se hubiera precipitado sobre el país.

Estamos leyendo el Guita a la luz de las velas, pero numerosos insectos están siendo quemados por ellas. Así es como uno ve que a todo trabajo se le adhiere algo malo. Aquellos que actúan sin conciencia del ego inferior no son afectados por la maldad, porque ellos trabajan para el bien del mundo. Trabajar sin motivos, trabajar sin apego, trae la mayor dicha y libertad. Este secreto de karma yoga es enseñado por el Señor Krishna en el Guita. (V. 247-49)

Trabaja por el Trabajo Mismo

El hombre trabaja con diferente motivos. No puede haber trabajo sin motivo. Algunas personas quieren fama y trabajan para ella. Otros quieren dinero y trabajan por él. Otros quieren poder y trabajan por el poder. Otros quieren llegar al cielo y trabajan para ello. Otros quieren dejar un nombre al morir, como hacen en China, donde los hombres logran títulos después de muertos;

una costumbre, después de todo, mejor que la nuestra. Cuando un hombre hace algo muy bueno, ellos le otorgan un título de noble a su padre o abuelo muerto. Hay quienes trabajan para eso. Algunos seguidores de Mahoma, de ciertas sectas, trabajan todo su vida para construir una gran tumba para cuando estén muertos. Otro trabaja como penitencia. Ellos hacen todo tipo de cosas malas, luego erigen un templo o le dan algo a los sacerdotes para comprarlos y así obtener un pasaporte al cielo; ellos creen que ese tipo de beneficencia los purificará y podrán ir libres a pesar de sus pecados. Tales son algunos de los varios motivos para trabajar.

Trabaja por el trabajo mismo. Hay algunos, en cada país, quienes realmente son la sal de la tierra, quienes trabajan por el trabajo mismo, a quienes no les importa la fama ni el renombre ni siquiera el ir al cielo. Ellos trabajan únicamente por el bien. También hay otros que ayudan al pobre y a la humanidad desde motivos aun más elevados, porque creen en hacer el bien y aman hacerlo. Como regla general, el deseo por fama y renombre trae resultados inmediatos; estos nos llegan cuando somos viejos y ya estamos despidiéndonos de la vida. ¿No gana algo el hombre que trabaja sin motivos egoístas? Sí, el gana lo más elevado. El altruismo es lo que más gana, es sólo que la gente no tiene la paciencia para practicarlo. También desde el punto de vista de la salud es lo que más paga. Amor, verdad y magnanimidad no son palabras vacías. Ellas conforman nuestros mayores ideales, porque en ellos descansa tal manifestación de poder.

Toda energía que se manifiesta partiendo de un motivo egoísta se pierde. No causará poder que retorne a ti. Pero si el egoísmo es restringido, generará poder. Este auto-control producirá un poder enorme, producirá el carácter que logra un Cristo o un Buda. Los tontos desconocen este secreto. (I. 31-33)

Sé Sin Apego

Sé sin apego. Deja que las cosas actúen; deja que el cerebro centre la actividad; trabaja incesantemente, pero no permitas que onda alguna conquiste a la mente. Trabaja como un extranjero en esta tierra, un jornalero. Trabajen incesantemente pero no se aten. La esclavitud es algo terrible. Este mundo no es su habitación. Es sólo uno de los muchos estados por los cuales vamos atravesando. Recuerden ese gran dicho de la filosofía Samkya: "La naturaleza toda es para el alma, no el alma para la naturaleza". La verdadera razón para la existencia de la naturaleza es la educación del alma. No hay otra razón. Está allí porque el alma debe tener conocimiento y, a través del conocimiento, liberarse a sí misma. Si siempre recordamos esto, nunca nos apegaremos a la naturaleza. Sabremos que la naturaleza es un libro que estamos por leer, y que una vez que hayamos adquirido el conocimiento requerido, el libro no es de más valor para nosotros.

Trabaja como un amo y no como un esclavo. Trabaja incesantemente, pero no hagas el trabajo de un esclavo. ¿No ves como todos actúan? Nadie puede descansar. El noventa y nueve por ciento de la humanidad trabaja como esclavo y el resultado es sufrimiento. Es todo trabajo egoísta. ¡Trabaja libre! ¡Trabaja amando! La palabra *amor* es muy difícil de entender. El amor no llega sin libertad. No hay amor posible en el esclavo. Si compras un esclavo y lo atas con cadenas y lo haces trabajar para ti, él trabajará como una máquina, pero no habrá amor en él. Lo mismo sucede con nosotros cuando trabajamos como esclavos por las cosas del mundo, no puede haber amor en nosotros así, y nuestro trabajo no es verdadero. Esto es verdad de todo trabajo hecho por amigos y parientes, y es verdad del trabajo que hacemos para nosotros. Trabajo egoísta es trabajo de esclavo. Aquí hay una prueba: todo acto de amor trae felicidad. No hay acto de amor que no traiga paz y bendiciones como reacción. Entonces, el verdadero amor no puede reaccionar causando dolor ni al amante, ni al amado. Supongan que un hombre ama a una mujer. Él desea tenerla toda para sí y se siente extremadamente celoso de cada uno de sus movimientos. Quiere que ella se siente a su lado, se pare a su lado y que coma y se mueva con él. Él es su esclavo y desea tenerla como esclava. Eso no es amor. Es un tipo de afecto mórbido de esclavo, insinuándose como amor. No puede ser amor porque es doloroso. Si ella no hace lo que él quiere, él sufre. Con el amor no hay reacción dolorosa; el amor sólo trae una reacción de dicha. Si no lo hace, no es amor; es confundir el amor con otra cosa. Cuando hayas logrado amar a tu esposo, tu esposa, tus hijos, el mundo todo, el universo, en tal manera que no haya reacción de dolor o de celos, ningún sentimiento egoísta, entonces estarás preparado para ser sin apego.

Krishna dice: "¡Mírame, Aryuna! Si por un momento, yo dejo de trabajar el universo todo perecerá. Nada tengo para ganar del trabajo. Soy el Señor de todo. ¿Por qué, entonces, trabajo? Porque amo al mundo"[63]. Dios no tiene apego porque Él ama. Ese amor verdadero nos hace desapegados. Sabe que donde sea que haya apego, el aferrarse a las cosas del mundo, es todo una atracción física, entre grupos de partículas de materia, algo que atrae a dos cuerpos todo el tiempo y si estos no pueden aproximarse el uno al otro, produce dolor. Sin embargo, donde hay amor verdadero, éste no descansa en el apego físico. Tales amantes pueden estar separados por miles de kilómetros, pero su amor seguirá siendo el mismo. Éste no muere ni produce reacción de dolor alguna. Lograr ese no apego es casi el trabajo de toda una vida, pero tan pronto como lo hemos logrado, hemos realizado la meta del amor y nos volvemos libres.

¿Pides algo a cambio de tus hijos, por lo que les has dado? Es tu deber el trabajar para ellos, y allí termina el asunto. En cualquier cosa que hagas para una persona, una ciudad, un estado, asume la misma actitud que tienes para con tus hijos: no esperes algo a cambio. Si invariablemente puedes tomar la

63   *Bhagavad Guita* , 3.22, 24.

posición del dador, en la que todo lo que das es una libre ofrenda al universo, sin pensamientos de reembolso, entonces tu trabajo te traerá desapego. El apego llega solamente cuando uno espera algo en retorno. (I. 56-59)

Cada Uno es Grande en Su Lugar

Cierto rey solía preguntar a todos los renunciantes que llegaban a su país: "¿Quién es más grande: el que renuncia al mundo y se vuelve un sannyasin, o quien vive en el mundo y cumple con sus deberes de hogar?". Muchos sabios trataron de resolver el problema. Algunos afirmaron que el sannyasin era el mejor; a esos el rey les pidió que probaran su afirmación. Cuando no lo lograron, él les ordenó casarse y llevar vida de hogar. Luego llegaron otros y dijeron: "El hogareño que cumple con sus deberes es mejor", de ellos el rey también demandó pruebas. Cuando no pudieron proporcionárselas, él los hizo volverse hogareños, al igual que los otros.

Finalmente llegó un joven sannyasin, y el rey le preguntó lo mismo. Él respondió, "O rey, ambos son grandes en su propio lugar". "Pruébalo", demandó el rey. "Lo probaré", dijo el sannyasin, "pero tú deberás primero vivir como yo, por algunos días". El rey consintió y siguió al sannyasin fuera de su territorio. Ellos pasaron por muchos otros países hasta que llegaron a un gran reino. En la capital de este reino se estaba festejando una magnífica ceremonia. El rey y el sannyasin escucharon la música, el batir de los tambores y los pregones. Las personas, vestidas de gala, se conglomeraban en la calles, una gran proclama estaba siendo hecha. El rey y el sannyasin se quedaron allí para ver qué ocurría. El anunciante real decía que la princesa, hija del rey de ese país, elegiría su esposo de entre los reunidos frente a ella.

Era una costumbre antigua de India el que las princesas eligieran a su esposo de esa manera. Cada princesa tiene ciertas ideas sobre el tipo de hombre que quiere como marido. Algunas querrían que el fuera el hombre más hermoso, otras sólo el más sabio, otras el más rico, y así sucesivamente. Todos los príncipes de los países vecinos, se vestían en sus mejores galas y se presentaban ante ella. Algunas veces, ellos llevaban sus propios anunciantes, para que enumeraran sus virtudes y las razones por las cuales esperaban que la princesa los eligiera. La princesa era transportada en un trono, en un modo esplendoroso; ella miraba a cada uno y escuchaba sobre ellos. Si no quedaba impresionada por lo que veía y escuchaba, le decía a los cargadores: "Continúe", y no volvía a mirar al rechazado pretendiente. Si, por alguna razón, a ella le gustaba uno, le arrojaba una guirnalda de flores sobre los hombros, haciéndolo su esposo. La princesa del país donde nuestro rey y el sannyasin habían llegado, estaba en medio de una de esas interesantes ceremonias. Ella era la más bella princesa del mundo, y su esposo sería el gobernado de ese reinado, cuando su padre muriera. Esta princesa quería casarse con el más hermoso, pero no pudo encontrarlo. Así, esas celebraciones se había sucedido varias veces, sin que ella pudiera elegir uno. Este encuentro era el más espléndido de todos. Se habían congregado más personas que nunca antes. La princesa subió al trono y los cargadores la llevaron de un lugar al otro. Ella no parecía impresionada con hombre alguno, y todos se estaban sintiendo desilusionados, pensando que también esta celebración sería en vano.

Justo entonces, un joven, un sannyasin, bello como el sol sobre la tierra, llegó y se paró en una esquina, observándolo todo. El trono con la princesa se acercó, y tan pronto como ella lo vio, se detuvo y arrojó su guirnalda sobre él. El joven sannyasin se arrancó la guirnalda y la tiró lejos, exclamando: "¿Qué tontería es esta? Soy un sannyasin. ¿Qué es casamiento para mi?". El rey de ese país pensó que quizás él era un hombre pobre y por ello titubeaba en casarse con la princesa, entonces le dijo: "Con la princesa va la mitad de mi reino ahora y ¡todo con mi muerte!", y le puso la guirnalda nuevamente. El sannyasin se la volvió a quitar, diciendo: "¡Qué insensatez! Yo no quiero casarme", y se alejó rápidamente.

Ahora, la princesa estaba totalmente enamorada de él y dijo: "Yo debo casarme con ese hombre o moriré", y partió tras suyo para hacerlo regresar. Luego, nuestro sannyasin, el que había traído al rey hasta allí, dijo: "Rey, vamos a seguirlos". Así, ellos caminaron a cierta distancia de los dos. El joven sannyasin, que había rechazado a la princesa, caminó por varios kilómetros, hasta que llegó a un bosque y se internó en él. La princesa lo siguió, así como los otros dos. Ahora bien, ese joven sannyasin conocía ese bosque con todos sus pasajes intrincados y, de pronto, entrando en uno de ellos, desapareció; la princesa no supo más dónde estaba. Luego de buscarlo por largo rato, se sentó bajo un árbol y comenzó a llorar, porque ella no sabía cómo salir de allí. Entonces, nuestro rey y el otro sannyasin llegaron donde estaba y le dijeron: "No llores. Nosotros te mostraremos la salida, pero ahora está muy oscuro. Allí hay un gran árbol, descansemos bajo él. Por la mañana temprano te mostraremos el camino de regreso".

Un ave pequeña, con su esposa y tres pichones vivían en ese árbol, en un nido. Ese ave pequeña, miró hacia abajo y viendo a tres personas bajo el árbol, le dijo a su esposa: "¿Qué debemos hacer, querida? Aquí tenemos huéspedes en la casa, y es invierno y no tenemos fuego". Así, él voló lejos y trajo un carboncillo encendido en su pico, que dejó caer ante los huéspedes. Ellos le agregaron leña y encendieron una fogata. Pero el ave no estuvo satisfecha. Nuevamente, le preguntó a la esposa: "¿Qué debemos hacer, querida? No hay algo para darles de comer a esas personas y ellos tienen hambre. Somos hogareños, es nuestro deber el darle de comer a quienquiera que venga a nuestro hogar. Debo hacer lo que puedo, les daré mi cuerpo". Así él se arrojó al fuego, donde murió. Los huéspedes le vieron caer y trataron de salvarle, pero él fue demasiado rápido para ellos.

La pequeña esposa del ave vio lo que hizo su marido, y dijo: "Aquí hay tres personas y sólo un avecilla para comer. No es suficiente. Es mi deber como esposa no dejar que el esfuerzo de mi marido sea en vano. Que ellos también tengan mi cuerpo".

Entonces ella voló dentro del fuego hasta morir quemada.

Luego los tres pichones, que habían visto lo que se hizo y que todavía no había suficiente comida para los tres huéspedes, dijeron: "Nuestros padres hicieron lo que pudieron y todavía no es suficiente. Es nuestro deber el llevar adelante el trabajo de nuestros padres. Que nuestros cuerpos también sean consumidos". Y todos ellos volaron hacia el fuego.

Asombrados ante lo que vieron, las tres personas no pudieron, por supuesto, comer esas aves. Pasaron la noche sin comida; por la mañana el rey y el sannyasin le indicaron el sendero a la princesa y ella regresó hasta su padre.

Después, el sannyasin le dijo al rey: "Rey, has visto que cada uno es grande en su lugar. Si quieres vivir en el mundo, vive como esas aves, listo a cada momento para sacrificarte por otros. Si quieres renunciar al mundo, sé como ese joven a quien nada le significaron la mujer más hermosa y un reino. Si quieres ser un hogareño, mantiene tu vida como sacrificio para el beneficio de otros, y si eliges la vida de renunciación no mires ni una vez a la belleza, al poder, ni al dinero. Cada uno es grande en su lugar, pero el deber de uno no es el deber del otro". (I. 47-51)

Las Aptitudes de un Karma Yogui

Tres cosas son necesarias para lograr grandes cosas. Primero, *siente desde tu corazón*. ¿Qué hay en el intelecto o en la razón? Van sólo unos pocos pasos y allí se detienen. Pero por el corazón llega la inspiración. El amor abre las puertas más adamantinas. Amor es la puerta de todos los secretos del universo. ¡Sientan, entonces mis por-ser-reformadores, mis por-ser-patriotas! ¿Pueden sentir? ¿Pueden sentir que millones y millones de los descendientes de dioses y sabios se han vuelto casi brutos? ¿Pueden sentir que millones están hambrientos hoy, y millones lo han estado por centurias? ¿Pueden sentir que la ignorancia se cierne sobre la tierra como una oscura nube? ¿Los desespera? ¿Les da insomnio? ¿Ha entrado en su sangre, corre por sus venas, volviéndose uno con el latido de sus corazones? ¿Los ha hecho volverse casi locos? ¿Se han dejado traspasar con esa idea única de la miseria, de la decadencia que les ha hecho olvidarlo todo sobre su nombre, su fama, sus esposas, sus hijos, sus propiedades, hasta sus propios cuerpos? ¿Han hecho esto? Este es el primer paso para volverse un patriota, el primer paso.

Podrán sentir, entonces, pero en lugar de gastar sus energía en charlas intrascendentes, ¿han encontrado una manera de salir, alguna *solución práctica*, algo que ayude en lugar de condenar, algunas palabras dulces que los saquen de sus miserias, que los aparten de esas vidas muertas?

Aun así eso no es todo. ¿Tienen *la voluntad suficiente para saltar obstáculos tan altos como montañas*? Si todo el mundo, levanta espadas en contra suyo, ¿harán, aun así, lo que consideran correcto? ¿Se adherirán todavía a ello si sus esposas e hijos se vuelven en contra suyo, si todo su dinero se pierde, su nombre y riquezas desaparecen? ¿Continuarían hasta su meta? Como dijera el gran rey Bhartrihari: "Que los sabios nos condenen o ensalcen; que la diosa de la fortuna venga o se vaya; que la muerte llegue hoy o en cientos de años; sólo es un hombre firme quien no se mueve ni un centímetro del sendero de la verdad"[64]. ¿Tienen esa firmeza? Si tienes esas tres cosas, cada uno de ustedes hará milagros. No tendrán que escribir en los diarios; no tendrán que dar conferencias; sus rostros mismos brillarán. Si viven en una cueva, sus pensamientos traspasarán la roca y vibrarán hacia todo el mundo por cientos de años, quizás, hasta entrar en un cerebro y trabajar allí. Tal es el poder del pensamiento, de la sinceridad y de la pureza de propósito. (III. 225-27)

---

64   *Bhartrihari, Nitishatakam*, 74.

Una Historia de Auto-Sacrificio

Después de la batalla de Kurukshetra, los cinco hermanos Pándava realizaron un gran sacrificio e hicieron regalos cuantiosos a los pobres. La gente expresó su asombro ante la grandeza y fastuosidad del ritual y dijeron que el mundo nunca antes había visto un sacrificio así. Pero, luego de la ceremonia llegó una pequeña mangosta cuyo cuerpo era mitad dorado y mitad oscuro; ella comenzó a rodar sobre el piso. Luego, les dijo a todos: "¡Son unos mentirosos! Esto no fue un sacrificio". "¡Qué!", exclamaron ellos. "¡Dices que esto no fue un sacrificio! ¿Tienes una somera idea de cuánto dinero y joyas fueron regaladas a los pobres y de cómo todos se volvieron ricos y felices? Este fue el sacrificio más maravilloso que hombre alguno pueda haber hecho".

Pero la mangosta dijo: "Una vez, en una aldea, donde vivía un pobre brahmin con su esposa, hijo y nuera. Ellos eran realmente pobres y vivían sólo de donaciones que les daban por sus enseñanzas. Una hambruna de tres años azotaba ese lugar, y el pobre brahmin sufría más que nunca. Finalmente, cuando la familia había ayunado por varios días, el padre, una mañana, trajo a su hogar un poco de cebada que afortunadamente había conseguido ese día, y la dividió en cuatro porciones, una para cada miembro de la familia. Ellos la prepararon; cuando estaban a punto de comerla, alguien llamó a la puerta. El padre la abrió para encontrar un huésped ante él". (En India un huésped es sagrado. Él es como Dios y debe ser tratado así mientras esté en la casa). "Entonces, el pobre brahmin dijo: 'Entre, señor. Usted es bienvenido'. Y puso su plato de comida frente al huésped, quien, luego de comerla rápidamente, dijo: 'Señor, me has matado. He estado ayunando por varios días y esta pequeña porción sólo ha incrementado mi hambre'. Entonces, la esposa le dijo a su esposo: 'Dale mi porción'. Pero el marido protestó. Ella insistió, diciendo: 'Aquí hay un pobre hombre, nuestro deber como hogareños es alimentarlo y, como esposa, viendo que tu no puedes darle más, mi deber es darle mi porción'. Así, él se la dio. Luego de comerla, el huésped manifestó que aún estaba hambriento. Esta vez, el hijo dijo: 'Toma mi porción también. El deber de un hijo es el de ayudar a su padre a cumplir su obligación'. El huésped la comió pero no quedó satisfecho, así fue como la esposa del hijo le dio su porción también. Esto fue suficiente y el huésped partió bendiciéndolos.

"Esa noche los cuatro murieron de hambre. Unos pocos granos de esa cebada cayeron sobre el piso y cuando rodé sobre ellos, mi cuerpo se doró, como pueden ver. Desde entonces he viajado por todo el mundo, esperando encontrar otro sacrificio como aquel. Pero nunca lo logré; ni siquiera aquí he podido dorar la otra parte de mi cuerpo. Por eso digo que éste no es un sacrificio". (I. 60-61)

No Ayudamos al Mundo Sino a Nosotros Mismos

Nuestro deber para con otros es el de servir, el de hacer el bien al mundo. ¿Por qué deberíamos hacer bien al mundo? Aparentemente para ayudar al mundo, pero, en realidad, para ayudarnos. Siempre debemos tratar de ayudar al mundo. Tal debería ser el motivo más elevado en nosotros. Pero si lo consideramos bien, nos damos cuenta de que el mundo no requiere de nuestra ayuda en absoluto. Este mundo no fue hecho para que tú y yo le ayudemos. Una vez leí un sermón en el que se decía: "Todo este mundo es muy bueno, porque nos da tiempo y oportunidades para ayudar a otros". Aparentemente este es un sentimiento muy hermoso, pero ¿no es una blasfemia el decir que el mundo necesita de nuestra ayuda? No podemos negar que hay mucha miseria en él. El ayudar a otros es, desde luego, lo mejor que podemos hacer, sin embargo, en el largo plazo, nos damos cuenta de que ayudar a otros es sólo ayudarnos a nosotros mismos. Cuando era pequeño tenía algunas ratones blancos. Estaban dentro de una caja con pequeñas ruedas; cuando el ratoncito trataba de cruzarlas, las ruedas giraban y giraban y él nunca llegaba a parte alguna. Así es con el mundo y nuestra ayuda. La única ayuda es que nosotros nos ejercitamos moralmente.

Este mundo no es bueno ni malo. Cada hombre manufactura un mundo para sí mismo. Si un ciego piensa del mundo, es como blando o duro, frío o caliente. Somos un conjunto de felicidad y de miseria, lo hemos visto en nuestra vida cientos de veces. Como regla general, los jóvenes son optimistas y los viejos pesimistas. El joven tiene una vida por delante. El viejo se queja de que sus días se ha ido; cientos de deseos, que ellos no pueden satisfacer, luchan en su corazón. Ambos son unos tontos. La vida es buena o mala de acuerdo al estado mental con el que la miramos. En sí misma no es una ni la otra. El fuego, en sí mismo, no es bueno ni malo. Cuando calefacciona nuestro ambiente, decimos: "¡Qué bello que es el fuego!". Cuando nos quema los dedos nos lamentamos de que es malo. Aun así, en sí mismo, no es bueno ni es malo. De acuerdo a cómo lo usamos, produce ese efecto de bondad o maldad. Lo mismo sucede con el mundo. Éste es perfecto. Por perfección queremos decir que está perfectamente adaptado a su objetivo. Todos podemos estar seguros de que sin nosotros igual seguirá adelante maravillosamente bien y de que no hay necesidad de rompernos la cabeza para ayudarle.

Sin embargo, debemos hacer el bien. Si somos conscientes de que ayudar a otros es nuestro privilegio, entonces el deseo de hacer el bien es la motivación más elevada que tenemos. No se suban a un pedestal para dar cinco centavos, diciendo: "Tenga, pobre hombre". Sino que agradezcan que el pobre hombre está allí para que, dándole un regalo, puedan ayudarse a sí mismos. El que recibe no es bendecido, sino el que da. Agradezcan que se les da la oportunidad de ser benevolentes y compasivos en el mundo y así volverse puros y perfectos. Todos los buenos actos tienden a hacernos puros y perfectos. (I. 75-76)

El Mundo: una Cola de Perro Enroscada

Había una vez un hombre pobre que quería dinero. Él había escuchado que si atrapaba a un fantasma podría comandarlo a que le trajera dinero o cualquier otra cosa que quisiera; entonce se entusiasmó mucho con la idea de cazar uno. Buscó la ayuda de un hombre que se dedica a eso, un sabio que era dueño de poderes increíbles. El sabio le preguntó qué haría con el fantasma. "Quiero que trabaje para mí. Enséñame como atrapar uno, señor. Lo deseo mucho", respondió el hombre. Pero el sabio le dijo: "No te molestes con eso. Vete a casa". Al día siguiente el hombre fue a ver al sabio nuevamente y comenzó a llorar y suplicar: "Dame un fantasma. Yo tengo que tener uno, señor, ayúdame". Finalmente, disgustado, el sabio le dijo: "Toma este talismán, repite este hechizo y el fantasma vendrá. Y cualquier cosa que le pidas, la hará. Pero, ¡cuidado! Son seres espantosos, deberás mantenerlo ocupado continuamente. Si fallas en esto, te matará". El hombre replicó: "Eso será simple. Puedo darle trabajo durante toda su vida".

Entonces, él se fue a un bosque y repitió su hechizo por largo rato, hasta que un enorme fantasma apareció ante él y le dijo: "Soy un fantasma. He sido conquistado por tu magia; pero tú deberás mantenerme ocupado todo el tiempo. Cuando no puedas hacerlo te mataré". El hombre dijo: "Constrúyeme un palacio", y el fantasma dijo: "El palacio ha sido construido". "Tráeme dinero", dijo el hombre. "Aquí está su dinero", dijo el fantasma. "Tala este bosque y construye una ciudad en su lugar". "Hecho", dijo el fantasma. "¿Algo más?". Ahora el hombre sintió miedo y pensó que no tenía nada más para pedirle. Lo había hecho todo en un parpadear de ojos. El fantasma dijo: "Ordena algo o te comeré". El pobre hombre no pudo pensar en nada más y comenzó a correr y correr hasta que llegó donde el sabio, y le rogó: "¡Señor, sálvame!". El sabio le preguntó qué ocurría y el hombre le contó: "No tengo ningún otro trabajo para darle al fantasma, todo lo que le ordené lo hizo en un momento y ahora me amenaza con comerme si no le pido algo más". Justo entonces el fantasma apareció allí, diciendo: "Te comeré" y estaba a punto de tragarlo. El hombre temblaba entero mientras le rogaba al sabio que lo salvara. El sabio le dijo: "Te daré la solución, ves a ese perro de cola enroscada. Saca tu espada rápidamente, córtasela y dásela al fantasma para que la enderece". El hombre sacó la espada, cortó la cola y se la dio al fantasma, diciendo: "Enderézala por mi". El fantasma la tomó y, despacio, la enderezó, pero tan pronto como la soltó, la cola se enroscó nuevamente. Una vez más la enderezó con todo cuidado, sólo para darse cuenta de que apenas la soltaba volvía a enroscarse. Así siguió por días y días hasta que, exhausto, dijo: "Yo nunca tuve tal problema antes. Soy viejo, un fantasma veterano, pero nunca antes tuve tal problema. Voy a negociar contigo. Tú déjame libre y yo dejaré que te quedes con lo que te di y prometo no tocarte". El hombre aceptó la oferta contento.

Este mundo es como la cola enroscada del perro y las personas han tratado de enderezarlo por cientos de años. Pero apenas creen que lo hicieron, vuelve a enroscarse. ¿Cómo podría ser de otra manera? Uno debe saber primero cómo trabajar sin apego, sólo entonces uno no será un fanático. Sabiendo que este mundo es como la cola enroscada de un perro, que nunca se enderezará, dejaremos de ser fanáticos. Si no hubiera fanatismo en el mundo, éste haría mucho más progreso que el que hace ahora. Es un error el creer que el fanatismo puede ayudar al progreso de la humanidad. Al contrario, es un elemento retardante, generador de odio y enojo, hace que las personas peleen unas contra otras y que crezca la antipatía. Pensamos que lo que somos o hacemos es lo mejor en el mundo, y lo que no somos o no poseemos no tiene valor. Entonces, recuerda siempre esta historia de la cola enroscada, apenas sientas una tendencia a volverte fanático. No tienes que preocuparte o dejar de dormir por el mundo. Este seguirá sin ti. Cuando hayas podido evitar el fanatismo, sólo entonces trabajarás bien. Es el hombre equilibrado, el calmo, de buen juicio y nervios tranquilos, el compasivo y quien ama, el que hace buen trabajo y se hace bien a sí mismo. El fanático es un tonto sin compasión. Él jamás enderezará al mundo, ni podrá volverse puro y perfecto. (I. 77-79)

Un Karma Yogui Ideal

Permítanme contarles unas pocas palabras sobre un hombre que mostró estas enseñanzas de karma yoga con su propia vida. Ese hombre es Buda. Él es el único hombre quien pudo ponerlas en perfecta práctica. Todos los profetas del mundo, excepto Buda, tienen motivos externos que los llevaron a la acción altruista. Los profetas del mundo, con esta única excepción, pueden ser divididos en dos grupos: un grupo sostuvo que eran Encarnaciones de Dios sobre la tierra, y el otro que ellos eran sólo Mensajeros de Dios. Y ambos grupos obtuvieron el ímpetu a actuar desde afuera y esperaron recompensa externa, sin importar cuán espiritualmente elevado fuera el lenguaje que usaron. Pero Buda es el único profeta que dijo: "No me interesa saber sus muchas teorías sobre Dios. ¿De qué sirve el discutir las sutiles doctrinas del alma? Haz el bien y se bueno, y ello te llevará a la liberación y a toda verdad que exista".

Él condujo su vida sin motivaciones personales. ¿Y dónde hay otro hombre que haya hecho más que él? Muéstrenme un carácter histórico que haya llegado tan alto. Toda la raza humana produjo sólo un carácter así, de tal elevada filosofía, de tanta compasión. Este gran filósofo predicaba la filosofía más elevada, al tiempo que vertía la más profunda compasión hacia la criatura más insignificante y nunca reclamó algo para sí. Él es el karma yogui ideal, actuando sin motivo, y la historia de la humanidad lo muestra como el más grande entre los hombres, más allá de toda comparación, la más magnífica combinación de cerebro y corazón que haya existido, el mayor poder del alma que se haya manifestado. Él es el más grande reformador que el mundo haya visto. Él fue el primero que se atrevió a decir: "Crean, no porque exista un viejo manuscrito.

Crean, no porque su nación así lo crea, porque se los hayan hecho creer desde la infancia. Pero razónenlo todo y, luego de que lo hayan analizado, si descubren que esto le hará bien a uno y a todos, crean en ello, vivan a su altura y ayuden a otros a que vivan a su altura también".

Trabaja mejor quien trabaja sin motivos, no por dinero, no por fama, ni por ninguna otra cosa. Y cuando un hombre pueda hacer esto, será como Buda, y de él emanará el poder de actuar de tal manera que transformará al mundo. Ese hombre representa el más elevado ideal de karma yoga. (I. 116-18)

VII
Jñana Yoga
(El Sendero del Conocimiento)

La Eterna Pregunta

Grande es la tenacidad con la que el hombre se aferra a los sentidos. Sin embargo, sin importar cuán substancial él crea que es el mundo externo donde vive y se mueve, llega un tiempo en la vida de los individuos y las razas, cuando involuntariamente ellos preguntan: "¿Es esto real?". Para la persona que nunca encuentra un momento para cuestionar los justificantes de sus sentidos, quien tiene todos sus momentos ocupados con algún tipo de placer de los sentidos, a él también le llega la muerte y se ve obligado a preguntar: "¿Es esto real?". La religión comienza con esa pregunta y termina con su respuesta. Aun en el más remoto pasado, donde la historia no puede penetrar, en la luz misteriosa de la mitología, atrás, en la tímida media-luz de la civilización, descubrimos que se preguntó lo mismo: "¿Qué va a suceder con esto? ¿Qué es real?".

Uno de los Upanishads más poéticos, el Katha Upanishad, comienza con esta cuestión: "Cuando un hombre muere, se produce una disputa. Un grupo declara que él se fue para siempre; el otro insiste en que todavía vive. ¿Cuál es el que dice la verdad?". Se han dado muchas respuestas. Toda la esfera de la metafísica, la filosofía y la religión está realmente llena de variadas respuestas para esta pregunta. Al mismo tiempo, se han hecho intentos de suprimirla, de detener la intranquilidad de la mente que pregunta: "¿Qué hay más allá? ¿Qué es real?". Pero mientras la muerte exista, todos esos intentos de supresión no serán exitosos. Nosotros podremos hablar de no ver nada más allá y de mantener todas nuestras esperanzas y aspiraciones confinadas al momento presente, y luchar reciamente para no pensar en nada más allá del mundo de los sentidos. Y quizás todo afuera nos ayude a mantenernos limitados entre sus estrechas fronteras. El mundo entero puede combinarse para prevenir que nosotros nos abramos a algo más que el presente. Sin embargo, mientras exista la muerte, la pregunta surgirá una y otra vez: "¿Es la muerte el fin de todas esas cosas a las que nos aferramos, como si fueran lo más real de todas las realidades, lo más sustancial de todo lo sustancial?". El mundo se desvanece en un momento y desaparece. Parado en el borde de un precipicio, más allá del cual está el abismo infinito y profundo, cada mente, sin importar cuán reacia sea, está obligada a preguntar: "¿Es esto real?". Las esperanzas de toda una vida, acumuladas de a poco con toda la energía de una gran mente, se desvanecen en un segundo. ¿Son reales? Esas preguntas deben ser respondidas. El tiempo nunca disminuye su poder; por otro lado, le agrega poder.

Luego está el deseo de ser feliz. Corremos detrás de todo lo que pueda hacernos felices. Proseguimos nuestras alocadas carreras en el mundo externo de los sentidos. Si le preguntan a un joven cuya vida es exitosa, él dirá que esto es real y realmente lo cree así. Quizás, cuando envejezca y descubra que la fortuna lo elude siempre, declarará que es destino. Finalmente sabrá que sus deseos no pueden ser satisfechos. Donde sea que va, allí hay una pared adamantina que no le deja pasar. Cada actividad sensoria resulta en una reacción. Todo es evanescente. Placer, miseria, lujos, riquezas, poder y pobreza, aun la vida misma, todo es evanescente.

A la humanidad le quedan dos posturas. Una es la de creer, junto a los nihilistas, de que todo es nada, que nada sabemos, que nunca sabremos ni sobre el futuro, ni sobre el pasado, ni siquiera sobre el presente. Porque debemos recordar que quien niega el pasado y el futuro y quiere admitir el presente, no es más que un loco. Así, uno también podría negar al padre y a la madre pero asegurar que el niño existe. Se estaría aplicando la misma lógica. Si se niega el pasado y el futuro, el presente debe ser igualmente negado. Esa es una posición. La del nihilismo. Yo nunca vi un hombre que haya podido volverse un verdadero nihilista, ni siquiera por un minuto. Hablar es muy fácil.

Luego está la otra posición: la de buscar una explicación, buscar lo que es real, descubrir en medio de este eternamente cambiante, evanescente mundo, lo que es real. En este cuerpo, que es un agregado de moléculas de materia, ¿hay algo en él que sea real? Tal ha sido la búsqueda de la mente humana a través de la historia. En los tiempo antiguos, a menudo descubrimos vislumbres de luz llegando a las mente del hombre. Aun entonces, encontramos hombres que fueron más allá del cuerpo externo y encontraron algo que no es este cuerpo externo, aunque sea parecido, algo mucho más completo, mucho más perfecto, algo que permanece aun cuando este cuerpo queda disuelto. Leemos en un himno del *Rig Veda* dirigido al dios del fuego, quien está quemando un cadáver: "Llévalo, Fuego, en tus amables brazos. Dale un cuerpo perfecto, un cuerpo brillante. Llévalo donde viven los padres, donde no hay más pesar, donde la muerte no existe".

Descubrirán la misma idea presente en cada religión. Y obtenemos con ello otra idea. Es un hecho significativo el que todas las religiones, sin excepción, sostengan que el hombre es una degeneración de lo que fue, sea que lo cubran con palabras mitológicas, o que lo expongan en el claro lenguaje de la filosofía, o en las bellas expresiones poéticas. Este es el único hecho que surge de toda escritura, de cada mitología: de que el hombre que existe, es una degeneración de lo que fue. Tal es el núcleo de la verdad dentro de la historia de la caída de Adán en la escritura judía (II. 70-72)

¿Qué es Atman?

Hay una gran discusión sobre si el agregado de materiales al que llamamos cuerpo es la causa de la manifestación de la fuerza que llamamos alma, pensamiento, etc. , o de si es el pensamiento lo que manifiesta al cuerpo. Las religiones del mundo, por supuesto, sostienen que la fuerza llamada *pensamiento* manifiesta al cuerpo, y no a la inversa. Hay escuelas de pensamiento moderno que proponen que lo que llamamos pensamiento no es más que el resultado del ajuste de las partes de la máquina que llamamos cuerpo. La segunda posición (la de que el alma, o la masa de pensamiento, o como sea que quieran llamarla, es el resultado de tal máquina, el resultante de las combinaciones físicas y químicas de la materia que hacen al cuerpo y al cerebro), deja sin resolver la cuestión. ¿Qué es lo que produce al cuerpo? ¿Cuál es la fuerza que combina las moléculas en la forma del cuerpo? ¿Cuál es la fuerza que toma su material de las masas de materia alrededor y forma mi cuerpo de esta manera, otro cuerpo de otra y así sucesivamente? ¿Qué es lo que genera esas distinciones? Decir que la fuerza llamada alma es el resultado de la combinación de las moléculas del cuerpo es poner el carro delante de los caballos. ¿Cómo se produjeron esas combinaciones? ¿Dónde estaba la fuerza que las produjo? Si ustedes dicen que alguna otra fuerza fue la causa de tales combinaciones, que el alma fue el resultado de esa materia, y que el alma, que combinó una cierta cantidad de materia, fue en sí misma el resultado de combinaciones, no responden nada. Sólo la teoría que explique la mayoría de los hechos, sino todos, sin contradecir otras teorías existentes, deberá ser aceptada. Es mucho más lógico decir que la fuerza que toma la materia y forma el cuerpo es la misma que se manifiesta a través del cuerpo.

Decir, entonces, que las fuerzas de pensamiento, manifiestas en el cuerpo, son el resultado de la acomodación de las moléculas sin existencia independiente, no tiene significado. Ni puede la fuerza evolucionar de la materia. Más bien, es posible demostrar que lo que llamamos materia no existe. Es sólo un determinado estado de la fuerza. Solidez, dureza, o cualquier otro estado de la materia, puede ser probado como el resultado del movimiento. El aumento de la fuerza de vórtice impartida a los fluidos, les da la fuerza de los sólidos. Una masa de aire en movimiento de vórtice, como en un tornado, se vuelve como sólida y por su impacto corta o pasa a través de los sólidos. Si el hilo de una tela de araña pudiera ser movido a una velocidad casi infinita, sería tan fuerte como una cadena de acero y cortaría a un roble. Viéndolo de esa manera, sería más fácil probar que lo que llamamos materia no existe. Pero lo otro no puede ser probado.

¿Cuál es la fuerza que se manifiesta a sí misma a través del cuerpo? Es obvio para todos nosotros, que cualquiera sea esa fuerza, está, como si fuera, levantando las partículas y manipulando formas a partir de ellas: cuerpos humanos. Nadie más viene aquí a manipular cuerpos para usted o para mi. Nunca vi que alguien comiera alimentos por mi. Soy yo el que tiene que asimilarlos, manufacturando sangre y huesos, y todo a partir de esos alimentos. ¿Qué es esa fuerza misteriosa?

Sabemos como en el pasado, en todas las escrituras antiguas, ese poder, esa manifestación de poder, fue pensada como una sustancia brillante que tenía la forma de este cuerpo, y que permanecía aun después de la caída del cuerpo. Sin embargo, más adelante, descubrimos la aparición de una idea más elevada, que este cuerpo brillante no representaba a la fuerza. Cualquier cosa que tenga forma debe ser el resultado de la combinación de partículas y requiere de algo más detrás de ella que pueda darle movimiento. Si este cuerpo requiere de algo que no es el cuerpo para manipularlo, el cuerpo brillante debido a la misma necesidad, requerirá también algo más que sí mismo que lo manipule. Entonces, ese algo fue llamado alma, Atman en sánscrito. Fue Atman quien, como si fuera a través del cuerpo brillante, trabajó en el cuerpo grueso externo. El cuerpo brillante es considerado el receptáculo de la mente y Atman está más allá de él. Atman no es la mente. Hace actuar a la mente y, a través de ella, al cuerpo. Tú tienes un Atman. Yo tengo otro. Cada uno de nosotros tiene un Atman separado y un cuerpo sutil separado y a través de este, nosotros trabajamos en el cuerpo grueso externo. Se hicieron preguntas sobre ese Atman, sobre su naturaleza. ¿Qué es Atman, ese alma del hombre, que no es el cuerpo ni es la mente? Se desataron grandes discusiones. Se hicieron especulaciones y varias sombras de cuestionamientos filosóficos afloraron. Trataré de presentarles algunas de las conclusiones que se han alcanzado sobre este Atman.

Las diferentes filosofías parecieran estar de acuerdo en que este Atman, sea lo que fuere, no tiene forma ni figura, y aquello que no tiene figura ni forma debe ser omnipresente. El tiempo comienza con la mente; el espacio también está en la mente. La causalidad no puede sostenerse sin el tiempo. Sin la idea de sucesión no puede existir la de causalidad. El tiempo, el espacio, la causalidad, entonces, están en la mente. Y como este Atman está más allá de la mente y la causalidad. Ahora, si está más allá del tiempo, el espacio y la causalidad, debe ser infinito. Luego llega la especulación más elevada en nuestra filosofía. El infinito no puede ser dos. Si el alma es infinita, entonces sólo puede haber un Alma, y todas las ideas de varias almas, la de tú teniendo una y yo teniendo otra y así por el estilo, no es real. El Hombre Real, entones es uno e infinito, el Espíritu omnipresente. Y el hombre aparente es sólo una limitación de aquel Hombre Real. En ese sentido las mitologías dicen la verdad cuando expresan que el hombre aparente, sin importar cuán grande sea, es sólo un reflejo apagado del Hombre Real, quien está detrás. El Hombre Real, el Espíritu, estando más allá de la causa y el efecto, no quedando sujeto al tiempo y al espacio, debe, entonces, ser libre. Él nunca estuvo atado ni puede ser atado. El hombre aparente, el reflejo, es limitado por el tiempo, el espacio y la causalidad, y por ello está atado. O, como lo expresan algunos de nuestros filósofos, parece estar atado pero no lo es. Esta es la realidad en nuestras almas, esta omnipresencia, esta naturaleza espiritual, este infinito. Cada alma es infinita. Entonces, no hay tal cosa como el nacimiento y la muerte. (II. 75-78)

El Viaje Hacia la Libertad

La verdad es que todos somos esclavos de maya, nacidos en maya, y viviendo en maya. ¿Es que entonces no hay salida?, ¿no hay esperanza? Que todos somos miserables, de que este mundo es una prisión, de que aun lo que llamamos nuestra belleza es sólo una cárcel, y que hasta nuestros intelectos y mentes son cárceles, se ha sabido desde siempre. No hubo un hombre, no hubo un alma humana, que no haya sentido esto en algún momento. De cualquier modo que lo exprese, es eso lo que ha sentido. Y los ancianos lo siente más, porque en ellos está la experiencia acumulada de toda una vida, porque ellos no pueden ser fácilmente engañados por las mentiras de la naturaleza. ¿No hay salida?

Descubrimos que, con todo esto, con este terrible hecho frente a nosotros, en el medio del sufrimiento, del pesar, incluso en este mundo, donde la vida y la muerte son sinónimos, incluso aquí, hay una vocecita que suena a través de los tiempos, en cada país y en cada corazón: "Esta, Mi maya, es divina, hecha de cualidades, y muy difícil de cruzar. Sin embargo, los que vienen a Mi cruzan el río de la vida". "Vengan a Mi, todos los agobiados y cargados, Yo les daré descanso". Esta es la voz que nos conduce adelante. El hombre la ha escuchado, y continúa escuchándola, a través de los tiempos. Esta voz le llega al hombre cuando todo parece perdido y la esperanza se ha esfumado, cuando la dependencia del hombre en su propia fortaleza ha sido destruida, y todo pareciera escurrírsele de entre los dedos y la vida es una ruina desesperanzada. Entonces, él la escucha. Esto es lo que se llama religión.

Por un lado, entonces, está la aserción valerosa de que todos esto no tiene sentido alguno, de que es maya. Pero, con ella, está la más esperanzadora aserción de que más allá de maya hay una salida. Por otro lado, los hombres prácticos nos dicen: "No tortures a tu mente con tales cosas incomprensibles como la religión y la metafísica. Vive aquí. Este es un mundo muy malo, es verdad, pero haz con él lo máximo que puedas". Que, en un lenguaje directo, significa: vive una vida hipócrita, una vida de mentira, una vida de continuo fraude, cubriendo sus úlceras lo mejor que puedas. Sigue poniéndole parches sobre parches, hasta que todo esté perdido y tú seas una masa de parches. Esto es lo que llaman vida práctica. Esos que quedan satisfechos con los parches nunca llegarán a la religión.

La religión comienza con un enorme descontento con el presente estado de cosas, con nuestras vidas, y con odio, intenso odio, hacia ese parchar la existencia, un disgusto sin límites por los fraudes y mentiras. Sólo puede ser religioso quien puede decir, como el grandioso Buda dijera bajo el árbol Bo: "Es mejor morir que llevar una vida ignorante, vegetando. Es mejor morir en el campo de batalla que vivir derrotado". Esta es la base de la religión. Cuando un hombre toma esa posición él está en camino para encontrar la verdad. Está en camino hacia Dios. Tal determinación tiene que ser el primer impulso para volverse religioso. Voy a abrirme paso por mi mismo. Voy a saber la verdad o morir en el intento. Porque en este lado nada hay, se ha ido, se desvanece cada día. La bella y esperanzada persona de hoy es el veterano de mañana. Esperanzas, alegrías y placeres morirán como pimpollos con la helada de mañana. Eso es por un lado. Por el otro, están los grandes encantos de las conquistas, las victorias sobre las enfermedades de la vida, victorias sobre la vida misma, la conquista del universo. En ese lado el hombre puede erguirse. Aquellos que se atreven, entonces, a luchar por la victoria, por la verdad, por la religión, están en el camino correcto, y esto es lo que Vedanta predica: "No te desesperes. El sendero es muy difícil, es como caminar sobre el filo de una navaja. Sin embargo, no te desesperes. Despierta, levántate y encuentra el ideal, la meta".

Un curioso factor, presente en medio de todas nuestras alegrías y pesares, dificultades y luchas, es que estamos con seguridad caminando hacia la libertad. La pregunta fue prácticamente esta: "¿Qué es este universo? ¿De dónde surge? ¿En qué se sumerge?". Y la respuesta fue: "En la libertad surge, en la libertad yace y en la libertad se diluye". A esa idea de libertad no pueden dejarla de lado. Sus acciones, sus propias vidas quedarán perdidas sin ella. A cada momento la naturaleza nos hace sentir esclavos y no libres. Sin embargo, simultáneamente, surge la otra idea, de que aun así somos libres. A cada paso somos rebajados, como si fuera, por maya, y se nos muestra que estamos atados. Aun así, en el mismo momento, junto a ese golpe, junto a ese sentimiento de que estamos atados, llega el otro sentimiento de que somos libres. Cierta voz interna nos dice que somos libres. Pero si intentamos realizar esa libertad, manifestarla, descubrimos que las dificultades son casi insuperables. Sin embargo, a pesar de ello, ésta insiste en auto-afirmarse internamente: "Soy libre, soy libre". Y si estudian las varias religiones del mundo, descubrirán esta idea en todas.

No sólo la religión (no deben tomar esta palabra en su sentido limitado), pero toda la vida de la sociedad es la afirmación de ese principio de libertad. Todos los movimientos son la afirmación de esa libertad única. Esa voz ha sido escuchada por cada uno, sea que él lo sepa o no, esa voz que declara: "Vengan a mi todos los que están agobiados y cargados". Quizás no sea en el mismo lenguaje o en la misma forma, pero de una manera u otra, Esa voz llamando por la libertad ha estado con nosotros. Sí, nacemos aquí debido a esa voz. Cada uno de nuestros movimientos es por ella. Todos estamos apurándonos para alcanzar la libertad. Todos estamos siguiendo esa voz, sea que lo sepamos o no. Como los niños de la aldea fueron atraídos por la música del flautista, así estamos todos, siguiendo la música de esa voz, sin saberlo.

¿Qué sucede entonces? La escena comienza a cambiar. Tan pronto como reconoces la voz y entiendes lo que es, el escenario completo cambia. El mismo mundo, que era el devastador campo de batalla de maya, se ha convertido ahora en algo bueno y bello. Ya no maldecimos a la naturaleza ni decimos que el mundo es horrible y que todo es vano. No tenemos que llorar más. Tan pronto como entendemos la voz, vemos la razón por la cual esa lucha debe estar aquí; esa pelea, esa competencia, esa dificultad, esa crueldad, esos pequeños placeres y esas pequeñas alegrías. Vemos que están en la naturaleza de las cosas, porque sin ellas no nos volveríamos hacia la voz, que estamos destinados a alcanzar, sea que lo sepamos o no.

Toda vida humana, toda naturaleza, entonces, está luchando para lograr la libertad. El sol se mueve hacia la meta; también la tierra cuando circula alrededor de el sol; también la luna cuando circula alredor de la tierra. Hacia aquella meta, el planeta se mueve y el viento sopla. Todo está luchando por llegar a eso. El santo camina hacia esa voz, no puede dejar de hacerlo. No es gloria para él. También el pecador camina hacia la misma voz. El hombre caritativo va directo hacia esa voz y no puede ser distraído. El mísero también va hacia la misma destinación. El mayor hacedor del bien escucha la misma voz en su interior y no puede resistirla. Él debe caminar hacia ella. Así también sucede con el holgazán más arraigado. Uno tropieza más que el otro, y a ese que tropieza más lo llamamos malo; al que tropieza menos le llamamos bueno. Bueno y malo nunca son dos cosas diferentes; son uno y lo mismo. La diferencia no es de tipo, sino de grado. (II. 122-27)

Recupera tu Propio Imperio

Cuando un hombre hace algo malo, su alma comienza a contraerse y su poder disminuye y desparece hasta que él hace cosas buenas, cuando se expande nuevamente. Hay una idea que parece común en todos los sistemas hindúes. Y creo que en todos los sistemas del mundo, lo sepan o no, y esta es lo que yo llamaría la divinidad del hombre. No hay un solo sistema en el mundo, ninguna religión verdadera, que no sostenga la idea de que el alma humana, lo que sea que ésta es y cualquiera sea su relación con Dios, es esencialmente pura y perfecta, sea que aparezca expresada en el lenguaje de la mitología, alegoría o filosofía. Su verdadera naturaleza es bendición y poder, no debilidad y miseria. De una u otra manera esa idea se ha producido. La única gran idea que para mí es clara y que ha traspasado masas de superstición en cada país y en cada religión es la de que el hombre es divino, de que la divinidad es nuestra naturaleza.

Toda otra cosa es superimposición, como Vedanta lo llama.

Algo ha sido sobrepuesto, pero esa naturaleza divina nunca muere. Está siempre presente, en el más degradado, como en el más santo. Si es invocada aparecerá. Debemos llamarla y se auto-manifestará. Las personas de antes sabían que el fuego existía en el pedernal y en la madera seca, pero era necesaria la fricción para que se manifestara. Lo mismo sucede con este fuego de libertad y pureza, que es la naturaleza de cada alma y no una cualidad, porque las cualidades pueden ser adquiridas y entonces, también perdidas. El alma es una con la Libertad, y el alma es una con la Existencia, y el alma es una con el Conocimiento. Sat-Chit-Ananda, Existencia-Conocimiento-Dicha Absoluta, es la naturaleza, el derecho de nacimiento, de cada alma; y todas las manifestaciones que vemos son Sus expresiones, apagadas o brillantes, manifestándose. El vedantista, osadamente dice que los regocijos en esta vida, aun los más degradados, no son más que manifestaciones de la Única Dicha Divina, la Esencia del Alma.

La idea parece ser la más prominente en Vedanta, y, como lo he dicho, me parece que cada religión la sostiene. Todavía tengo que conocer una que no lo haga. Es la única idea universal actuando en todas las religiones. Tomen la Biblia, por ejemplo. Encontrarán en ella la declaración alegórica de que el primer hombre, Adán, era puro, y de que su pureza fue obliterada por sus pecados posteriores. Queda claro con esta alegoría que los hebreos pensaban que la naturaleza original del hombre era perfecta. Las impurezas que vemos, las debilidades que sentimos, son sólo sobrepuestas a esta naturaleza. Y la historia subsecuente de la religión cristiana muestra que ellos también creen en la posibilidad, no, tienen la certeza de que recobrarán el estado originario. Esa es toda la historia de la Biblia, el Viejo y el Nuevo Testamento juntos.

Lo mismo sucede con los mahometanos. Ellos también creen en Adán y en su estado de pureza, y en que con Mahoma se abrió el camino para recobrar el estado perdido. También los budistas creen en el estado que ellos llaman *nirvana*, que está más allá del mundo relativo. Es exactamente el mismo Brahman de los vedantistas. Y todo el sistema budista está fundado sobre la idea de recobrar ese estado de nirvana.

En cada sistema descubrimos esta doctrina, de que no puedes lograr algo que no sea tuyo ya. En este universo nada le debes a otros. Estás reclamando tu derecho de nacimiento, más poéticamente expresado por un gran filósofo vedantista en el título de uno de sus libros: *Swarajya-siddhi* (recobrando nuestro imperio). Ese imperio es nuestro; lo hemos perdido y tenemos que recobrarlo. El *mayavadin*, sin embargo, dice que esa pérdida es una alucinación, nunca lo perdiste. Esta es la única diferencia.

Aunque todos los sistemas están de acuerdo hasta aquí en que teníamos el imperio y que lo perdimos, ellos nos dan distintos consejos sobre como recobrarlo. Uno dice que debes realizar ciertas ceremonias, pagar cierta cantidad de dinero a ciertos ídolos, comer ciertos alimentos, vivir de un modo particular. Otros dicen que recuperarás el imperio si lloras y te arrodillas y pides el perdón de algún Ser sobrenatural. Todavía otro dice que recobrarás ese imperio si amas a tal Ser con todo tu corazón. Toda esa gama de consejos están en los Upanishads. Lo irán descubriendo a medida que prosiga.

Pero, la consolación última y la más grande es la de que no tienes que llorar. De que no necesitas hacer todas esas ceremonias ni tienes que preocuparte sobre como recobrar tu imperio, porque nunca lo perdiste. ¿Por qué deberías andar por allí buscando algo que nunca perdiste? Ya eres puro. Ya eres libre. Si piensa que eres libre, libre eres en este mismo momento, y si piensas que estás atado, atado estarás. Esta es una declaración muy valiente; como les he dicho al principio de este curso, deberé hablarles con mucha valentía. Quizás los asuste ahora, pero cuando lo piensen y realicen en sus propias vidas, sabrán que lo que les dije es verdad. Porque si la libertad no fuese su naturaleza, no hay manera de que puedan volverse libres. O, supongan que ya son libres y que de alguna manera perdieron la libertad, eso demuestra que no eran libres. Si lo hubieran sido, ¿qué podría haberles hecho perder la libertad? El independiente no puede ser hecho dependiente. Si es realmente dependiente, su independencia era una alucinación. (II. 192-96)

Pasos Hacia la Realización

De entre las calificaciones requeridas del aspirante a jñana, o sabiduría, están primero *shama* y *dama*, que pueden ser tomadas juntas. Ellas se refieren a cómo mantener los órganos en sus propios centros sin permitirles salirse. Les explicaré primero que significa la palabra *órgano*. Aquí tenemos los ojos. Los ojos no son los órganos de la visión, sino sólo sus instrumentos. A menos que los órganos estén también presentes, yo no puedo ver, aunque tenga ojos. Pero incluso con ambos, los órganos y los instrumentos, no habrá visión a menos que la mente esté con ellos. Así, en cada acto de percepción, hay tres cosas necesarias: primero los instrumentos externos, luego los órganos internos, y finalmente la mente. Si alguno de ellos está ausente no hay percepción. Entonces, la mente trabaja a través de dos agencias, una externa y la otra interna. Cuando yo veo algo, mi mente va hacia fuera, se externaliza. Pero supongan que cierro mis ojos y comienzo a pensar. La mente no sale, está internamente activa. Pero en ambos casos los órganos están activos. Entonces, para controlar la mente, debemos, primero, controlar esos órganos. Restringir el vagar de la mente hacia fuera o hacia dentro y guardar los órganos en sus respectivos centros, es lo que se entiende con las palabras *shama* y *dama*. Shama consiste en no permitir que la mente vaya hacia fuera y dama en controlar los instrumentos externos.

Ahora viene *uparati*, que consiste en no pensar en las cosas de los sentidos. La mayor parte de nuestro tiempo se gasta pensando en objetos de los sentidos, cosas que hemos visto o de las que hemos escuchado, o que veremos y escucharemos; cosas que hemos comido, estamos comiendo o vamos a comer; lugares donde hemos vivido, y así por el estilo. Pensamos en ellos o hablamos sobre ellos la mayor parte del tiempo. Uno que desea ser un vedantista debe dejar ese hábito.

Luego viene la otra preparación (¡es tarea ardua la de ser un filósofo!), *titiksha*, la más difícil de todas. Nada menos que la idea de paciencia, "no-resistencia ante el mal". Esto requiere un poco de explicación. Quizás nosotros no actuamos ante la maldad pero nos sentimos muy mal. Un hombre puede insultarme, y quizás externamente yo no lo odie, no conteste, y tal vez aparentemente no me enoje, pero el enojo y el odio quizás estén en mi mente y puede ser que sienta algo muy malo hacia ese hombre. Eso no es no-resistencia. Yo no debería guardar sentimiento alguno de odio o enojo, debería estar sin pensamiento alguno de resistencia. Mi mente debería estar tan calma como si nada hubiera pasado. Y sólo cuando logre llegar a ese estado habré logrado la no-resistencia, no antes. Paciencia ante toda desventura, sin siquiera un pensamiento de resistencia, sin un solo sentimiento doloroso en la mente o resentimiento, eso es titiksha.

La próxima calificación requerida es *shraddha*, fe. Uno debe tener una tremenda fe en la religión y en Dios. Hasta tanto uno no la tenga, no puede aspirar a ser un jñani. Un gran sabio una vez me dijo que ni siquiera uno en veinte millones cree en Dios. Le pregunté por qué [lo afirmaba] y me dijo: "Supón que hay un ladrón en esta habitación y él se entera de que en la habitación de al lado hay un montón de oro y sólo un delgado tabique divide las dos habitaciones. ¿Cómo se sentiría ese ladrón?". Respondí: "Él no podría dormir. Su cerebro buscaría activamente la manera de apropiarse de ese oro, y no pensaría en nada más". Entonces, él respondió: "¿Crees que un hombre puede creer en Dios y no volverse loco por obtenerle? Si un hombre sinceramente cree que allí hay una inmensa, infinita mina de Dicha, y que puede ser lograda, ¿no lucharía él desesperadamente para lograrla?". Intensa fe en Dios y la consecuente urgencia para obtenerlo forman shraddha.

Luego está *samadhana* o práctica constante para mantener la mente en Dios. Nada se logra en un día. La religión no puede ser tragada como una píldora. Ésta requiere una práctica pareja y determinada. La mente puede ser conquistada sólo practicando tranquila y sostenidamente.

Después sigue *mumukshutva* el intenso deseo de ser libre. Toda la miseria que sentimos es de nuestra propia elección, tal es nuestra naturaleza. El viejo chino quien había estado en prisión por sesenta años y fue liberado el día de la coronación del emperador, exclamó que no podría vivir así. Él debía volver a su horrible celda compartida con las ratas, no podía soportar la luz. Entonces pidió que lo mataran o devolvieran a su celda, y fue enviado de regreso. Exactamente igual es la condición de todos los hombres. Corremos obstinadamente tras todo tipo de miserias y no deseamos liberarnos de ellas. Todos los días corremos tras placer, y antes que lo logremos, descubrimos que ha desaparecido. Se ha resbalado entre nuestros dedos. Sin embargo no nos detenemos en nuestra alocada carrera, seguimos en ella, como tontos ciegos que somos.

Pocos hombres saben que con el placer está el dolor, y con el dolor el placer; y tan disgustante como es el dolor, así es el placer, porque es hermano gemelo del dolor. Es derogatorio a la gloria del hombre que él deba perseguir el dolor, e igualmente derogatorio que corra tras el placer. Ambos deben ser dejados de lado por los de equilibrada razón. ¿Por qué no busca el hombre liberarse del engaño? En este momento somos traicionados y cuando comenzamos a llorar, la naturaleza nos da un dólar. Nuevamente nos engañan, y cuando lloramos, la naturaleza nos da pan dulce y nosotros comenzamos a reír nuevamente. El sabio quiere libertad. Él descubre que los objetos de los sentidos son todos vanos y de que no hay fin a sus placeres y pesares.

¡Con cuánto afán buscan los ricos descubrir nuevos placeres en el mundo! Todos los placeres son viejos y ellos quieren nuevos. ¿No ven cuántas cosas tontas están inventando cada día, sólo para hacer tiritar los nervios por un momento y, una vez que lo han hecho, como llega la reacción? La mayoría de la gente son como un rebaño de ovejas. Si la oveja líder cae en un pozo, todas las otras le siguen y se quiebran el cogote. De la misma manera, lo que un líder social hace, los otros hacen sin pensar.

Cuando un hombre comienza a ver la vanidad de las cosas mundanas, él siente que se debe liberar del engaño o de ser asediado por la naturaleza. De la esclavitud. Alguien sonríe cuando recibe unas pocas palabras amables y llora cuando estas son desagradables. Es esclavo de un poco de pan, de un poco de aire, de una ropa, del patriotismo, de un país, del nombre, de la fama. Él es así en el medio de la esclavitud y el hombre real ha sido enterrado adentro a través de su esclavitud. Lo que llaman hombre es un esclavo. Cuando uno se da cuenta de toda esta esclavitud, llega el deseo de ser libre, un intenso deseo. Si un carbón caliente es puesto sobre la cabeza de un hombre, verán con cuánta desesperación él tratará de quitárselo. Similar es la lucha por la libertad del hombre que realmente entiende que él es un esclavo de la naturaleza.

La próxima disciplina es también muy difícil: *nityanitya-viveka*, discriminación entre lo que es verdadero y lo que no lo es, entre lo eterno y lo transitorio. Dios sólo es eterno; todo lo demás es transitorio. Todo muere. Los ángeles mueren, los hombres mueren, los animales mueren, la tierra muere, el sol, la luna, las estrellas mueren; todo pasa por un cambio constante. Las montañas de hoy fueron los océanos de ayer y serán océanos mañana. Todo está fluyendo. El universo entero es cambio concentrado. Pero allí hay Uno que nunca cambia, y ese es Dios. Y más nos acercamos a Él, menor será el cambio para nosotros, menos le será posible a la naturaleza hacernos cambiar, y cuando le alcancemos y nos paremos junto a Él, habremos conquistado la naturaleza. Seremos amos de esos fenómenos de la naturaleza, y ellos no producirán efectos en nosotros.

¿Por qué esta disciplina es tan necesaria? Porque la religión no se logra escuchando, ni viendo, ni siquiera usando el cerebro. Ninguna escritura puede hacernos religiosos. Podremos estudiar todos los libros del mundo y aun así no entender un palabra sobre religión o sobre Dios. Podremos hablar todas nuestras vidas y no mejorar por ello. Podremos ser los más intelectuales que el mundo haya visto y no haber llegado a Dios.

¿Dónde está Dios? ¿Cuál es el campo de la religión? Está más allá de los sentidos, más allá de la conciencia. Conciencia es sólo uno de los muchos planos en los que nos desenvolvemos. Deberán trascender el campo de la conciencia, ir más allá de los sentidos, acercarse más y más a sus propios centros, y a medida que lo hagan, se acercarán más y más a Dios. ¿Cuál es la prueba de la existencia de Dios? Percepción directa, *pratyaksha*. La prueba que esta pared existe es que yo la percibo. Dios ha sido percibido de esta manera por miles antes y será percibido por todos los que quieran percibirlo. Pero esa percepción no es de los sentidos. Es super-sensoria, supra-consciente; todo éste entrenamiento es para llevarnos más allá de los sentidos.

Estamos siendo rebajados por todos los tipos de acciones y de apegos del pasado. Esas preparaciones nos purificarán y aliviarán. Las ataduras se desatarán por sí mismas, y seremos llevados más allá de este plano de la percepción sensoria al que estamos atados y entonces veremos y escucharemos y sentiremos cosas que los hombres en ninguno de los tres estados ordinarios (despierto, dormido, profundamente dormido), puede sentir, ver u oír. Entonces será como si habláramos en una lengua extraña, el mundo no nos entenderá porque no sabe nada más que lo que le muestran los sentidos.

La verdadera religión es totalmente trascendental. Cada ser que hay en el universo tiene la capacidad de trascender los sentidos. Hasta el más pequeño gusano un día los trascenderá y llegará a Dios. Ninguna vida fallará; no hay tal cosa como fracaso en este universo. Un hombre se herirá cientos de veces, tropezará miles, pero al final se dará cuenta de que él es Dios. Sabemos que no hay progreso en línea recta. Es como si cada alma se moviera en un círculo y tendrá que completarlo, y ninguna alma puede ir tan bajo, pero llegará el tiempo en que deberá acender. Nadie se perderá. Todos hemos sido proyectados del mismo centro, que es Dios. La vida más baja como la más elevada que Dios haya proyectado, llegará al Padre de todas las vidas. "De quien todos los seres han surgido, en quien todos viven y a quien todos retornan, ese es Dios"[65]. (I. 405-8, 410-12, 415-16)

En Búsqueda del Ser

Un dios y un demonio fueron a ver a un gran sabio, para que los instruyera. Ellos estudiaron con él por largo tiempo. Finalmente, el sabio les explicó: "Ustedes, ustedes mismos, son el Ser que están buscando". Ambos pensaron que sus cuerpos eran el Ser. El demonio volvió con su gente y, satisfecho, les dijo: "He aprendido todo lo que se puede saber: beban, coman y regocíjense. Somos el Ser. No hay algo más allá de nosotros". El demonio era ignorante por naturaleza, así él nunca preguntó más, se quedó contento con la idea de que él era Dios y de que Ser significaba el cuerpo.

El dios tenía una naturaleza pura. Al principio, cometió el error de pensar: "Yo, este cuerpo, soy Brahman; entonces, que pueda mantenerlo fuerte, saludable y bien vestido, y que pueda darle todo tipo de placeres". Pero, pronto se dio cuenta de que éste no podía ser el significado de lo que les había dicho el sabio, su maestro. Debía haber algo más elevado. Entonces, regresó y dijo: "Señor, ¿me has enseñado que este cuerpo es el Ser? Si es así, yo veo que todos los cuerpos mueren. El Ser no puede morir". El sabio dijo: "Descúbrelo tú mismo. Tú eres Aquello". Entonces, el dios pensó que las fuerzas vitales que actúan en el cuerpo eran lo que el sabio quería decir. Más, luego de un tiempo, descubrió que si comía, esas fuerzas vitales permanecían fuertes, pero si ayunaba, se debilitaban. Entonces, regresó hasta el sabio y dijo: "Señor, ¿quieres decir que las fuerzas vitales son el Ser?". El sabio dijo: "Descúbrelo tú mismo. Tú eres Aquello".

El dios volvió a su hogar una vez más, pensando que la mente,

65   Taittiriya Upanishad, 3.1.

quizás, era el Ser. Pero brevemente vio que los pensamientos son variados, ahora buenos, luego malos. La mente era muy voluble para ser el Ser. Él regresó al sabio y declaró: "Señor, no creo que la mente sea el Ser, ¿es eso lo que querías decir?". "No", replicó el sabio. "Tú eres Aquello. Descúbrelo tú mismo". El dios se fue a su casa y finalmente descubrió que él era el Ser, más allá de todo pensamiento, uno, sin nacimiento ni muerte, a quien la espada no puede cortar, ni el fuego quemar, a quien el aire no puede secar, ni el agua derretir, el sin comienzo y sin fin, el inmutable, el intangible, el omnisciente, el omnipotente Ser, que Éste nunca fue el cuerpo, ni la mente, sino que siempre estuvo más allá de todos ellos. Así quedó satisfecho. Pero el pobre demonio no obtuvo la verdad, debido a su apego al cuerpo.

Este mundo tiene demasiadas de esas naturalezas demoníacas, pero hay algunos dioses también. Si uno propone enseñar alguna ciencia que incremente la capacidad para disfrutar de los placeres, multitudes vendrán listas para aprender. Si uno decide mostrar la suprema meta, sólo unos pocos estarán dispuestos a escuchar. Muy pocos tienen el poder de entender lo elevado, menos aún tienen la paciencia necesaria para lograrlo. (I. 140-42)

Tú eres Aquello

Sobre el mismo árbol hay dos aves, una posada en lo alto de la copa, la otra en las ramas bajas. La que está en la copa es calma y majestuosa, inmersa en su propia gloria. La que está debajo, comiendo frutos ahora dulces ahora amargos, saltando de rama en rama, está alegre o triste por turnos. Luego de un tiempo, come un fruto excepcionalmente amargo y, disgustada, vuelve su mirada hacia lo alto y ve a la otra ave, aquella maravillosa, del plumaje de oro, que no come fruto alguno, que nunca está alegre ni triste, que es calma, centrada en el Ser y que no ve cosa alguna fuera de su Ser. El ave de abajo anhela esa condición pero pronto lo olvida y vuelve a comer los frutos. Después de un momento, come otro excepcionalmente amargo, que le hace sentir mal, y de nuevo busca con la mirada al ave elevada y trata de acercársele. Una vez más la olvida, y luego de un tiempo mira hacia arriba. Y así prosigue, una y otra vez, hasta que llega cerca del ave hermosa y ve el reflejo de la luz sobre su plumaje destellante, danzando alrededor suyo, y siente un cambio y parece derretirse. Se acerca aún más y todo lo que ella es se derrite y finalmente entiende esa maravillosa transformación. Es como si el ave de abajo sólo fue la sombra, un reflejo, de la elevada. Ella fue en todo momento, en esencia, el ave de lo alto. Ese comer los frutos, dulces y amargos, y ese ave pequeña, alegre y triste, fue una vana quimera, un sueño. Todo el tiempo, el ave real estuvo allí, en lo alto, silenciosa, calma, gloriosa, majestuosa, más allá de la pena, más allá del pesar.

El ave elevada es Dios, el Señor del universo, y el ave de abajo es el alma humana, comiendo los frutos dulces y amargos del mundo. De vez en cuando, un rudo golpe le llega al alma. Se detiene por un momento y va hacia el Dios desconocido, y una luz la inunda. Piensa que este mundo es un vano show. Sin embargo, los sentidos la tiran hacia abajo nuevamente y vuelve a comer de los frutos dulces y amargos del mundo. Otra vez, un excepcionalmente rudo golpe llega. Su corazón vuelva a abrirse a la luz divina. Así, gradualmente, se acerca a Dios, más y más, hasta ver que su antiguo ser comienza a derretirse. Cuando se acerca lo suficiente, sabe que no es otra que Dios, y exclama: "Él, a quien te lo he descrito como la Vida del universo, presente en el átomo como en los soles y lunas, Él es la base de nuestra propia vida, el Alma de nuestra alma. Más aún: Tú eres Aquello". (II. 394-96)

VIII
Bhakti Yoga
(El Sendero de la Devoción)

¿Qué es Bhakti?

Bhakti yoga es una búsqueda del Señor, real y genuina, una búsqueda que comienza, continúa y finaliza en el amor. Un solo momento de locura de amor extremo por Dios nos trae libertad eterna. "Bhakti", dice Narada en su explicación de los aforismos de bhakti, "es intenso amor por Dios". "Cuando un hombre lo tiene, ama a todos y no puede odiar. Él está siempre satisfecho". "Ese amor no puede ser reducido a beneficio terrenal alguno", porque ese tipo de amor no llega mientras haya deseos mundanos. "Bhakti es mejor que karma, mejor que yoga", porque esos tienen un objetivo, mientras que bhakti es su propio objeto, "su medio y su fin".

Sin embargo, la mejor definición de bhakti, fue dada por Prahlada, el rey de los bhaktas: "Así como ese amor intenso que el ignorante tiene por los volátiles objetos de los sentidos no lo abandona, así, ¡concédeme que el amor no escape de mi corazón mientras medito en Ti!".

"Señor, ellos te construyen elevados templos; hacen regalos en Tu nombre; yo soy pobre, nada tengo, entonces tomo este cuerpo mío y lo pongo a Tus pies. No me alejes de Ti, Señor". Tal es la oración que sale de las profundidades del corazón del bhakta. Para quien lo ha experimentado, este sacrificio eterno del ser ante su Amado Señor es mucho más elevado que el dinero y el poder, más aún que todo pensamiento de renombre y felicidad. La paz de la calma resignación del bhakta es una paz que sobrepasa toda comprensión y es de valor incomparable. Su *apratikulya* (auto-entrega) es una estado de la mente en el que no hay intereses y que, naturalmente, no conoce algo opuesto a ella. En ese estado de suprema resignación, todo lo que tenga la forma del apego desaparece totalmente, exceptuando aquel todo-absorbente amor por Él, en quien todo vive y se mueve y tiene su ser. Ese apego por el amor de Dios es de hecho uno que no ata al alma, sino que efectivamente corta todas las ataduras.

El Devi Bhagavata nos da la siguiente definición sobre el más elevado amor (*para-bhakti*): "Como el aceite que vertido de un frasco a otro cae en una línea, sin cortes, así, cuando la mente piensa constantemente en Dios, tenemos eso que se llama para-bhakti o supremo amor". Esa imperturbable y siempre constante dirección de la mente y el corazón hacia Dios, con un apego inseparable, es sin duda, la más elevada manifestación de amor del hombre por Dios. (III. 31-32, 36, 84-86)

El Misterio del Amor

Vemos amor en todas partes en la naturaleza. Todo lo que en la sociedad es bueno, grande y sublime es el producto de ese amor. Todo lo que en la sociedad es muy malo, hasta diabólico, es también el producto de ese amor mal direccionado. Es la misma emoción la que nos da el puro y sagrado amor conyugal entre esposo y esposa tanto como el tipo de amor que satisface a las formas más bajas de pasión animal. La emoción es la misma, pero su manifestación es diferente en cada caso. Es el mismo sentimiento de amor, bueno o mal dirigido, el que impele al hombre el hacer el bien y darlo todo al pobre, mientras hace que otro hombre corte la garganta de sus hermanos y tome todas sus posesiones. El primero ama a otros tanto como el segundo se ama a sí mismo. La dirección del amor del segundo es mala, pero es correcta y apropiada en el otro caso. El mismo fuego que cocina los alimentos para nosotros puede quemar a un niño, y no es por culpa del fuego; la diferencia está en la manera en que es usado. Entonces, amor, el intenso anhelo por asociación, el fuerte deseo por parte de dos de volverse uno, y, quizás sea mejor decir: todos, de todos por sumergirse en uno, es en todas partes manipulado en formas bajas y elevadas según sea el caso.

Bhakti yoga es la ciencia del amor elevado. Nos enseña como dirigirlo. Nos muestra como controlarlo, como manejarlo, como

usarlo, como darle lo que sería un nuevo propósito y obtener de
él los resultados más gloriosos y exaltados, esto es: cómo hacer
para que éste nos lleve a la bendición espiritual. Bhakti yoga no
dice "renuncia". Sólo dice: "¡Ama, ama lo más Elevado!". Y todo
lo que es bajo naturalmente se desprende de aquel cuyo objeto de
amor es lo más Elevado.

"No puedo decir nada de Ti, excepto que Tú eres mi amor.
¡Que tú eres bello! Oh, sí, ¡Tú eres bello! Eres la belleza misma".
Lo que, después de todo, se requiere de nosotros en este yoga,
es que nuestra sed por la belleza sea dirigida hacia Dios. ¿Qué
es la belleza en un rostro, en el cielo, en las estrellas y en la luna?
Es sólo una vislumbre de lo real, de la todo-abrazante Divina
Belleza. "Brillando El, todo brilla. Es a través de Su luz que todo
se ilumina". Tomen esta elevada posición de bhakti que les hará
olvidar de una vez por todas sus pequeñas personalidades.
Retírense de todos los triviales apegos mundanos. No miren a
la humanidad como el centro de sus grandes intereses humanos.
Párense como testigos, como estudiantes, y observen el fenómeno
de la naturaleza. Tengan el sentimiento de no apego personal
con respecto al hombre, y vean como ese enorme sentimiento
de amor se conduce en el mundo. Algunas veces se produce un
poco de fricción, pero es sólo en el curso de la lucha por lograr
el elevado, verdadero amor. Algunas veces se produce un poco
de lucha o una pequeña caída, pero sólo es parte del caminar.
Apártense y dejen que esas fricciones vengan. Sólo las sentirán
cuando estén en la corriente del mundo. Pero si están fuera
de ésta, simplemente como un testigo o un estudiante, verán
que hay millones y millones de canales en los cuales Dios está
manifestándose como Amor.

"Donde sea que haya algo de dicha, aun en las cosas más
sensuales, allí hay una chispa de la Dicha Eterna que es Dios
mismo". Hasta en las atracciones más bajas está el germen del
amor divino. Uno de los nombres sánscritos del Señor es Hari, que
significa 'El que atrae todo hacia sí mismo". De echo, Suya es la
única atracción que es digna del corazón humano. ¿Quién puede

realmente atraer a un alma? Sólo Él. ¿Creen que la materia inerte puede atraer al alma? Nunca lo hizo ni lo hará. Cuando ven a un hombre corriendo tras un rostro bonito, ¿piensan que es el grupo de moléculas materiales lo que lo atrae? De ninguna manera. Detrás de todas esas partículas materiales debe estar, y está, el juego de la influencia divina y del divino amor. El ignorante no lo sabe, sin embargo, consciente o inconscientemente, es atraído por éste y sólo por éste. Así, incluso la más baja forma de atracción deriva su poder de Dios mismo.

El Señor es el gran imán y todos nosotros somos como limaduras de hierro. Estamos siendo constantemente atraídos por Él y luchamos para llegar a Él. Toda esta lucha nuestra, en éste mundo, seguramente no busca fines egoístas. Tontos son los que no saben lo que están haciendo. El trabajo de sus vidas es, después de todo, el de aproximarse al gran imán. Toda la tremenda lucha y todas las contiendas de la vida tiene el propósito de hacernos llegar a Él y hacernos uno con Él. (III. 73-75)

La Religión del Amor

Una estrella asciende, otra grande llega, y luego una aún más grande; finalmente el sol sale y todas las pequeñas se desvanecen. Ese sol es Dios. Las estrellas son los amores menores. Cuando ese Sol brota en el hombre, él se vuelve loco, lo que Emerson llama: "un hombre intoxicado con Dios". Él se transfigura en Dios. Todo se sumerge en ese único océano de amor. Amor ordinario es mera atracción animal. Si no fuera así, ¿por qué habría distinción de sexos? Si uno se arrodilla ante una imagen es espantosa idolatría; pero si uno se arrodilla ante la esposa o el marido, ¡está bien!

Somos todos niños luchando. Millones de personas trafican con la religión. Unos pocos hombres en una centuria logran ese amor por Dios, y el país entero es bendecido, santificado. Cuando aparece un hijo de Dios un país entero se vuelve bendito. Es verdad que unos pocos así nacen en cien años en el mundo, pero todos deben tratar de lograr ese amor por Dios. Quién sabe, quizás tú o yo seremos los próximos en lograrlo. Entonces, luchemos.

Ustedes leen en El Sermón del Monte: "Pide y se os dará; busca y encontrarás; llama y la puerta se os abrirá". El problema es: ¿quién busca?, ¿quién quiere?

Bhakti es una religión. La religión no es para las masas. Sería imposible. Una especie de gimnasia para las rodillas, parándose y sentándose, puede ser para las masas, pero la religión es para pocos. En cada país hay unos pocos cientos que pueden ser y serán religiosos. Los otros no pueden porque no despertarán y no quieren ser despertados. La cosa principal es *querer* a Dios. Nosotros queremos todo menos Dios, porque nuestras necesidades ordinarias son satisfechas con el mundo externo. Es sólo cuando nuestras necesidades han traspasado al mundo externo que queremos lo interno, Dios.

Hay una forma de religión que está de moda. Mi amiga tiene demasiados adornos en su sala de espera. Está de moda el tener un jarrón japonés, entonces ella tiene que tener uno, aun si éste cuesta unos miles de dólares. De la misma manera ella tendrá un poco de religión y se hará miembro de una congregación. Bhakti no es para tales personas. Eso no es *querer*. Querer es eso que no nos permite vivir si no logramos lo que queremos.

¿*Qué* es lo que queremos? Preguntémonos esto todos los días: ¿queremos a Dios? Podrán leer todos los libros del universo, pero no obtendrán este amor que ningún poder de oratoria puede dar, ni el más poderoso intelecto puede tener, ni puede ser logrado por el estudio de las ciencias. Aquel que desea a Dios obtendrá Amor. Dios se da a esa persona. El amor es siempre mutuo, reflejo. Quizás me odies y si quiero amarte me rechazarás. Pero si persisto, en un mes o un año tendrás que amarme. Este es un conocido fenómeno psicológico. Como la amante esposa piensa en su marido fallecido, con ese anhelo en el amor debemos desear a Dios y así lo encontraremos. Y todos los libros y variadas ciencias no podrán enseñarnos cosa alguna. Por tanta lectura nos volvemos como loros, nadie se hace sabio leyendo. Si un hombre lee una palabra de amor, él se vuelve un sabio. Así es que primero debemos obtener ese deseo.

Encontramos personas, que van a la iglesia, diciendo: "Dios, dame esto y aquello. Dios, cúrame de mi enfermedad". Ellos quieren cuerpos fuertes y sanos, como escuchan que alguien hará ese trabajo por ellos, van y le oran. Es mejor ser un ateísta que tener tal idea de la religión. Como se los he dicho, este bhakti es la idea más elevada de la religión. No sé si la alcanzaremos o no en los millones de años por venir, pero debemos hacer de ella nuestro ideal mayor, hacer que nuestros sentidos anhelen lo más elevado. (IV. 16-21)

El Triángulo del Amor

Podríamos representar al amor como un triángulo, cada uno de sus ángulos correspondiéndose con una de sus características inseparables. No puede haber un triángulo sin sus tres ángulos, y no puede haber amor verdadero sin las tres características siguientes: El primer ángulo de nuestro triángulo de amor es que el amor no conoce el mercadeo. El segundo ángulo del triángulo de amor es que el amor no conoce el temor. El tercer ángulo del triángulo de amor es que éste no tiene rival, porque en él está personificado el más elevado ideal del amante.

En todas partes escuchamos hablar del amor. Todos dicen: "Ama a Dios". Los hombres no saben lo que es amar. Si supieran, no hablarían tan fácilmente sobre él. Cada hombre dice que él puede amar y al momento siguiente se da cuenta de que no hay amor en su naturaleza. Cada mujer dice que ella puede amar y pronto se da cuenta de que no puede. El mundo está lleno de la conversación sobre el amor, pero amar es difícil. ¿Dónde hay amor? ¿Cómo puedes reconocer que hay amor? La primer prueba de amor es que este no sabe de mercadeo. Cuando veas que un hombre ama a otro sólo para obtener algo de él, sabrás que eso no es amor. Es compra-venta. Donde sea que haya compra-venta, no hay amor. Así, no es amor cuando un hombre ora a Dios, pidiéndole: "dame esto y dame aquello". ¿Cómo podría serlo? Te ofrezco una oración si tú me das algo a cambio. Eso es lo que es: mero mercantilismo.

Cierto gran rey fue a un bosque a cazar. Allí encontró a un sabio y conversó un poco con él. Se sintió tan bien en su presencia que le pidió que aceptara un regalo. "No", dijo el sabio, "estoy perfectamente satisfecho con mi condición. Esos árboles me dan frutas suficientes para comer. Esos arroyos de aguas cristalinas me proveen de toda el agua que quiero. Duermo en esas cuevas. ¿Qué pueden importarme tus regalos, aunque sean los de un emperador?". El emperador dijo: "Sólo para purificarme, para gratificarme, ven conmigo a la ciudad y elige un regalo". Finalmente, el sabio estuvo de acuerdo en ir con él, y fue llevado al palacio, donde habían oro, joyas, mármoles y las cosas más maravillosas. Poder y riquezas estaban manifiestos por todas partes. El emperador le pidió al sabio que esperara un minuto mientras él decía sus oraciones y, apartándose en un rincón, comenzó a orar: "Señor, dame más riquezas, más hijos, más territorio". Mientras tanto el sabio se paró y empezó a alejarse. El emperador vio que partía y salió tras él. "Quédese Señor. Usted no ha tomado aún mi presente y ya estaba yéndose". El sabio volviéndose hacia él, le dijo: "Mendigo, yo no le pido a los mendigos. ¿Qué puedes dar? Has estado pidiendo todo este tiempo".

Ese no es el lenguaje del amor. ¿Dónde está la diferencia entre el amor y el mercadeo si le pides a Dios que te dé esto y aquello? La primer prueba del amor es que éste no conoce compra-venta. El amor es siempre un dador y nunca pide. Dice el niño de Dios: "Si Dios quiere, le daré mi todo, pero nada quiero de Él. Nada quiero de este universo. Lo amo porque quiero amarlo, y nada pido a cambio. ¿A quién le importa si Dios es todo-poderoso o no? No quiero poder alguno de él, ninguna manifestación de su poder. Es suficiente para mí el saber que él es el Dios del amor. Nada más quiero saber".

La segunda prueba es la de que el amor no conoce el temor. No hay amor mientras el hombre piense que Dios es un Ser sentado sobre las nubes con premios en una mano y castigos en la otra. ¿Puedes hacer que alguien te ame por temor? ¿Ama el cordero al león?, ¿el ratón al gato?, ¿el esclavo al amo? Los esclavos algunas veces simulan amarlo, ¿pero es eso amor? ¿Es que han visto alguna vez amor en el miedo? Es siempre fingido. Cuando hay amor no hay temor. Piensen en una joven madre en la calle, si un perro le ladra ella corre dentro de la próxima casa. Al día siguiente ella está caminando con su hijo, supongan que un león salta sobre la criatura. ¿Qué hará ella? Le dará su carne al león para proteger al niño. El amor conquista todo miedo. Así es el amor de Dios.

A quién le importa si Dios da premios o castigos? Esa idea no está en el amor. Piensen en un juez, cuando él regresa a su hogar. ¿Qué es lo que su esposa ve en él? No a un juez, o a un repartidor de premios y castigos, sino a su esposo, su amado. ¿Qué ven sus hijos en él? A su amado padre, no al juez. Así también ocurre con los hijos de Dios que no ven en Él a un juzgador. Es sólo la gente que nunca probó el gusto del amor, la que teme y gime. Dejen de lado todo temor, aunque esas ideas de Dios como el que castiga o premia hayan sido útiles para la mente de los salvajes, y pueden haberlos ayudado. Pero a los hombres que son espirituales, hombres que se están acercando a la religión, en quienes la luz espiritual se está avivando, tal idea es simplemente tonta. Tales hombres rechazan toda idea de temor.

El tercero es todavía más elevado. Amor es siempre el ideal más elevado. Cuando uno ha pasado por las dos etapas primarias, cuando uno se ha deshecho de toda compra-venta y a alejado al temor, entonces uno comienza a darse cuenta de que el amor es el ideal más elevado. ¡Cuántas veces vemos en este mundo a una mujer hermosa amando a un hombre feo! ¡Cuántas veces vemos a un hombre hermoso amando a una mujer fea! ¿Qué es la atracción? Los que miran sólo ven al hombre o a la mujer fea pero no así los amantes. Para el amante su amada es el ser más hermoso que jamás haya existido. ¿Por qué? La mujer que ama al hombre feo, pareciera que toma la idea de belleza que tiene en su propia mente y la proyecta en ese hombre; lo que ella adora y ama no es el hombre feo sino su propio ideal. Ese hombre, pareciera ser sólo una idea sobre la cual ella extiende su propio ideal, cubriéndolo, y así se vuelve el objeto de su adoración. Ahora, esto se aplica a cualquier caso en el que amamos.

El más elevado ideal de cada hombre es llamado Dios. Ignorante o sabio, santo o pecador, hombre o mujer, educado o analfabeto, cultivado o bruto, para cada ser humano Dios es el más elevado ideal. La síntesis de todas las ideas más elevadas de belleza, de lo que es sublime y del poder, nos da el concepto más completo sobre el amoroso Dios a quien podemos amar. (III. 86-89, II. 47-49, III. 89)

La Necesidad de un Maestro

Cada alma está destinada a ser perfecta, y cada ser, finalmente, logrará ese estado. Lo que sea que seamos ahora es el resultado de lo que hemos sido o pensado. Y lo que debamos ser en el futuro será el resultado de lo que somos y pensemos ahora. Pero eso no previene el que recibamos ayuda externa. Las posibilidades del alma son siempre aceleradas por alguna ayuda externa, tanto que, para la gran mayoría de los casos en el mundo, la ayuda externa es imprescindible. La influencia de aceleración viene desde afuera y trabaja en nuestras propias potencialidades; luego, el crecimiento comienza, la vida espiritual llega y el hombre finalmente se purifica y santifica. Este impulso de aceleración no nos llega a través de los libros. El alma sólo puede recibir impulso de otra alma y de nada más. Podemos estudiar libros toda nuestra vida, podemos volvernos grandes intelectuales sólo para descubrir al final que no hemos progresado espiritualmente.

Un encumbrado desarrollo intelectual no siempre garantiza un desarrollo equivalente en lo espiritual del hombre. Por otro lado, descubrimos casi cada día, que hay casos en que el intelecto ha evolucionado a expensas del espíritu.

Ahora para un desarrollo intelectual podemos obtener mucha asistencia libresca, pero para el desarrollo espiritual prácticamente ninguna. Estudiando de los libros a veces caemos en la ilusión de que estamos recibiendo ayuda. Pero, si nos analizamos, nos damos cuenta de que sólo nuestros intelectos han sido socorridos y no el espíritu. Esa es la razón por la cual casi todos nosotros podemos hablar grandiosamente sobre temas espirituales, pero cuando el momento de actuar llega, descubrimos que somos ineficientes. Es porque los libros no pueden darnos ese impulso externo. El impulso para acelerar al espíritu debe venir de otra alma.

El alma desde donde llega el impulso es llamada *guru*, maestro, y el alma tocada por él es llamada *discípulo*, estudiante. Para que ese impulso llegue, en primer lugar, el alma de donde éste sale debe poseer el poder de transmitirlo. Y, en segundo lugar, el objeto al cual se le es transmitido debe tener la capacidad de recibirlo. La semilla debe ser una semilla real y el suelo estar bien preparado. Cuando ambas condiciones están presentes, se produce un extraordinario crecimiento de la religión. "Extraordinario debe ser el predicador de la religión, como extraordinario el que escucha". Y cuando esos dos son realmente maravillosos, extraordinarios, el espléndido desarrollo espiritual sobrevendrá, y no de otra manera. Esos son los verdaderos maestros y esos son los verdaderos discípulos.

¿Cómo podemos reconocer a un maestro? En primer lugar, el sol no requiere una linterna para volverse visible. No encendemos una vela para ver al sol. Cuando el sol se levanta, instintivamente nos volvemos conscientes de su presencia, y cuando un maestro de hombres viene para ayudarnos, el alma instintivamente sabe que ha encontrado la verdad. La verdad se yergue sobre sus propias evidencias. No requiere de otro testimonio para ser demostrada. Es auto-luminosa. Penetra en los rincones más íntimos de nuestra naturaleza y todo el universo se yergue y dice: "Esta es la Verdad". Eso ocurre con los maestros realmente grandes; pero todos podemos también beneficiarnos de los maestros menos avanzados. Y como nosotros no somos siempre lo suficientemente intuitivos como para estar seguros sobre la persona de quien recibimos instrucciones, existen ciertas condiciones. Hay condiciones requeridas de quien aprende como de quien enseña.

Las condiciones necesarias del que aprende son pureza, una sed real de conocimiento y perseverancia.

En el maestro, debemos primero ver que él sepa el secreto de las escrituras. Todo el mundo lee las escrituras, la Biblia, los Vedas, el Corán y otros, pero son sólo palabras, externalidades, sintaxis, etimología, filología, los huesos secos de la religión. El maestro podrá saber cual es la edad de cada libro, pero las palabras son sólo las forma externas en que las cosas vienen. Los que se entretienen mucho con ellas y dejan que la mente corra con la fuerza de las palabras, pierden su espíritu. Así, el maestro debe conocer el *espíritu* de las palabras.

La segunda condición necesaria del maestro es que debe ser sin falta. Esta pregunta me fue hecha en Inglaterra por un amigo: "¿Por qué deberíamos juzgar la personalidad de un maestro? Sólo tenemos que juzgar lo que dice y practicarlo". No es así; si un hombre quiere enseñarme algo de dinámicas o de química o cualquier otra ciencia física, él puede tener cualquier carácter e incluso así enseñar dinámica o cualquier otra ciencia. Porque el conocimiento que la ciencia física requiere es simplemente intelectual y depende de fortaleza intelectual. En ese caso, un hombre puede tener un gigantesco poder intelectual y ser espiritualmente subdesarrollado. Pero, en las ciencias espirituales es imposible, desde el principio hasta el final, que pueda haber luz espiritual alguna en el alma que es impura. ¿Qué puede enseñar un alma así? Nada sabe. Pureza es verdad espiritual. "Benditos son los puros de corazón porque ellos verán a Dios". En esa sola oración está la clave de todas las religiones. Si han aprendido esto, saben todo lo que se ha dicho en el pasado y lo que pueda decirse en el futuro. No necesitan buscar más, porque tienen todo lo que es necesario en esa sola oración. Esa puede salvar al mundo, donde todas las otras escrituras se perdieron.

La tercera condición es motivo. Debemos asegurarnos de que no nos enseña buscando un motivo, por nombre, fama o algo así, sino sólo por amor, puro amor por ti. Cuando las fuerzas espirituales son transmitidas del maestro al discípulo, estas sólo pueden ser entregadas por medio del amor. No hay otro medio que pueda transmitirlas. Cualquier otro motivo como ganancia o búsqueda de renombre, destruiría al medio de transmisión inmediatamente. Por ello, todo debe ser hecho por amor. Sólo uno que ha conocido a Dios puede ser un maestro. Cuando veas que esas condiciones están manifiestas en un maestro, estás a salvo. Si no están completas, no sería prudente aceptar su enseñanza.

Un hombre ciego puede llegar a un museo, pero él sólo entra y sale. Para que viera, sus ojos deberían ser abiertos primero. Ese que abre los ojos de la religión es el maestro. Con el maestro, entonces, nuestra relación es la de ancestro y descendiente. El maestro es el ancestro espiritual y el discípulo es el descendiente espiritual. Está muy bien eso de hablar sobre la libertad e independencia, pero sin humildad, sumisión, veneración y fe, no habrá religión alguna. Es un factor significante el que donde todavía existe esta relación entre maestro y discípulo, únicamente allí crecen las almas espiritualmente gigantescas. Pero en esos otros lugares, donde ha sido botada, la religión se convierte en un pasatiempo. En las naciones e iglesias donde no se mantiene esa relación, la espiritualidad es casi desconocida. Ésta nunca se manifiesta sin ese sentimiento. No hay alguien a quien transmitirla ni alguien que pueda transmitirla, porque todos son independientes. ¿De quién pueden aprender? y si vienen para aprender, ellos vienen a *comprar* conocimiento. "Dame un dólar de religión. ¿Puedo pagar un dólar por eso?". ¡La religión no puede ser obtenida de esa manera!

Pueden ir y golpear su cabeza contra las cuatro esquinas del mundo, buscar en los Himalayas, los Alpes, el Cáucaso, el desierto de Gobi, el Sahara, o el fondo del océano, pero no les llegará hasta que no encuentren un maestro. Encuentren al maestro, sírvanle como niños, abran su corazón a sus influencias, vean en él a Dios manifiesto. (IV. 21-28)

Sobre la Oración

Dios es ambos: Personal e Impersonal como lo somos nosotros, personales e impersonales. Oración y alabanza son los primeros medios de crecimiento. La repetición de los nombres de Dios tiene un poder maravilloso.

Un *mantra* es una palabra especial, o un texto sagrado, o un nombre de Dios elegido por el guru para que el discípulo lo repita y medite en él. El discípulo deberá concentrarse en una personalidad para orar y alabar, y esa es su *Ishta*.

Esas palabras (mantras) no son sonidos de palabras sino Dios mismo, y las tenemos dentro. Piensa en Él, habla sobre Él. ¡No desees el mundo! El Sermón del Monte de Buda fue: "Eres lo que piensas".

Después de lograr supra-conciencia, el bhakta desciende nuevamente al amor y a la adoración.

El amor puro no tiene motivo. Ni busca ganar algo.

Después de la oración y alabanza viene la meditación. Así llega el reflexionar en el nombre y en el Istha.

Ora para que esa manifestación que es nuestro Padre, nuestra Madre, corte nuestras ligaduras.

Ora: "Tómanos de las manos como un padre toma a su hijo, y no nos abandones".

Ora: "¡No quiero riquezas o belleza, este u otro mundo, sino a Ti! ¡Señor! Tembloroso estoy. Tómame de la mano, Señor. Tomo refugio en Ti. Hazme tu servidor. Sé mi refugio".

Ora: "¡Tú eres nuestro Padre, nuestra Madre, nuestro Amigo más querido! Tú que soportas este mundo, ayúdanos a soportar la pequeña carga de nuestra vida. No nos abandones. No permitas que nos separemos de Ti. Deja que siempre descansemos en Ti".

Cuando el amor de Dios se revela y es todo, este mundo parece insignificante.

Pasa de la inexistencia a la existencia, de la oscuridad a la luz. (VI. 90-91)

La Adoración Suprema

Es en el amor que la religión existe y no en la ceremonia, en el amor puro y sincero del corazón. A menos que un hombre sea puro de cuerpo y mente, su visita a un templo y su adoración a Shiva es inútil. Las oraciones de los que son libres en mente y cuerpo, serán respondidas por Shiva, y esos que son impuros y aún así tratan de enseñar religión, fallarán al final. Adoración externa es sólo un símbolo de la adoración interna; la adoración interna y la pureza son la cosa reales. Sin ellas, el rito externo no tiene sentido. Todos deben tratar de recordar esto.

La clave de toda adoración es ser puro y hacer el bien. Quien ve a Shiva en el pobre, en el débil y en el moribundo, realmente adora a Shiva. Y si sólo lo ve en la imagen, su adoración es meramente preparatoria. Quien haya servido a un hombre pobre como a Shiva mismo, sin pensar en su clase social, credo, raza o cualquiera de esas cosas, con él Shiva está más contento que con quien sólo lo ve en los templos.

Un hombre rico tiene un jardín y dos jardineros. Uno de ellos es muy perezoso y no trabaja. Pero cuando el dueño viene al jardín, el perezoso se levanta y alzando los brazos dice: "qué bello es el rostro de mi amo" y baila delante suyo. El otro jardinero no habla mucho, pero trabaja mucho y cosecha todo tipo de frutas y verduras que acarreando sobre su cabeza, lleva hasta su amo.

El amo vive lejos de allí. ¿A cuál de los dos amará más el amo? Shiva es el amo y este mundo es su jardín y aquí hay dos tipos de jardineros, uno que es perezoso, criticón, que nada hace y sólo habla sobre la belleza del rostro de Shiva, y está el otro tipo, que está cuidando de los hijos de Shiva, de todos los que son pobres y débiles, todos los animales y toda Su creación. ¿Cuál de ellos será el más amado de Shiva? Ciertamente el que sirve a Sus hijos. Quien quiere servir al padre debe servir a los hijos primero. El que quiere servir a Shiva debe servir a Sus hijos, debe servir a todas las criaturas de este mundo primero. Se dice en los sastras [escrituras] que aquellos que sirven a los siervos de Dios son Sus más grandes servidores. Recuerden esto. (III. 141-42)

Amor, Amante y Amado

Este mundo es el resultado del mero poder de la sugestión. Todo lo que vemos es proyectado desde nuestra propia mente. Un grano de arena entra dentro de una ostra, irritándola. La irritación produce una secreción que cubre al grano de arena y la bella perla es el resultado. Similarmente, las cosas externas producen la sugestión sobre la cual nosotros proyectamos nuestros ideales y hacemos nuestros objetos. El débil ve a este mundo como un completo infierno, y el bueno lo ve como un cielo perfecto. Los amantes lo ven pleno de amor y los que odian lleno de odio. Los luchadores sólo ven luchas y el pacífico nada más que paz. El hombre perfecto sólo ve a Dios. Así, nosotros siempre adoramos a nuestro ideal más elevado, y cuando llega el momento en que amamos al ideal como ideal, entonces todas las dudas se desvanecen. ¿A quién le importa si Dios puede ser demostrado o no? El ideal no puede retirarse, porque es parte de nuestra propia naturaleza. Sólo puedo cuestionar al ideal cuando cuestiono mi propia existencia, y como no puedo cuestionar esto, tampoco puedo cuestionar lo otro. ¿A quién le importa si Dios es o no, al mismo tiempo, todo-poderoso y todo-compasivo? ¿A quién le importa si Él es el premiador de la humanidad?, ¿si Él nos mira como un tirano o con los ojos de un bondadoso monarca?

El amante ha traspasado todas esas cosas, ha ido más allá de los premios y castigos, más allá de los temores y las dudas, más allá de las demostraciones científicas o de cualquier otra. El ideal del amor es suficiente para él. ¿Es que no es obvio que este mundo es la manifestación de ese amor? ¿Qué es lo que hace que los átomos se unan a los átomos, las moléculas a las moléculas, y causa que los planetas vuelen hacia los otros? ¿Qué hace que hombre y hombre se atraigan, hombre y mujer, mujer y hombre, y animales hacia animales, llevando, como si fuera, al universo entero hacia un centro? Esto es lo que se llama amor. Su manifestación está en el más minúsculo átomo como en el ser más elevado. Omnipotente, todo-penetrante, es este amor. Es el amor de Dios lo que se manifiesta como atracción en lo activo como en lo inactivo, en lo particular como en lo universal. Es el único poder del universo. Bajo el ímpetu de ese amor, Cristo da su vida por la humanidad, Buda hasta por un animal, la madre por su hijo, el marido por la esposa. Es bajo el impulso de tal amor que los hombres están listos para dar la vida por su país. Y, es extraño decirlo, pero bajo el impulso del mismo amor el ladrón roba, el asesino mata. Aun en esos casos el espíritu es el mismo, pero la manifestación es diferente. Ese es el único poder que mueve al universo. El ladrón ama el oro. El amor está allí, pero mal dirigido. Lo mismo con todos los crímenes, como con todas las acciones virtuosas, detrás se yergue el amor eterno. Supongan que un hombre está escribiendo un cheque por cientos de dólares para ser enviado a los pobres de Nueva York y, al mismo tiempo, en la misma habitación, otro hombre falsifica el nombre de un amigo. La luz bajo la cual ambos escriben es la misma, pero cada uno será responsable por el uso que hace de ella. No es la luz la que debe ser alabada o culpada. Desapegado y al mismo tiempo brillando en todo está el amor, el poder que mueve al universo, sin el cual el universo se haría pedazos en un instante. Y ese amor es Dios.

"Ninguna, querida, ama al esposo por el esposo mismo, sino por el Ser que está en él. Ninguno, querida, ama a la esposa por la esposa misma, sino por el Ser que está en ella. Todos aman sólo al Ser"[66]. Aun el egoísmo, tan culpado, es sólo una manifestación de ese amor. Deja ese juego. No te mezcles en él, observa este magnífico panorama, este gran drama sucediéndose, escena tras escena, y escucha su maravillosa armonía. Todas son manifestaciones del mismo amor. Hasta en el egoísmo ese ser se multiplicará, crecerá y crecerá. Ese ser único, el único hombre, se partirá en dos cuando se case, en varios cuando tenga hijos. Y así aumentará hasta que sienta al mundo todo como a su Ser, el universo entero como su Ser. Se expandirá en una abundancia de amor universal, infinito amor, el amor que es Dios.

Al principio era el amor por el ser, pero los reclamos del pequeño yo lo hicieron egoísta. Al final llegó la luz, cuando ese ser se volvió el Infinito. Ese Dios, que al principio fue un Ser en alguna parte, concluyó en el Amor Infinito. El hombre mismo fue transformado también. Él se estaba aproximando a Dios. Él estaba arrojando lejos todos sus deseos de los cuales estaba lleno. Junto a los deseos arrojó el egoísmo, y en la culminación descubrió que Amor, Amante y Amado eran Uno. (II. 49-51, 53)

---

66   *Brihadaranyaka Upanishad*, 2.4.5.

IX
Raja Yoga
(El Sendero de la Meditación)

La Ciencia de Raja Yoga

Los maestros de la ciencia de raja yoga declaran no sólo que la religión está fundada sobre la experiencia de tiempos inmemoriales, sino también que ningún hombre puede ser religioso hasta que él no haya logrado la misma experiencia por sí mismo. Yoga es la ciencia que nos enseña como lograr esas experiencias. No sirve de mucho el hablar de religión a menos que uno la haya sentido. Si hay un Dios, debemos sentirlo; si hay un alma, debemos percibirla; de otra manera es mejor no creer. Es mejor ser un furioso ateísta que un hipócrita.

El hombre quiere la verdad, quiere experimentar la verdad por sí mismo. Cuando la haya encontrado, realizado, sentido en su propio corazón, sólo entonces, declaran los Vedas, todas las dudas se desvanecerán, todas la oscuridad se disipará y toda torcedura se enderezará.

La ciencia de raja yoga propone ofrecer a la humanidad un método para lograr la verdad que sea práctico y científicamente comprobado. En primer lugar, cada ciencia deberá tener su propio método de investigación. Si usted quiere ser un astrónomo y se sienta a clamar: "¡Astronomía!, ¡astronomía!", ésta nunca vendrá. Lo mismo con química. Se debe seguir un método determinado. Usted debe ir a un laboratorio, tomar sustancias diferentes y mezclarlas, hacer un compuesto, experimentar con ellas, de esto vendrá el conocimiento de la química. Si usted quiere ser un astrónomo, deberá ir a un observatorio, tomar un telescopio, estudiar los planetas y las estrellas, así se volverá un astrónomo. Toda ciencia tiene su propio método. Yo podría predicarles miles de sermones, pero ellos no los harán religiosos hasta que no hayan practicado su método. Esas son las verdades de todos los sabios, de todos los países, de todas las edades, hombres puros y altruistas, quienes no tienen otro motivo más que el de hacer bien al mundo. Todos ellos declaran que han descubierto cierta verdad más elevada que la que los sentidos pueden mostrarnos, y ellos nos invitan a verificarla. Nos piden que sigamos el método y practiquemos honestamente, y luego, si no descubrimos esa verdad elevada, entonces tendremos el derecho de decir que no hay verdad en lo que sostienen. Pero seremos irracionales si negamos su verdad sin haberlo practicado. Debemos practicar con fe, usando los métodos prescriptos, y la luz vendrá.

Al adquirir conocimiento, usamos generalizaciones, y las generalizaciones están basadas en la observación. Primero observamos hechos, luego generalizamos y luego extraemos conclusiones o principios. El conocimiento de la mente, de la naturaleza interna del hombre, del pensamiento, nunca puede ser obtenido sin observar primero lo que sucede interiormente. Es comparativamente fácil el observar hechos del mundo externo, porque se han inventado muchos instrumentos para ello, pero en el mundo interno no hay instrumentos que nos ayuden. Sin embargo, sabemos debemos observarlo si queremos tener una ciencia real. Sin un análisis apropiado, cualquier ciencia sería inútil, sólo teoría. Y por eso es que todos los psicólogos, exceptuando aquellos pocos que descubrieron los medios de observación, han estado discutiendo entre ellos desde el principio de los tiempos.

La ciencia de raja yoga propone, en primer lugar, el darnos los medios para observar los estados internos. El instrumento es la mente misma. Cuando el poder de atención es apropiadamente guiado y dirigido sobre el mundo interno, analizará a la mente e iluminará situaciones. Los poderes de la mente son como dispersos rayos solares. Cuando se concentran, iluminan. Este es nuestro único medio para conocer.

¿Cómo se ha logrado el conocimiento del mundo sino a través de la concentración de los poderes mentales? El mundo está listo para dar sus secretos si nosotros sabemos cómo llamar a su puerta, cómo dar el golpe necesario. La fuerza y dirección del golpe llegan a través de la concentración. No hay límites para el poder de la mente humana. Más concentrada, mayor es el poder que invoca para dar en ese punto. Tal es el secreto.

Resulta fácil concentrar la mente en objetos externos. La mente va hacia fuera de un modo natural. Pero no es lo mismo en el caso de la religión, la psicología o la metafísica, donde el sujeto y el objeto son uno. El objeto es interno, la mente misma es el objeto. Es necesario estudiar a la mente en sí; la mente estudiando a la mente. Sabemos que la mente tiene el llamado poder de reflexión. Ahora les estoy hablando; al mismo tiempo es como si estuviera parado a un costado, como una segunda persona, escuchando y entendiendo lo que estoy diciendo. Ustedes trabajan y piensan al mismo tiempo, mientras una porción de sus mentes observa lo que están pensando. Los poderes de la mente deben ser concentrados y vueltos hacia la mente. Y así como el más oscuro lugar revela sus secretos ante los penetrantes rayos del sol, también así esta mente concentrada penetrará sus secretos más íntimos. Entones, nosotros llegaremos a las bases de la creencia, la real, genuina religión. Percibiremos por nosotros mismos si es que tenemos alma o no, si la vida es de sólo cinco minutos o eterna, si hay un Dios en el universo o no. Todo nos será revelado.

Esto es lo que raja yoga propone enseñar. La meta de toda esta enseñanza es como concentrar la mente; luego, sobre como descubrir los rincones más íntimos de nuestras propias mentes; más adelante: como generalizar sus contenidos y formar nuestras propias conclusiones a partir de ellos. Ésta nunca pregunta cuál es nuestra religión, si somos ateístas o teístas, cristianos, judíos o budistas. Somos seres humanos y eso es suficiente. Cada ser humano tiene el derecho y el poder de buscar la religión. Todo ser humano tiene el derecho de preguntar la racionalidad, el por qué, y de obtener respuesta por sí mismo, si sólo se toma el trabajo de hacerlo.

Entonces, hasta aquí vemos que en el estudio de este raja yoga ninguna fe o creencia es necesaria. No creas hasta que no lo descubras por ti mismo. Eso es lo que nos enseña. La Verdad no requiere apoyo para erguirse. ¿Quieren decir que el hecho de que despertemos, requiere de sueños o imaginaciones que lo prueben?, claro que no. Este estudio de raja yoga lleva tiempo y práctica constante. Una parte de esta práctica es física, pero la mayor parte es mental. (I. 127-32)

Los Poderes de la Mente

¿Han notado alguna vez el fenómeno llamado *trasferencia de pensamiento*? Un hombre está pensando aquí en algo, y tal pensamiento se manifiesta en alguien más, en algún otro lugar. Con preparación, no por casualidad, un hombre quiere enviar un pensamiento a otra mente en un lugar distante, y esa otra mente sabe que el pensamiento está por llegar y lo recibe exactamente del modo en que fue enviado. La distancia no hace diferencias. El pensamiento va y alcanza al otro hombre y él lo entiende.

Esto muestra que hay una continuidad de la mente, como la llama el yogui. La mente es universal. Tu mente, mi mente, todas esas pequeñas mentes son fragmentos de la mente universal, pequeñas olas en el océano. Y debido a esa continuidad, podemos hacer llegar nuestros pensamientos de modo directo de unos a otros.

Ven lo que está sucediendo alrededor nuestro. El mundo está basado en influencia. Parte de nuestra energía está siendo usada en la preservación de nuestros cuerpos. Más allá de esto, cada partícula de nuestra energía es, día y noche, usada para influenciar a otros. Nuestros cuerpos, nuestras virtudes, nuestro intelecto y nuestra espiritualidad, todos ellos están continuamente influenciado a otros, y del mismo modo, nosotros estamos siendo influenciados por ellos. Esto ocurre de continuo a nuestro alrededor. Ahora, tomando un ejemplo concreto: un hombre llega; ustedes saben que él es muy erudito. Su manera de expresarse es muy bella y habla durante una hora, pero no les deja impresión alguna. Otro hombre entra, habla unas pocas palabras, quizás no muy organizadas gramaticalmente, pero él produce una inmensa impresión. Muchos de ustedes han presenciado esto. Entonces, es evidente que las palabras por sí solas no siempre dejan una impresión. Las palabras, incluso los pensamientos, contribuyen en sólo una tercera parte en impresionar; el hombre en dos tercios. Lo que ustedes llaman el magnetismo personal del hombre, eso

222 Vedanta: Voz de la Libertad

es lo que impresiona.

En nuestras familias hay jefes de hogar. Algunos de ellos son exitosos y otros no. ¿Por qué? Nos quejamos de otros por nuestras fallas. En el momento en que no logro el éxito digo que es culpa de otro. Cuando fallamos no nos gusta confesar nuestras debilidades. Cada persona trata de aparecer impecable y culpa a alguien, a algo, o hasta a la mala suerte. Cuando un jefe de hogar falla se debe preguntar por qué es que algunas personas organizan a su familia tan bien y otras no. Entonces, descubrirá que la diferencia se debe al hombre, a su presencia, a su personalidad.

El ideal de toda educación, de todo entrenamiento, debería ser el de formar el carácter. Pero en lugar de ello, estamos siempre tratando de pulir el exterior. ¿Para qué sirve pulir el exterior cuando no hay interior? La meta y finalidad de todo entrenamiento es hacer crecer al hombre. El hombre que influencia, que envuelve en su magia a las personas, es una dínamo de poder, y cuando ese hombre está listo, él puede hacer lo que quiera. Esa personalidad podrá hacer funcionar todo lo que toque.

Comparen a los grandes maestros de religión con los grandes filósofos. Los filósofos influenciaron muy poco al interior del hombre, sin embargo, ellos escribieron los libros más maravillosos. Por otro lado, los maestros religiosos movieron países enteros, aún en vida. La diferencia radica en la personalidad. En el filósofo hay una personalidad débil; en los grandes profetas una tremenda personalidad. El primero toca el intelecto, el segundo la vida.

La ciencia de raja yoga sostiene que ha descubierto las leyes que desarrollan esa personalidad, y que a través de una atención adecuada a esas leyes y métodos, cada uno puede fortalecer y hacer crecer esa personalidad. Esta es una de las grandes cosas prácticas y el secreto de toda educación. Esto tiene una aplicación universal. En la vida de familia, en la vida en pobreza, en riqueza, en los negocios, en la vida espiritual, en la vida de cada uno, el fortalecimiento de esta personalidad es una gran cosa.

Constantemente nos quejamos de que no tenemos control sobre nuestras acciones, sobre nuestros pensamientos. ¿Cómo podríamos? Si pudiéramos controlar los movimientos sutiles, si pudiéramos controlar el pensamiento en su raíz, antes de que se vuelva pensamiento, antes de que se vuelva acción, entonces sería posible para nosotros controlarlo todo. Ahora, con un método por medio del cual podemos analizar, investigar, entender y finalmente lidiar con esos poderes sutiles, esas causas finas, sólo entonces es posible obtener control sobre nosotros mismos. Y el hombre que controla su propia mente seguramente tendrá control sobre toda otra mente. Por eso es que la pureza y la moralidad siempre fueron el objeto de toda religión. Un hombre puro y moral tiene control sobre sí mismo. Y todas las mentes son diferentes partes de la Mente única. Aquel que conoce un terrón de arcilla conoce toda la arcilla que hay en el universo. Quien conoce y controla a su propia mente sabe el secreto de todas las mentes y tiene poder sobre ellas. (II. 13-17)

¿Cómo Ser un Yogui?

El yogui deber practicar continuamente. Él debe tratar de vivir sólo. La compañía de diferente tipo de personas distrae a la mente. Él no debe hablar mucho, porque el hablar distrae a la mente; no trabajar mucho, porque el trabajo excesivo distrae a la mente. La mente no puede ser controlada luego de un día de arduo trabajo. Uno que observa esas reglas se vuelve un yogui. Tal es el poder del yoga que aunque sea una mínima parte producirá un enorme beneficio. No puede causar daño, sino que beneficia a todos. Ante todo, calma los nervios, trae tranquilidad, nos ayuda a ver las cosas más claramente. El temperamento se mejora y la salud mejora. Buena salud es uno de sus primeros signos así como una voz hermosa. Los defectos en la voz se modifican. Estos son algunos de los primeros, de los tantos, efectos que sobrevendrán. Aquellos que practican con intensidad, obtendrán muchos otros signos. Algunas veces, escucharán sonidos como de campanas a la distancia, llegando y entrando en los oídos como un sonido continuo. Algunas veces verán cosas, pequeñas luces flotando y aumentando de tamaño. Cuando esas cosas comiencen a aparecer sabrán que están progresando.

Quienes quieren ser yoguis y practicar con intensidad, deberán cuidar su dieta al principio. Pero, quienes sólo quieran hacer un poquito de prácticas todos los días, sólo deberán cuidarse de no comer mucho, aunque pueden comer todas las cosas que les gusten. Para aquellos que quieran progresar rápidamente, practicando intensamente, una estricta dieta es absolutamente necesaria.

Cuando uno comienza a concentrarse, la caída de un alfiler será como un trueno en el cerebro. A medida que los órganos se afinan, las percepciones se sutilizan también. Esos son los estados por los cuales deberemos pasar, y todos los que perseveren lograrán la meta. Dejen de lado toda argumentación y toda distracción. ¿Es que hay algo en la vana y seca discusión intelectual? Ésta sólo desequilibra a la mente y la disturba. Las cosas de los planos sutiles deben ser realizadas. ¿Nos ayudará el mero hablar? Entonces, dejen de lado toda vana charla. Lean sólo aquellos libros escritos por personas que han obtenido la realización.

Quienes realmente deseen ser yoguis, deberán renunciar, por siempre, ese picotear aquí y allá. Tomen una idea, hagan de esa idea su vida. Piensen en ella, sueñen con ella, vivan en esa idea. Dejen que el cerebro, los músculos, los nervios, cada parte de sus cuerpos, se llene con esa idea, y simplemente abandonen toda otra. Ese es el camino al éxito y es la manera en que los gigantes espirituales son producidos. Otros son meras máquinas de hablar. Si realmente queremos ser bendecidos y bendecir a otros, debemos ir profundo.

El primer paso es el de no perturbar a la mente, no asociarse con personas cuyas ideas sean perturbadoras. Todos ustedes saben que hay ciertas personas, cosas y lugares que los repelen. Evítenlos. Y quienes quieran ir a lo más elevado, deberán evitar toda compañía, buena o mala. Practiquen intensamente. Si mueren o viven no tiene importancia. Tienen que comprometerse y practicar sin pensar en el resultado. Si son lo suficientemente valerosos, serán perfectos yoguis en seis meses. Pero aquellos que tomen un poquito de esto y un poco de cualquier otra cosa no harán progreso. No sirve de nada el simplemente tomar unas pocas lecciones. La religión es un mero entretenimiento para los que están llenos de *tamas* [indolencia], ignorantes y tediosos, esos cuyas mentes nunca se adhieren a idea alguna, que sólo buscan algo que los divierta. Esos son los que no perseveran. Ellos escuchan una charla, piensan que es muy linda y luego van a sus hogares y la olvidan totalmente. Para triunfar deben tener una tremenda perseverancia, tremenda voluntad. "Beberé el océano", dice un alma perseverante. "Por mi voluntad las montañas se derrumbarán". Tengan ese tipo de energía, ese tipo de voluntad, practiquen intensamente y lograrán la meta. (I. 175-78)

La Práctica de Yoga

Se debe cuidar apropiadamente al cuerpo. La gente que tortura a su cuerpo es diabólica. Mantengan la mente siempre jovial. Si llegan pensamientos melancólicos, patéenlos afuera. Un yogui no debe comer mucho, pero tampoco debe ayunar; él no debe dormir mucho ni pasársela sin dormir. En todas las cosas, sólo el hombre que se mantiene en el medio puede ser un yogui.

¿Cuál es el mejor momento para practicar yoga? El momento de conjunción del amanecer y del atardecer, cuando la naturaleza se tranquiliza. Tomen la ayuda de la naturaleza. Siéntense en la posición más cómoda. Mantengan rectas las tres partes: el pecho, los hombros y la cabeza, dejando libre y recta a la columna, sin irse hacia atrás ni hacia adelante. Mentalmente visualicen al cuerpo como siendo perfecto, todas sus partes. Luego envíen una corriente de amor al mundo todo. Después oren por iluminación.

La misma facultad que usamos en sueños y pensamientos: la imaginación, será también el medio por el cual arribemos a la Verdad. Cuando la imaginación es poderosa se visualiza el objeto. Tomen una idea, dedíquense a ella, luchen por ella pacientemente, y el sol saldrá para ustedes.

Mientras más pura es la mente, más fácilmente se la controla. Se debe insistir sobre la pureza de la mente si es que quieren controlarla. No codicien los meros poderes mentales. Déjenlos pasar. El que busca los poderes sucumbe a ellos. Casi todos los que desean poderes son atrapados por ellos.

Toda ola de pasión controlada es balance en su favor. Es, entonces, una buena *política* el no retornar enojo al enojo, como sucede en toda moralidad verdadera.

Nunca hablen sobre las faltas de otros, sin importar cuán malas sean. Nada se gana con eso. No ayudan a otro enumerando sus faltas. Lo hieren y se hieren. No pueden juzgar a un hombre por sus faltas. Recuerden que los débiles son siempre iguales en todo el mundo. El ladrón y el criminal son iguales en Asia, Europa y América. Ellos forman una nación por sí mismos. Es sólo en el bueno, el puro y el fuerte donde hay variación. No reconozcan debilidad en los demás. Debilidad es ignorancia, es debilitante. ¿Qué hay de bueno en decirles a otros que ellos son débiles? La crítica y la destrucción son improductivas. Debemos darles algo elevado. Háblenles de su propia gloriosa naturaleza, su herencia.

Nunca discutan sobre religión. Las argumentaciones concernientes a la religión muestran que la espiritualidad está ausente. Las disputas religiosas son siempre sobre pequeñeces. Las discusiones comienzan cuando la pureza, la espiritualidad, desaparecen dejando el alma seca, y nunca antes. (VI. 130, 133, 135, 126, 136, 127, 141-42, 127)

Auto-Control

En medio de las dificultades debemos afirmar nuestra

divinidad. La naturaleza quiere hacernos reaccionar, hacernos devolver golpe por golpe, engaño por engaño, mentira por mentira, con toda nuestra fuerza. Se requiere un poder súper-divino para no devolver el golpe, para mantenerse controlado, desligado.

Es muy difícil, pero por la práctica constante podemos sobreponernos a la dificultad. Debemos aprender de que nada nos puede pasar a menos que nosotros mismos nos volvamos vulnerables a ello. Obtenemos sólo aquello que es de nuestra talla. Dejemos nuestro orgullo de lado para entender que nunca se trata de miseria no merecida. De que nunca hubo un golpe inmerecido. De que nunca hubo algo malo que yo mismo no le haya pavimentado el sendero con mis propias manos. Tenemos que saber esto. Analícense y descubrirán que se prepararon para cada golpe que recibieron. Hicieron una mitad y el mundo externo la otra. Así es como el golpe llegó. Esto nos pondrá en perspectiva. Al mismo tiempo, de este análisis vendrá una nota de esperanza, que es: "Yo no tengo control sobre el mundo externo, pero eso que está en mi y que me es cercano, mi propio mundo, está bajo mi control. Si ambos son necesarios para la caída, si ambos son necesarios para darme el golpe, yo no contribuiré con la parte que está bajo mi control, y entonces, ¿cómo podrá llegar el golpe? Si obtengo control real sobre mi, el golpe nunca llegará".

Desde la infancia, todo el tiempo, hemos estado tratando de culpar a algo fuera de nosotros. Estamos siempre parándonos para enderezar a otros y no a nosotros mismos. Si nos sentimos apesadumbrados, decimos: "El mundo es muy malo". Maldecimos a otros, diciendo: "¡Qué tontos caprichosos!". Pero, si es que nosotros somos tan buenos ¿por qué habríamos de estar en tal mundo? Si este mundo es malo, nosotros debemos ser malos también. ¿Por qué otra razón deberíamos estar aquí? "Las personas del mundo son tan egoístas". Verdad, pero si nosotros somos mejores, entonces, ¿por qué estamos en su compañía? Piensen en esto.

Obtenemos lo que merecemos. Es mentira cuando decimos

que el mundo es malo y nosotros somos buenos. No puede ser de esa manera. Es una terrible mentira que nos contamos a nosotros mismos.

Esta es la primer lección que debe ser aprendida: Determínense no a maldecir algo externo, no a culpar algo afuera; sean valientes, yérganse y háganse responsables. Descubrirán que eso es verdad. Responsabilícense por ustedes mismos. (II. 6-8)

Cómo Controlar las Emociones

Los *chitta-vrittis*, las ondas mentales, que son gruesas, pueden ser apreciadas y sentidas. Esas pueden ser controladas más fácilmente. Pero, ¿qué sucede con los instintos sutiles? ¿Cómo controlarlos? Cuando estoy enojado toda mi mente se torna una gran onda de enojo. Lo siento, lo veo, lo manejo, puedo manipularlo con facilidad, puedo pelear con él, pero no podré dominarlo a menos que vaya a sus causas subyacentes. Un hombre me dice algo muy hiriente y comienzo a sentir que me estoy calentando. Y él continúa, hasta que yo estoy perfectamente enojado y olvidándome de mí mismo me identifico con el enojo. Cuando el comenzó a abusarme, pensé: "me voy a enojar". El enojo era una cosa y yo otra. Pero cuando me enojé, yo *fui* enojo. Esos sentimientos deben ser controlados en su germen, su raíz, en sus formas sutiles, antes de que nos hayamos vuelto conscientes de que están actuando en nosotros.

La gran mayoría ignora esos estados sutiles de las pasiones, los estados pre-conscientes de donde emergen. No vemos a la burbuja cuando se desprende del fondo del lago, ni siquiera cuando está cerca de la superficie, sólo sabemos de su presencia cuando ella rompe la superficie, formando una onda. Sólo podremos dominar las olas cuando logremos asirlas en sus formas sutiles. Y no hay esperanza de conquistar una pasión perfectamente hasta tanto no la veas y sometas antes de que se manifieste. Para controlar nuestras pasiones, debemos controlarlas en sus mismas raíces. Sólo entonces podremos quemar sus semillas. Como las semillas fritas que caen al suelo nunca germinarán, del mismo modo esas pasiones no volverán a levantarse.

La meditación es uno de los grandes medios de controlar el surgimiento de esas ondas. Por la meditación puedes hacer que la mente someta a las olas. Y si continuas practicando meditación por días, meses y años, hasta que se vuelva un hábito, hasta que se de aun a pesar tuyo, el enojo y el odio serán vigilados y controlados. (I. 241- 43)

Concentración

La esencia de todo conocimiento es la concentración. Nada puede ser hecho sin ella. Los seres humanos ordinarios pierden el noventa por ciento de la fuerza del pensamiento y por eso siempre están cometiendo errores. El hombre, o la mente entrenada, nunca yerra. Cuando la mente es concentrada y está vuelta sobre sí misma, todo dentro nuestro se vuelve nuestro servidor, no nuestro amo. Los griegos aplicaron su concentración al mundo exterior, y el resultado fue perfección en arte, literatura, etc. Los hindúes se concentraron en el mundo interno, sobre los ocultos mundos del Ser, y desarrollaron la ciencia del yoga. Yoga es controlar los sentidos, la voluntad y la mente. El beneficio de su estudio es que aprendemos a controlar en lugar de ser controlados. La mente pareciera descansar sobres capas. Nuestra meta es la de atravesar todas esas capas intermedias de nuestro ser y descubrir a Dios. El fin y propósito del yoga es el de realizar a Dios. Para hacerlo, debemos ir más allá del conocimiento relativo, ir más allá del mundo de los sentidos. El mundo está despierto a los sentidos. Los hijos del Señor están dormidos en ese plano. El mundo está dormido a lo Eterno. Los hijos del Señor están despiertos en él. Esos son los hijos de Dios. Hay una única manera de controlar los sentidos, la de verlo a Él quien es la Realidad en el universo. Entonces, sólo entonces, realmente conquistamos nuestros sentidos.

La concentración es el restringir la mente dentro de límites cada vez más angostos. Hay ocho procesos para restringir a la mente de esa manera: el primero es *yama*, controlarla por medio del rechazo de lo externo. Toda moralidad está incluida en este. No causen daño. No hieran a criatura alguna. Si ustedes no hieren durante doce años, luego hasta los tigres y leones se prosternarán ante ustedes. Practiquen la verdad. Doce años de verdad absoluta en pensamiento, palabra y acciones le da al hombre lo que él desee. Sean castos en pensamiento, palabra y acción. La castidad es la base de toda religión. La pureza personal es imperativa. Luego viene *niyama*, no permitir que la mente corra en cualquier dirección. Después *asana*, postura. Hay ocho posturas, pero la mejor es la que le es más natural a cada uno, esto es: la que puede ser mantenida por mayor tiempo, más fácilmente. Siguiendo a ésta, está *pranayama*, control de la respiración. Luego *pratyahara*, retirar los órganos de sus objetos. Después, *dharana*, concentración. Le sigue *dhyana*, contemplación, o meditación, (es el núcleo del sistema yoga). Y finalmente, *samadhi*, superconciencia.

Mientras más puro es el cuerpo y la mente, más rápido se produce el resultado deseado. Deberán ser perfectamente puros. No piensen en cosas malas. Tales pensamientos los harán descender. Si son perfectamente puros y practican con fe, finalmente su mente podrá ser un faro de poder infinito. No hay límite a sus posibilidades. Pero para ello debe haber constante práctica y no apego a lo externo. Cuando un hombre alcanza el estado superconsciente, todas las sensaciones del cuerpo se desvanecen. Sólo entonces él se vuelve libre e inmortal. Para todas las apariencias externas, inconsciencia y superconsciencia son lo mismo, pero ellas son tan distintas como un puñado de barro y un puñado de oro. Aquel que ha dado su alma completamente a Dios ha alcanzado el plano de la superconsciencia. (VI. 123-25)

Meditación

Primero, la meditación debe ser de naturaleza negativa. Piensa que estás lejos de todo. Analiza todo lo que llega a la mente por la pura acción de la voluntad.

Después, afirma lo que realmente eres: Existencia, Conocimiento y Dicha, Siendo, Conociendo y Amando.

Meditación es el medio de la unificación del sujeto y el objeto. Mediten: arriba, está pleno de mi; debajo está pleno de mi; en el medio, está pleno de mi. Yo estoy en todos los seres y todos los seres están en mi. Om Tat Sat. Yo soy Eso. Soy la Existencia sobre la mente. Soy el Espíritu único del universo. No soy ni dolor ni placer. El cuerpo bebe, come, etc. Yo no soy el cuerpo. Yo no soy la mente. Yo soy Él.

Soy el testigo. Observo. Soy el testigo cuando la riqueza llega. Soy el testigo cuando la enfermedad llega.

Yo soy la Existencia, el Conocimiento, la Dicha.

Soy la esencia y el néctar del Conocimiento. A través de la eternidad no cambio. Yo soy sereno, resplandeciente e inmutable. (VI. 91-92)

Ecuanimidad de la Mente es Yoga

En India había un gran sabio llamado Vyasa. Este Vyasa es conocido como el autor de los aforismos de Vedanta y fue un hombre santo. Su padre quiso ser perfecto, pero falló. Su abuelo también trató y también falló. Su tatarabuelo había fallado también. Él mismo Vyasa no lo logró totalmente, pero su hijo Sukha, nació perfecto. Vyasa le enseñó sobre el conocimiento, y luego de instruirlo sobre el conocimiento de la verdad misma, lo envió a la corte del rey Janaka. Janaka era un gran rey, se le llamó Janaka Videha. *Videha* significa "sin cuerpo". Aunque era un rey, él había olvidado por completo que tenía un cuerpo.

Sentía constantemente que era Espíritu. Este muchacho, Sukha, fue enviado para aprender de él.

El rey sabía que el hijo de Vyasa llegaría, entonces arregló su recibimiento. Cuando el joven se presentó a las puertas del palacio, los guardias lo ignoraron, sólo le pidieron que se sentara y lo dejaron esperando allí por tres días con sus noches. Nadie le habló, nadie le preguntó quién era o cuándo había llegado. Él era el hijo de un gran sabio. Su padre era respetado, todo el país le rendía honores, sin embargo, los bajos y vulgares guardianes del palacio lo ignoraban.

De repente, los ministros del rey y todos sus oficiales principales aparecieron y lo recibieron con gran pompa. Lo llevaron adentro de espléndidas habitaciones, le dieron los más fragantes baños y maravillosos vestidos, y así lo tuvieron por ocho días entre todo tipo de lujos. Ese rostro solemnemente sereno de Shuka no cambió en lo más mínimo por el cambio en el recibimiento que le proporcionaron. Fue el mismo en medio de los lujos como cuando esperaba en la puerta.

Entonces, lo llevaron hasta el rey. El rey estaba en su trono; se estaba ejecutando una pieza musical; la danza y otros entretenimientos se estaban sucediendo. El rey le dio una taza llena hasta el borde de leche, y le pidió que caminara alrededor del salón siete veces, sin dejar caer una gota. El muchacho tomó la taza y comenzó a caminar en medio de la música y la atracción de los rostros hermosos. Como el rey lo deseara, dio siete vueltas sin dejar caer una sola gota. La mente del joven no pudo ser atraída por algo del mundo a menos que él dejara que le afectara. Y cuando le trajo la taza al rey, el rey le dijo: "Sólo puedo repetir lo que tu padre te enseñó y lo que tú mismo has aprendido. Ya sabes la Verdad. Ve a tu casa".

Así es como el hombre que ha practicado autocontrol no puede ser movido por fuerzas externas. No hay más esclavitud en él. Su mente es libre. (I. 90-92)

X
Vedanta Práctica

Preparación para la Vida Elevada

La primera cosa necesaria es una vida apacible. Si tengo que dar vueltas al mundo entero durante toda el día para ganarme el pan, es difícil que logre algo elevado en esta vida. Quizás, en otra vida, naceré bajo circunstancias más propicias. Pero si tengo suficiente anhelo, esas circunstancias cambiarán aun en este nacimiento. El maestro dijo: "Hijo mío, si deseas a Dios, Dios vendrá a ti". El discípulo no entendió a su maestro plenamente. Un día, ambos fueron a bañarse al río, y el maestro dijo: "Sumérgete", y así lo hizo el muchacho. En un instante el maestro llegó hasta él y lo apretó, obligándole a mantener la cabeza bajo el agua. Cuando el muchacho quedó exhausto de luchar, él lo liberó. "Bueno, hijo, ¿cómo te sentiste, allí abajo?". "Ay, ¡cuánto deseaba un poco de aire!". "¿Tienes ese tipo de deseo por Dios?". "No, señor". "Logra ese deseo por Dios y lograrás a Dios".

Si quieres ser un yogui, debes estar libre, solo, y en un lugar donde no haya ansiedad. Quien desea una vida cómoda y confortable y al mismo tiempo quiere realizar al Ser es como un tonto que trata de cruzar un río abrazando a un cocodrilo, mientras piensa que éste es un lindo leño. "Busquen, primero, el Reino de Dios y Su verdad, y todas las cosas les llegarán por añadidura". A quien nada le interesa todo le llega. La fortuna es como una chica caprichosa. Ella no quiere a quien la quiere, pero corre a los pies de quien la ignora. El dinero le llega en cantidad a quien no le importa. Lo mismo sucede con la fama, en tanta abundancia que se torna un problema y una carga. Esos siempre vienen al amo. El esclavo nunca los obtiene. El amo es quien puede vivir sin ellos. Cuya vida no depende de las pequeñas tonterías del mundo. Vive para un ideal y un ideal tan sólo. Deja que ese sea tan grande, tan fuerte, que no haya otra cosa en la mente, ni lugar, ni tiempo para algo más.

¿Cómo algunas personas dan su energía, tiempo, cerebros y cuerpo para volverse ricos? ¡Ellos no tienen tiempo para desayunar! ¡Salen tan temprano por la mañana a trabajar! Ellos mueren en el intento, el noventa por ciento de ellos, y el resto, cuando logran el dinero, no pueden disfrutarlo. ¡Qué cosa! No digo que sea malo el tratar de enriquecerse. Es maravilloso, ¡genial! ¿Por qué?, ¿qué demuestra? Muestra que uno puede dedicar el mismo tiempo, energía y lucha por ser libre, como uno lo haría por dinero. Ya sabemos que tenemos que renunciar al dinero y a todas las otras cosas al morir, aun así, vean cuánta energía les dedicamos. ¿Por qué, nosotros, seres humanos, no habríamos de poner mayor fortaleza y energía en conseguir aquello que no perece, que permanece con nosotros por siempre? Porque ese es nuestro gran amigo, nuestras buenas acciones, nuestra excelencia espiritual, que va con nosotros más allá de la tumba. Todo lo demás se queda aquí, con el cuerpo.

Ese es el gran primer paso, el deseo real por el ideal. En Occidente, la dificultad radica en que todo es tan fácil. No es la verdad, pero el progreso material lo que se busca. La lucha es la gran lección. Te importe o no, el gran beneficio de la vida es la lucha. Es a través de lo que pasamos. Si es que hay una ruta al cielo, esta pasa por el infierno. Por el infierno al cielo ha sido siempre el camino. Cuando el alma se ha desesperado con las circunstancias y ha enfrentado a la muerte, cientos de muertes a lo largo del camino, pero nada la ha intimidado, ha luchado una vez y otra vez; entonces, el alma sale hecha un gigante y ríe ante el ideal por el cual ha luchado, porque se da cuenta de cuánto más grande es ella que el ideal. Yo soy la culminación, mi propio Ser y nada más. Porque, ¿qué hay que pueda ser comparado con mi propio Ser? ¿Puede una bolsa de oro ser el ideal de mi alma? ¡Por cierto que no! Mi alma es el ideal más elevado que puedo tener. El darme cuenta de mi propia naturaleza real es la meta única de mi vida.

No hay cosa alguna que sea totalmente diabólica. El diablo tiene un lugar aquí como lo tiene Dios, de otra manera él no estaría aquí. Tal como se los he dicho, es a través del infierno que llegamos al cielo. Nuestros errores tienen lugar aquí. ¡Continúen!

No miren atrás si creen que han hecho algo que no es correcto. Ahora, ¿creen ustedes que podrían ser lo que son ahora sin haber cometido esos errores que han cometido? Bendigan a sus errores, entonces. Ellos han sido ángeles ocultos. ¡Bendita es la tortura! ¡Bendita la felicidad! No se preocupen por cuánto han hecho. Tómense con fuerza del ideal. ¡Continúen adelante!

Y luego, junto a éste, debe haber meditación. Meditación es la única cosa. ¡Mediten! La cosa más grande es la meditación. Es el acercamiento más próximo a la vida espiritual, la mente meditando. Es el único momento de nuestra vida diaria en que no somos materiales; el alma contemplándose a sí misma, libre de toda materialidad, ¡ese maravilloso toque del alma! (V. 250-53)

Consejos Sobre Espiritualidad Práctica

La tarea que se extiende frente nuestro es vasta y, primero y ante todo, debemos tratar de controlar la masa de pensamientos sumergidos que se han vuelto automáticos en nosotros. La mala acción sin duda ocurre en el plano consciente, pero la causa que la produjo estaba en los estado inconscientes más profundos, invisible y por ello más poderosa.

La psicología práctica, primero que nada, dirige su energía al control del inconsciente, y sabemos que podemos hacerlo. ¿Por qué? Porque conocemos las causas del inconsciente en la conciencia. Los pensamientos inconscientes son los millones de pensamientos conscientes sumergidos, todas las acciones conscientes se petrifican. No los vemos, no sabemos sobre ellos, los hemos olvidado. Pero, piénsenlo, si el poder del mal está en el inconsciente también lo está el poder del bien. Tenemos muchas cosas guardadas en un bolsillo. Las hemos olvidado; ni siquiera pensamos en ellas. Y hay muchas, fermentándose, volviéndose positivamente peligrosas. Ellas se manifiestan, son las causas inconscientes que matan a la humanidad. La verdadera psicología tratará, entonces, de traerlas bajo el control de la mente consciente. La gran tarea es la de revivir al hombre en su totalidad para hacerlo amo de sí mismo. Aún lo que llamamos acciones automáticas de los órganos dentro de nuestros cuerpos, como el hígado, etc., pueden ser puestas bajo nuestro comando.

Esta es la primera parte de nuestro estudio, el control del inconsciente. Lo próximo es ir más allá de lo consciente. Así como el trabajo inconsciente está debajo de la conciencia, también así hay otra tarea sobre la conciencia. Cuando ese estado súper-consciente es alcanzado, el hombre se vuelve libre y divino. La muerte se transforma en la inmortalidad, la debilidad en infinito poder, y las cadenas de hierro en la libertad. Tal es la meta, el espacio infinito de la súper-conciencia.

Todos, sin excepción, cada uno de nosotros puede alcanzar la culminación de este yoga. Pero es una tarea terrible. Si una persona quiere lograr esta verdad, tendrá que hacer algo más que escuchar conferencias y hacer unos pocos ejercicios respiratorios. Todo descansa en la preparación. ¿Cuánto se tarda para encender una vela? Sólo un segundo. Pero, ¡cuánto se tarda en hacer la vela! ¿Cuánto se tarda en comer un almuerzo? Quizás, media hora. ¡Pero se emplean horas en preparar la comida! Nosotros queremos encender la luz en un segundo, pero olvidamos que el hacer la vela es lo principal.

Aunque es difícil alcanzar la meta, aún así nuestros más pequeños intentos no son en vano. Sabemos que nada está perdido. En el Guita, Arjuna le pregunta a Krishna: "¿Qué sucede con los que no logran perfeccionarse en esta misma vida, es que se evaporan como las nubes de verano?"[67]. Krishna responde: "Amigo mío, nada se pierde en este mundo. Todo lo que uno hace, continúa siendo de uno. Y si el resultado del yoga no se produce en esta vida, uno lo retoma en el próximo nacimiento"[68]. De otra

---

67   *Bhagavad Guita*, 6, 38.
68   *Bhagavad Guita*, 6, 40.

manera, ¿cómo explicarías las maravillosas vidas de Jesús, Buda y Shankara?

La gran ayuda en la vida espiritual es la meditación (dhyana). En meditación nos sumergimos más allá de toda condición material y sentimos nuestra naturaleza divina. Para la meditación no dependemos de ayuda externa alguna. El toque del alma puede pintar los colores más brillantes aun en los lugares más lúgubres. Puede poner fragancia hasta en las cosas más viles. Puede hacer divino al débil, y borrar toda enemistad, todo egoísmo. Menos pensamos en el cuerpo mejor es. Porque es el cuerpo el que nos rebaja. Es el apego, la identificación, lo que nos hace miserables. Este es el secreto: pensar que soy el Espíritu y no el cuerpo, y que el universo entero, con toda su bondad y maldad, es una serie de pinturas, de escenas sobre lienzo, a las que observo. (II. 34-37)

Práctica Espiritual de Acuerdo con Vedanta

Primero se debe escuchar sobre la verdad, luego reflexionar sobre ella y después se la debe afirmar constantemente. Siempre piensa: "Yo soy Brahman". Todo otro pensamiento debe ser dejado de lado como debilitante. Deja de lado todo otro pensamiento que diga que tú eres un hombre o una mujer. Deja de lado a la mente y al cuerpo, y a los dioses y fantasmas. Déjalo todo excepto a esa Existencia Una. "Donde uno escucha a otro, donde uno ve a otro, eso es pequeño. Donde uno no escucha a otro, donde uno no ve a otro, eso es Infinito"[69]. Eso es lo más elevado, cuando el sujeto y el objeto se vuelven uno. Cuando yo soy el que escucha y yo soy el que habla. Cuando soy el que enseña y a quien se le enseña, cuando soy el creador y la cosa creada, sólo entonces el miedo se acaba. No hay otro que nos haga temer. Sólo yo. ¿Qué puede atemorizarme? Esto debe ser escuchado día tras día. Libérate de todo otro pensamiento. Todo lo demás debe ser arrojado lejos, y

---

69   *Chandogya Upanishad*, 7. 24. 1.

esto debe ser continuamente repetido, puesto en los oídos hasta que llegue al corazón, hasta que cada nervio y músculo, cada gota de sangre vibre con la idea de que "Yo soy Él, yo soy Él"

Antes de comenzar tú práctica, limpia tu mente de todas las dudas. Lucha y razona y discute, y cuando hayas establecido en tu mente que sólo ésta puede ser la verdad y nada más, no discutas más. Cierra la boca. No escuches discusiones, no argumentes tú mismo. ¿Para qué sirve seguir discutiendo? Estás satisfecho. Has decidido sobre la cuestión. ¿Qué más queda? Ahora la verdad debe ser realizada. Entonces, ¿para qué perder un tiempo valioso en vana argumentación? Ahora la verdad tiene que ser meditada y debes tomar cada idea que te fortalezca y rechazar todo pensamiento que te debilite. El bhakta [devoto] medita sobre formas e imágenes y cosas similares, y sobre Dios. Ese es el proceso natural, aunque lento. El yogui medita sobre varios centros en su cuerpo y manipula el poder en su mente. El jñani dice: "La mente no existe, el cuerpo no existe". Esa idea de un cuerpo y una mente debe irse, debe ser sacada. Es por eso que resulta tonto el pensar en ellos. Sería como tratar de curar una enfermedad por medio de otra. Por lo tanto, su meditación es la más difícil, la negativa. Es muy fácil decir: "Yo soy un jñani", pero muy difícil ser uno. "El camino es largo". Es como caminar sobre el delgado filo de una navaja. Pero no temas. "Despierta, levántate y no te detengas hasta haber alcanzado la meta", dicen los Vedas[70].

Luego, ¿cuál es la meditación del jñani? El quiere levantarse sobre toda idea de cuerpo y mente, alejar la idea de que él es el cuerpo. Por ejemplo, cuando yo digo: "Yo, el Swami", inmediatamente la idea de cuerpo llega. ¿Qué debo hacer entonces? Debo darle a la mente un duro puñetazo y decir: "No, yo no soy el cuerpo. Yo soy el Ser". ¿A quién le preocupa si vienen las enfermedades o la muerte, en su forma más horrible? Yo no soy el cuerpo. ¿Por qué embellecer al cuerpo?, ¿para disfrutar de la ilusión una vez más? ¿Para continuar la esclavitud? Déjalos ir.

70   *Katha Upanishad*, 1.3.14.

Yo no soy el cuerpo. Esa es la manera del jñani. El bhakta dice: "El Señor me ha dado este cuerpo para que yo pueda cruzar a salvo el océano de la vida, y yo debo cuidarlo hasta el final del viaje". El yogui dice: "Debo cuidar el cuerpo así puedo continuar sin tropiezos y finalmente lograr la liberación". El jñani siente que no puede esperar. Él debe alcanzar la meta en este mismo momento. Él dice: "Yo soy libre por toda la eternidad. Nunca estoy atado. Soy el Dios del universo por toda la eternidad. ¿Quién puede hacerme perfecto? Ya soy perfecto". El jñani trata de salirse de esta ligadura de materia, a través de la convicción intelectual. Esa es la forma negativa, el *neti-neti*, "esto no, esto no". (III. 25-28)

La Realización y Sus Métodos

La manifestación infinita dividiéndose a sí misma en porciones, todavía permanece infinita, y cada porción es infinita[71].

Brahman es el mismo aunque aparece en las dos formas: mutable e inmutable, expresable e inexpresable. Sabe que lo conocido y el conocedor son uno. La trinidad: el que conoce, el objeto de conocimiento y lo conocido, se está manifestando como este universo. El Dios que el yogui ve en meditación es visto a través del poder de su propio Ser.

Lo que llamamos naturaleza, destino, es simplemente la voluntad de Dios. Mientras uno busque el placer, las ligaduras permanecen. Sólo el hombre imperfecto puede disfrutar, porque el disfrute proviene de satisfacer deseos. El alma humana disfruta la naturaleza. La realidad subyacente a la naturaleza, alma y Dios es Brahman. Pero Brahman no puede ser visto a menos que lo

71   El infinito es uno, sin segundo, por siempre indivisible y no-manifiesto. Por "manifestación infinita" el Swami quiere decir el universo, ambos: visible e invisible. Que aunque hecho de formas incontables que son limitadas por su propia naturaleza, todavía, como un todo, es siempre infinito; hasta una porción de éste es infinita, por que cada una de esas porciones está inseparablemente unida con éste.

saquemos a la luz. Esto puede ser hecho a través de *pramantha*, o fricción, del mismo modo como uno puede producir fuego a través de la fricción. El cuerpo es la pieza de madera menor, OM es la pieza con punta, y la meditación es la fricción. A través de la fricción, es decir: la meditación, esa luz, que es el conocimiento de Brahman, se encenderá en el alma. Búsquenla a través de tapas. Manteniendo el cuerpo erguido, sacrifiquen a los órganos de los sentidos en la mente. Los centros de los sentidos están dentro y los órganos afuera. Así, condúzcanlos a la mente y, por medio de dharana, concentración, fijen a la mente en dhyana, meditación. Brahman está en el universo como la leche en la manteca, así dhyana produce la realización de Brahman en el alma.

Brahman es sin acción. Atman es Brahman, y nosotros somos Atman; este tipo de conocimiento hace desaparecer a todo error. Esto debe ser escuchado, intelectualmente comprendido y finalmente realizado. La reflexión es la aplicación de la razón y el establecimiento de este conocimiento en nosotros por medio de la razón. Realización es hacerlo parte de nuestras vidas por un constante pensar sobre él. Ese pensamiento constante, dhyana, es como el fluir sin cortes del aceite que estás siendo vertido de un frasco a otro. Dhyana mantiene a la mente en este pensamiento de día como de noche y así nos ayuda a lograr la liberación. Siempre piensa "Soham, Soham" [Soy Él, Soy Él]. Esto es casi tan bueno como la liberación. Repítelo de día y de noche. La realización llegará como resultado de esta contínua cogitación. (VII. 35-38)

Vedanta Práctica I

Les pediré que entiendan que Vedanta, aunque es intensamente práctica, lo es con respecto al ideal. Ésta no predica un ideal imposible, por elevado que sea, y es lo suficientemente elevada para un ideal. En una palabra, ese ideal es que tú eres divino. "Tú eres Aquello", es la esencia del Vedanta. Después de todas

242 Vedanta: Voz de la Libertad

sus ramificaciones y gimnasias intelectuales, sabes que el alma humana es pura y omnisciente. Tú ves que las supersticiones como el nacimiento y la muerte serían totalmente sin sentido si uno hablara de ellas en conexión con el alma. El alma nunca nació y jamás morirá; y todas esas ideas de que moriremos y de que tenemos miedo a morir son meras supersticiones. Y todas esas ideas de que podemos hacer esto o no podemos hacer aquello, son supersticiones. Nosotros podemos hacerlo todo.

Vedanta primero le enseña al hombre a tener fe en sí mismo. Así como ciertas religiones del mundo dicen que el hombre que no cree en un Dios Personal es un ateísta, Vedanta dice que el hombre que no cree en sí mismo es un ateísta. No creer en la gloria de nuestra propia alma es lo que Vedanta llama ateísmo. Para muchos, ésta es una idea terrible, y la mayoría de nosotros piensa que ese ideal nunca podrá ser alcanzado. Pero Vedanta insiste en que éste puede ser realizado por todos. Uno puede ser mujer, hombre o niño; uno puede pertenecer a cualquier raza, nada va a actuar de barrera para la realización del ideal, porque, como muestra Vedanta, esté ya ha sido realizado, ya está allí.

Vedanta no reconoce pecados. Sólo reconoce errores. Y el mayor error, dice Vedanta, es de pensar que son débiles, que son pecadores, criaturas miserables, y de que no tienen poder alguno y que no pueden hacer esto o aquello. Cada vez que piensas de esa manera, forjas un eslabón más en la cadena que te ata, rebajándote. Agregas una capa más de hipnotismo a tu propia alma. Por ello, quien sea que piense que es débil, está equivocado; cualquiera que piense que es impuro, está equivocado y arroja un mal pensamiento en el mundo.

Siempre debemos recordar que en Vedanta no hay intento alguno de reconciliar la vida presente, la vida hipnotizada, la falsa vida que hemos asumido, con el ideal. Esa falsa vida debe retirarse, y la vida real, que siempre existe, debe manifestarse por sí misma, debe brillar. Ningún hombre se vuelve más y más puro. Es una cuestión de una mayor manifestación. El velo cae, y la pureza nativa del alma comienza a manifestarse. Todo ya es nuestro, pureza, libertad, amor y poder infinitos.

La idea central de Vedanta es la unidad. No debemos mirar a otros hacia abajo, con desprecio. Todos estamos yendo hacia la misma meta. La diferencia entre virtud y vicio es de grado. La diferencia entre cielo e infierno es de grado. La diferencia entre vida y muerte es de grado. Todas las diferencias en este mundo son de grado y no de tipo, porque la unidad es el secreto de todo. Todo es Uno, que se manifiesta a Sí mismo sea como pensamiento o como alma o como cuerpo, y la diferencia es sólo de grado. Ante esto, nosotros no tenemos derecho de mirar con desprecio a quienes no se han desarrollado exactamente en el mismo grado en el que estamos. No desprecien a otros. Si puedes extender una mano de ayuda, hazlo. Si no puedes, junta tus manos, bendice a tus hermanos y deja que sigan su propio camino. Rebajando y condenando no es la manera. Nunca se logra algo de esa manera. Gastamos nuestras energías reprobando a otros. Criticismo y condenación son formas vanas de gastar nuestras energías; con el tiempo nos damos cuenta de que todos están viendo la misma cosa, están más o menos acercándose al mismo ideal, y que la mayoría de nuestras diferencias son meramente de expresión.

Puede haber debilidad dice Vedanta, pero que nunca te importe; queremos crecer. El remedio para la debilidad no es el rumiar sobre ella, sino pensar en la fortaleza. Enséñale a los hombres sobre la fuerza que ya hay en ellos. Nunca digas no; nunca digas "no puedo"; porque tú eres infinito. Hasta el tiempo y el espacio nada son en comparación con tu naturaleza. Puedes hacer todo y cada cosa. Eres todopoderoso.

"Sobre este Atman se debe escuchar primero". Escucha, día y noche que eres el Alma. Repítete a ti mismo día y noche hasta que entre en tus venas, tiemble en cada gota de tu sangre, hasta que sea carne y hueso. Deja que todo tu cuerpo se llene de ese único ideal: "Yo soy sin nacimiento, el Alma que no muere, dichosa, omnisciente, omnipotente, siempre gloriosa". Piensa en esto de día y de noche. Piensa en esto hasta que se torne parte de tu vida. Medita sobre esto, y de ello vendrá la acción. "Debido a la plenitud del corazón la lengua puede hablar", y debido a la plenitud del corazón las manos trabajar. La acción vendrá. Llénense del ideal. Piensen el bien para todo lo que hagan. Todas sus acciones serán magnificadas, transformadas, deificadas, por el poder mismo de ese pensamiento.

Díganselo a los hombres débiles, y continúen diciéndoselos: "Tú eres el Uno Puro. ¡Grandioso, despierta y levántate! Este dormir no eres tú. Despierta y levántate. No es para ti. Piensa no que eres débil y miserable. Grandioso uno, despierta, levántate y manifiesta tu verdadera naturaleza. No es luchando que te crees un pecador. No es luchando cuando piensas que eres débil". Dile esto al mundo, dítelo a ti mismo y ve el resultado práctico que viene. Ve como con un flash eléctrico la verdad se manifiesta, como todo cambia. Díselo a la humanidad y muéstrales su propio poder. Entonces, podremos aprender cómo aplicarlo en nuestras vidas diarias.

Para poder usar lo que llamamos *viveka*, discriminación, para aprender cómo, en cada momento de nuestras vidas, en cada una de nuestras acciones, para discriminar entre lo que es correcto y lo que es incorrecto, verdadero y falso, debemos haber probado la verdad, que es pureza, unidad. Todo lo que está en función de la unidad es verdadero. El amor es verdadero y el odio es falso, porque el odio está en función de la multiplicidad. Es el odio lo que separa a un hombre de otro hombre; por eso, es equivocado y falso. Es un poder des-integrante. Separa y destruye. (II. 294-97, 299-300, 302-4)

Vedanta Práctica II

En varios Upanishads descubrimos que esta filosofía Vedanta no es solamente el resultado de la meditación en el bosque, pero que las mejores partes de esta fueron pensadas y expresadas por cerebros que estuvieron ocupados con las actividades de la vida diaria. Nosotros no podemos concebir a ningún hombre más ocupado que a un monarca, un hombre que está gobernando millones de personas, y aún así, algunos de esos hombres fueron grandes pensadores.

Todo muestra que esta filosofía debe ser práctica. Más tarde, cuando llegamos al Bhagavad Guita -muchos de ustedes quizás lo hayan leído; es el mejor comentario que tenemos sobre la filosofía Vedanta- curiosamente la escena se sucede en un campo de batalla, donde Krishna le enseña esta filosofía a Arjuna. Y la doctrina que sobresale luminosamente en cada página del Guita es la de intensa actividad, pero en el medio de esta, eterna calma.

Este es el secreto el trabajo a ser logrado, que es la meta del Vedanta. Inactividad, como la entendemos en el sentido de *pasividad*, ciertamente no puede ser la meta. Si así lo fuera, entonces las paredes alrededor nuestro serían las cosas más sabias. Ellas son inactivas. Cascotes de tierra, troncos de árboles muertos, serían los más grandes sabios del mundo. Ellos están inactivos. La inactividad no se vuelve actividad cuando está combinada con pasión. La actividad real, meta del Vedanta, está combinada con eterna calma, la calma que no puede ser movida, la mente en un equilibrio que no puede ser perturbado, sin importar qué suceda. Y todos sabemos, por nuestra experiencia en la vida, que esa es la mejor actitud para el trabajo.

Muchas veces me han preguntado cómo se puede trabajar sin la pasión que generalmente sentimos por el trabajo. Yo también pensaba de esta manera algunos años antes. Pero a medida que envejezco, adquiriendo más experiencia, me doy cuenta que no es verdad. Mientras menor pasión haya mejor es nuestro trabajo. Mientas más calmos somos, mejor es para nosotros y mayor es la cantidad de trabajo que podemos hacer. Cuando dejamos salir nuestros sentimientos perdemos mucha energía, destruimos nuestros nervios, perturbamos nuestra mente y logramos muy poco. La energía que debe salir hacia fuera como trabajo es gastada como mero sentimiento, que no cuenta para nada. Es sólo cuando la mente está muy calma y recogida, que la totalidad de su energía se usa en buen trabajo. Y si lees la vida de los máximos trabajadores que el mundo produjo, descubrirás que ellos era maravillosamente calmos. Nada, pudo desequilibrarlos. Por eso es que el hombre que se enoja, nunca puede hacer mucho trabajo y el hombre al que nada puede hacerlo enojar logra tanto.

El que deja escapar su enojo u odio o cualquier otra pasión, no puede trabajar. Él sólo se quiebra en pedazos y no hace cosa práctica alguna. Es la mente calma, que perdona, justa, bien equilibrada, la que hace la mayor cantidad del trabajo.

Vedanta dice que esto puede ser realizado no sólo en lo profundo de los bosques y cavernas, sino en todas las posibles condiciones de vida. Hemos visto que quienes descubrieron esas verdades no estaban viviendo en cuevas o selvas ni siguiendo las vocaciones ordinarias, sino que eran hombres quienes, tenemos todas las razones para creer, llevaban las más ocupadas de las vidas, hombres que tenían que comandar ejércitos, sentarse en tronos y ocuparse del bienestar de millones, y todo esto en los días de monarquía absoluta, y no, como en estos días, donde un rey es hasta cierta medida una mera figura central. Sin embargo, ellos pudieron hacerse tiempo para pensar todos esos pensamientos, para realizarlos, y enseñarlos a la humanidad.

Esas concepciones de Vedanta deben propagarse, no deben quedarse sólo en los bosques o sólo en las cuevas, sino que deben salir a trabajar en el bar como en el púlpito; en la cabaña del hombre pobre, con el pescador mientras pesca y con los estudiantes mientras estudian. Ellas llaman a cada hombre, mujer y niño, cualquiera sean sus ocupaciones, donde sea que estén. ¿Y qué hay allí para temer? Que, ¿cómo puede el pescador y todos ellos vivir a la altura de los ideales de los Upanishads? El sendero ha sido mostrado. Éste es infinito; la religión es infinita. Nadie puede traspasarla. Y todo lo que hagas sinceramente es bueno para ti. Hasta las cosas más sencillas, bien hechas, traen resultados maravillosos. Entonces, deja que todos hagan tanto como puedan. Si el pescador piensa que es el Espíritu, él será un mejor pescador. Si el estudiante piensa que es el Espíritu, él será un mejor estudiante, si el abogado piensa que es el Espíritu, él será un mejor abogado, y así sucesivamente. (II. 292-93, 296, III. 245)

Disfrutar Mediante la Renunciación

Hay maldad en el mundo; renuncia al mundo. Tal es la gran enseñanza, y, sin duda, la mejor enseñanza. Renuncia al mundo. No puede haber otra opinión con respecto a que para entender la verdad, cada uno de nosotros tiene que renunciar al error. No puede haber otra opinión con respecto a que para obtener la bondad se debe renunciar a la maldad. No puede haber otra opinión con respecto a que para tener vida se debe dejar la muerte. Y, sin embargo, ¿qué nos queda si esta teoría significa el renunciar a la vida de los sentidos, la vida como la conocemos? Y ¿qué otra cosas queremos significar por *vida*? Si renunciamos a ella, ¿qué nos queda?

Entenderemos esto mejor cuando, más adelante, lleguemos a las porciones más filosóficas de Vedanta. Pero, por el momento, les ruego que se establezcan en la idea de que sólo en Vedanta encontramos una solución racional al problema. Aquí meramente puedo presentarles lo que Vedanta pretende enseñar, y eso es: la deificación del mundo.

Vedanta, en realidad, no denuncia al mundo. El ideal de renunciación en ninguna parte alcanza la altura que logra en las enseñanzas de Vedanta. Pero, al mismo tiempo, ésta no aconseja un árido suicidio. Realmente, quiere decir la deificación del mundo, renunciando al mundo como lo pensamos, como aparece ante nosotros, y conociendo lo que éste realmente es. Divinícenlo. El mundo es sólo Dios.

Al comienzo de uno de los Upanishads más antiguos, leemos: "Cualquier cosa que exista en este universo es para ser cubierta con el Señor". Debemos cubrir todo con el Señor mismo, no con una falsa nota de optimismo, no cegando nuestros ojos a la maldad, sino porque realmente vemos a Dios en todo. Así es como debemos renunciar al mundo. Y cuando el mundo es renunciado, ¿qué queda? Dios. ¿Qué significa esto? Puedes tener a tu esposa. No significa que tengas que abandonarla, sino que tienes que ver a Dios en ella. Renuncia a tus hijos, ¿qué significa eso?, ¿dejarlos tirados en alguna puerta, como algunos brutos hacen en todos los países? Por supuesto que no. Eso es diabólico. No es religión. Significa: ve a Dios en tus hijos. Lo mismo con todo. En la vida como en la muerte, en la felicidad como en la miseria, el Señor está igualmente presente. El mundo entero está lleno con el Señor. Abre tus ojos y entérate.

Esto es lo que Vedanta enseña. Renuncia al mundo que has conjeturado, porque tus conjeturas estuvieron basadas en una experiencia muy parcial, en un razonamiento muy pobre y en tu propia debilidad. El mundo que hemos visto por tanto tiempo, el mundo al cual nos enganchamos por tanto tiempo, es un mundo falso, de nuestra propia creación. Renuncia eso. Abre tus ojos y verás que como tal, ese mundo nunca existió. Fue un sueño, maya. Lo que existe es Dios mismo. Es Dios el que está en el niño, en la esposa, en el marido. Es Dios el que está en lo bueno y en lo malo. Dios está en el pecado y en el pecador. Dios está en la vida y en la muerte.

¡Un aseveración tremenda, por cierto! Sin embargo, este es el tema que Vedanta quiere demostrar, enseñar y predicar.

¿Quién disfruta de la situación, el vendedor o el comprador? El vendedor está muy ocupado con sus cuentas, calculando la ganancia que va a obtener de la situación. Su mente está llena de eso. Está mirando el martillo y siguiendo las ofertas. Trata de estar atento a cuán rápidamente suben las ofertas. Sólo el hombre que fue allí sin intención de comprar o vender disfruta de la escena. Él observa la escena y la disfruta. Del mismo modo, este mundo todo es un cuadro. Cuando los deseos se hayan desvanecido, el hombre disfrutará del mundo; entonces finalizará esa compra-venta y esas tontas ideas de posesión. El oferente y el comprador habrán desaparecido, este mundo permanecerá como un cuadro, un bella pintura.

Nunca antes leí una concepción mas hermosa de Dios, que esta: "Él es el Gran Poeta, el Antiguo Poeta. El mundo entero es Su poema, que surge en versos, rimas y ritmos, escrito en infinita dicha". Cuando hayamos renunciado los deseos, entonces podremos leer y disfrutar de este universo de Dios. Entonces todo se deificará. Los rincones y las esquinas, los callejones y lugares ensombrecidos, lo que pensamos que no era santo, todo será deificado. Todos ellos revelarán su naturaleza real, y nosotros sonreiremos y pensaremos que todo ese llorar y quejarnos ha sido sólo un juego de niños, y que nosotros estuvimos observándolo todo desde un lado.

Vedanta dice: actúa. Primero, nos aconseja cómo actuar; renunciando, renunciando al mundo aparente e ilusorio. ¿Qué significa eso? Viendo a Dios en todas partes. Actúa de esa manera. Desea vivir cientos de años. Puedes tener todos los deseos que quieras, sólo deifícalos, conviértelos en el cielo. Concibe el deseo de vivir una larga vida de amabilidad, de felicidad y de actividad en esta tierra. Así, trabajando, descubrirás la salida. No hay otra manera. (II. 145-47, 149-50)

Dios Habla A Través Del Corazón

Uno de los males de la civilización occidental es que ustedes están detrás de la educación intelectual solamente y no se preocupan por el corazón. Esto sólo hace al hombre diez veces más egoísta, y ello será su destrucción. Cuando hay un conflicto entre el cerebro y el corazón, sigue al corazón, porque el intelecto sólo tiene un estado: la razón, dentro de ella el intelecto trabaja y no puede ir más allá. Es el corazón lo que nos lleva a planos más elevados, que el intelecto nunca puedo alcanzar. Traspasa al intelecto y llega a lo que se llama inspiración. El intelecto nunca puede volverse inspirado. Sólo el corazón, cuando es iluminado, se inspira. Un hombre intelectual, sin corazón, nunca se transforma en un hombre inspirado. Es siempre el corazón lo que habla de amor en el hombre. Éste descubre un instrumento mayor al que el intelecto pueda darte, el instrumento de la inspiración. Así como el intelecto es el instrumento del conocimiento, así el corazón es el instrumento de la inspiración. En un estado más bajo es un instrumento más débil que el intelecto. Un hombre ignorante nada sabe, pero él es un poco emocional por naturaleza. Compáralo con un gran profesor, ¡qué gran poder posee éste último! Pero el profesor está atado por el intelecto, puede ser un demonio y un hombre intelectual al mismo tiempo. El hombre de corazón nunca puede ser un demonio. Ningún hombre con emociones puede ser malvado. Si es apropiadamente cultivado, el corazón puede ser transformado y sobrepasará al intelecto; él funcionará por inspiración. El hombre deberá al final ir más allá del intelecto. El conocimiento del hombre, sus poderes de percepción, de razonamiento, de intelecto y de corazón; todos están ocupados batiendo la leche del mundo. De tanto batir, aparece la manteca; esa manteca es Dios. El hombre de corazón obtiene la manteca y la leche cultivada es para el intelectual.

Esas son todas preparaciones para el corazón, por ese amor, por esa intensa simpatía que pertenece al corazón. No es necesario ser educado o culto para obtener a Dios. Una vez, un sabio me dijo: "Para matar a alguien debes equiparte con espadas y escudos, pero para cometer suicidio es suficiente con una aguja. Lo mismo sucede cuando se trata de enseñar a otros, mucho aprendizaje e intelecto son necesarios, pero no para tu propia iluminación". ¿Eres puro? Si eres puro, alcanzarás a Dios. "Benditos sean los puros de corazón, porque ellos verán a Dios". Si no eres puro y sabes todas las ciencias del mundo, eso no te ayudará, de ninguna manera. Podrás estar sepultado bajo todos los libros que lees, pero no te servirán. Es el corazón el que alcanza la meta. Sigue al corazón. Un corazón puro ve lo que hay más allá del intelecto, se inspira, sabe cosas que la razón no puede conocer. Cuando haya conflicto entre el corazón puro y el intelecto, siempre ponte del lado del corazón puro, aun si piensas que lo que tu corazón está haciendo no es razonable. Cuando éste está deseoso de hacer el bien, tu cerebro quizás te diga que no es político el hacerlo, pero sigue a tu corazón y descubrirás que cometerás menos errores que siguiendo al intelecto. El corazón puro es el mejor espejo para reflejar la verdad. Y tan pronto como se purifica, todas las verdades le llegan en un minuto. Toda la verdad en el universo se manifestará en tu corazón si tú eres lo suficientemente puro.

Por el intelecto no se obtiene la manera de resolver el problema de la miseria, sino por el corazón. Si todo este vasto esfuerzo hubiese sido gastado en aumentar la pureza, la gentileza, la capacidad de perdonar del hombre, este mundo sería un lugar mil veces más feliz de lo que es hoy. Siempre cultiva el corazón. A través del corazón el Señor habla, a través del intelecto hablas tú. (I. 412-15)

Cómo Conquistar a la Debilidad

Esta es la única pregunta que yo le hago a cada hombre, mujer, o niño, cuando ellos son entrenados física, mental o espiritualmente: "¿Estás fuerte? ¿Te sientes fuerte?". Porque yo sé que sólo la Verdad nos da fortaleza. Sé que la Verdad solamente da vida y nada excepto el ir hacia la Realidad nos hará fuertes, y nadie alcanzará la Verdad a menos que sea fuerte. Cada sistema que debilita la mente, que nos hace supersticiosos, que nos desanima, que lo hace a uno desear todo tipo de imposibilidades salvajes, misteriosas y supersticiosa, no me gusta, porque su efecto es peligroso. Tales sistemas nunca traen algo bueno. Tales cosas crean morbilidad en la mente, la hacen débil, tan débil que en el curso del tiempo, será imposible que reciba la Verdad o que pueda vivir a su altura.

Fortaleza, entonces, es la única cosa necesaria. Fortaleza es la medicina para la enfermedad del mundo. Fortaleza es la medicina que el pobre debe tener cuando es tiranizado por el rico. Fortaleza es la medicina que el ignorante debe tener cuando es oprimido por el culto y es la medicina que el pecador tiene que tener cuando es tiranizado por otros pecadores. Y nada nos da mayor fortaleza que esta idea del monismo. Nada nos hace más morales que esta idea de monismo. Nada nos hace trabajar mejor, en nuestra mayor y más elevada capacidad, como cuando la responsabilidad ha caído sobre nosotros. Si toda la responsabilidad es puesta sobre nuestros hombros, daremos lo mejor, lo más elevado. Cuando no hay otro de quien tomarse, ningún demonio a quien echarle la culpa, ningún Dios Personal para llevar nuestras cargas, cuando sólo nosotros seamos responsables, entonces nos elevaremos en nuestra mayor estatura y daremos lo mejor de nosotros. "Yo soy responsable por mi destino. Yo soy quien trae el bienestar para mí mismo. Yo soy quien trae el malestar. Yo soy el Puro y Bendito Uno". Debemos rechazar todo otro pensamiento y afirmar lo contrario. "Yo no tengo muerte, ni miedo; no tengo casta ni credo; yo no tengo padre ni madre, ni hermano, no tengo amigo ni enemigo, Soy Existencia, Conocimiento y Dicha Absoluta. Yo soy el Bendito Uno. Yo soy el Bendito Uno. No estoy atado por virtud ni por vicio, por felicidad ni por miseria. Peregrinajes, libros y ceremonias no pueden atarme. No tengo hambre ni sed. El cuerpo no es mío, no soy sujeto de las supersticiones, ni de la decadencia que llega con el cuerpo. Yo soy Existencia, Conocimiento y Dicha Absoluta. Yo soy el Bendito uno, Yo soy el Bendito Uno".

Ésta, dice Vedanta, es la única oración que debemos repetir. Ésta es la única manera de alcanzar la meta; diciéndonos a nosotros mismos y a todos, que somos divinos. Y a medida que repetimos esto, la fortaleza llega. Quien falle al principio, se volverá cada vez más fuerte y la voz aumentará en volumen hasta que la Verdad se posesione de nuestros corazones y corra por las venas penetrando nuestros cuerpos. La ilusión se desvanecerá a medida que la luz se vuelva más y más refulgente, carga tras carga de ignorancia se disipará y llegará el tiempo cuando todo haya desaparecido y solamente el Sol brille. (II. 201-2)

El Secreto Revelado

Nadie puede morir. Nadie puede permanecer degradado por siempre. No importa cuán imperfecta sea, la vida es sólo un campo de juegos. El Alma está allí y nunca será tocada; no importa cuántos golpes hayamos recibimos, ni cuán abatidos estemos. Somos el Infinito.

Esto canta el Vedantista: "Yo no tengo miedo, ni duda. La muerte no me llega. Nunca tuve un padre, ni una madre, porque nunca nací. ¿Dónde están mis enemigos? Yo soy todo. Yo soy Existencia, Conocimiento, Dicha Absoluta. Yo soy Eso. Yo soy Eso. El enojo, la lujuria, los celos, los malos pensamientos y todas esas cosas, no me tocan, porque soy Existencia, Conocimiento, Dicha Absoluta. Yo soy Eso. Yo soy Eso"[72].

Ese es el remedio para toda enfermedad, el néctar que cura la muerte. Aquí estamos en este mundo y nuestra naturaleza se rebela en contra suyo. Pero, repitamos: "Yo soy Eso. Yo soy Eso. No tengo miedo, ni duda, ni muerte. Yo no tengo sexo, ni credo, ni color. ¿Qué credo puedo tener yo? ¿Es que hay una secta a la que deba pertenecer? ¿Qué secta puede contenerme? Yo estoy en todas las sectas".

No importa cuanto se rebele el cuerpo, no importa cuanto se rebele la mente, en el medio de la oscuridad más terrible, en el medio de las torturas más agonizantes, en la horrible desolación, repite esto una, dos, tres veces, por siempre. La Luz llega calma, lenta, pero segura.

Yo he estado muchas veces entre las quijadas de la muerte, muriendo de hambre, desnudo y sin un centavo. Por días y días sin comer, a menudo no pude caminar más. Caía rendido bajo un árbol y la vida parecía escaparse de mí. No podía hablar. Y casi no podía pensar. Pero finalmente, la mente regresaba a la idea: "Yo no

72   Del "Nirvanashatkam" de Shankara, adaptado.

tengo miedo, ni muerte. Nunca estoy hambriento o sediento. ¡Yo soy! ¡Soy! La naturaleza entera no puede tocarme, es mi sirvienta. Afirma esa fortaleza, ¡tú que eres el Señor de los señores y el Dios de los dioses! ¡Recobra tu imperio perdido! ¡Despierta, levántate y no te detengas más!". Y yo volvía a pararme, revitalizado, y aquí estoy, vivo, hoy. Así, cuando la oscuridad llega afirma la realidad y todo lo adverso tendrá que desvanecerse. Porque después de todo no es más que un sueño. Altas como las montañas parecen las dificultades, terribles y neblinosas parecen, pero sólo son maya. No les temas, se desvanecerán. Penétralas y se desvanecerán. Salta sobre ellas y morirán. No tengas miedo. No pienses cuántas veces has fallado. Que nunca te importe, el tiempo es infinito. Sigue adelante. Afirma tu ser una y otra vez y la luz vendrá.

Podrás rezarle a todos los que alguna vez nacieron, pero ¿quién vendrá a ayudarte? ¿Y qué hay sobre el sendero de la muerte cuya salida nadie conoce? "Ayúdate a ti mismo. Nadie más puede ayudarte, amigo. Porque sólo tú eres tu gran enemigo; sólo tú eres tu mejor amigo"[73]. Tómate del Ser, entonces. Yérguete. No temas. En medio de todas las miserias y todas las debilidades deja que el Ser surja, sin importar cuán pálido e imperceptible te parezca al principio. Ganarás coraje, y al final, como un león, rugirás: "¡Yo soy Eso! ¡Yo soy Eso! No soy un hombre ni una mujer, no soy un demonio ni un dios, no, ninguno de esos animales, plantas o árboles soy. Nunca soy rico, ni pobre, tampoco soy ignorante ni culto. Todas esas cosas son muy poco comparadas con lo que soy, por que ¡yo soy Eso! ¡Yo soy Eso! Mira el sol, la luna y las estrellas. ¡Yo soy la luz que brilla en ellos! ¡Soy la belleza del fuego! ¡Yo soy el poder del universo! ¡Porque soy Eso! ¡Yo soy Eso!

Mi verdadero placer nunca estuvo en las cosas terrenas: en marido, esposa, niños y otras cosas. Porque yo soy como el infinito cielo azul: nubes de variados colores lo cruzan y juegan en él por un segundo, se alejan, y allí está el mismo incambiable azul. Felicidad y miseria, bueno y malo, quizá me envuelvan por un momento, velando al Ser, pero Yo estoy todavía allí. Ellos

---

73　*Bhagavad Guita*, 6.5.

son pasajeros, porque cambian. Yo brillo porque soy eterno. Si la miseria llega, yo sé que es transitoria, tiene que perecer. Si la maldad viene, yo sé que es transitoria. Va a retirarse. Sólo Yo soy infinito e intocado por cosa alguna. Porque Yo soy el infinito, eterno, Ser inmutable", así es como canta uno de nuestros poetas[74].

Bebamos de esta copa, esta copa que conduce a todo lo que es inmortal, todo lo que es eterno. No temas. No creas que eres impuro, que eres transitorio, que puedes morir. No es verdad.

"Esto debe ser primero escuchado, luego pensado, y finalmente meditado"[75]. Cuando las manos trabajan, la mente debe repetir: "Yo soy Eso, Yo soy Eso. Yo soy Eso". Piensen en esto, suéñenlo, hasta que se torne sangre de su sangre y médula de sus huesos, hasta que todos los espantosos sueños de pequeñez, de debilidad, de miseria y de maldad, se hayan desvanecido totalmente y la Verdad no pueda ser escondida por ellos, ni siquiera por un momento. (II. 402-5)

---

74   *Dattatreya Avadhuta* en el *Abadhuta Guita*.
75   *Brihadaranyaka Upanishad*, 4.5.6.

XI
La Meta de Vedanta

¿Es el Cielo la Meta?

Hemos visto que la idea más antigua en la sección de los *Samhitas*, en los Vedas, era sólo sobre el cielo, donde las personas tienen cuerpos brillantes y viven con sus padres. Gradualmente otras ideas surgieron, pero no fueron suficiente. Todavía era necesario algo más elevado. Vivir en el cielo no sería muy diferente de la vida en este mundo. En su máxima expresión sería como la vida de un rico saludable, con plenitud de cosas de las cuales disfrutar y un cuerpo que pudiera hacerlo. Sería este mundo material, sólo un poco más refinado. Y nosotros ya hemos visto cuál es la dificultad con esto: el mundo material externo no puede resolver el problema. Tampoco el cielo puede resolverlo. Si este mundo no puede resolver el problema, ninguna multiplicación de él puede hacerlo, porque siempre debemos recordar que la materia es sólo una parte infinitesimal del fenómeno de la naturaleza.

La parte vasta del fenómeno que actualmente vemos no es materia. Por ejemplo, en cada momento de nuestras vidas, ¡qué gran parte es jugada por el pensamiento y el sentimiento, en comparación con el fenómeno material externo! ¡Cuán vasto es el mundo interno con su tremenda actividad! Los fenómenos de los sentidos son muy pequeños en comparación con él. La solución del cielo comete este error: insiste en que la totalidad del fenómeno está sólo en tocar, degustar, mirar, etc. Así fue que esta idea de cielo no satisfizo a todos.

Los sabios realizaron a Dios a través del poder de la introspección y fueron mas allá de ambos: de la alegría y del pesar; más allá de lo que llamamos virtud y vicio; más allá de las buenas y malas acciones; más allá del ser y del no ser. El que lo ha visto, ha visto la Realidad. Pero, ¿qué le sucede al cielo? Cielo es la idea de la felicidad menos la infelicidad. Esto es: lo que queremos es la alegría de esta vida sin sus pesares. Esa es una muy buena idea, sin duda –nos llega naturalmente– pero es equivocada desde el principio, porque no existe algo que sea absolutamente bueno, ni algo que sea absolutamente malo. Todos ustedes han oído de ese hombre rico en Roma, quien un día se enteró que sólo le quedaba un millón. Él dijo: ¿qué haré mañana? y se suicidó. Un millón era pobreza para él.

¿Qué es alegría y qué es pesar? Son entidades vanas, que están desvaneciéndose continuamente. Cuando yo era niño, pensé que si podía ser un chofer sería muy feliz porque estaría conduciendo durante todo el día. No pienso lo mismo ahora. ¿A qué alegría se apegarán? Este es el punto único que todos debemos entender, y es una de las últimas supersticiones en abandonarnos. Todos tienen una idea de placer diferente. He conocido a un hombre que no es feliz a menos que se trague un cantidad de opio todos los días. Quizás él sueña con un cielo que es un campo de opio. Ese sería un cielo muy malo para mí. Una y otra vez, la poesía árabe habla sobre un cielo con hermosos jardines cruzados por ríos. He vivido gran parte de mi vida en un país donde hay demasiada agua. Muchas aldeas se inundan y miles de vidas se pierden cada año. Así, mi cielo, no sería de jardines con ríos fluyentes. Yo tendría una tierra donde muy pocas veces llueve. Nuestros placeres están siempre cambiando. Si un hombre joven sueña con el cielo, él sueña con un cielo donde tiene una hermosa esposa. Cuando el mismo hombre se vuelve viejo, ya no quiere la esposa. Nuestras necesidades hacen nuestro cielo y el cielo cambia con el cambio de nuestras necesidades. Si tenemos un cielo como el que desean aquellos para quienes el placer de los sentidos es la meta de su existencia, entonces no progresaríamos. Esa sería la más terrible maldición que podríamos pronunciar para el alma.

¿Es que sólo hemos venido para esto: un poquito de llanto y de baile, para luego morir como un perro? ¡Qué maldición que arrojas sobre la humanidad cuando quieres esas cosas! Eso es lo que haces cuando corres tras las alegrías del mundo, porque no sabes lo que la verdadera alegría es. Eso en lo que la filosofía insiste es no en renunciar a las alegrías, sino en saber lo que ellas son realmente. El antiguo cielo de Noruega era un lugar de tremenda lucha, donde todos se sentaban frente a Odín. Ellos cazaban un cerdo salvaje y luego comenzaban la guerra y se cortaban a jirones. Pero, de un modo u otro, luego de algunas horas de lucha, todas las heridas se curaban y entonces, entraban en un aposento, donde el cerdo había sido asado, y ahí tenían un festín. Luego, el cerdo salvaje tomaba forma nuevamente, listo para ser cazado al día siguiente. Eso es muy similar a nuestro cielo, ni siquiera un poquito peor; quizás nuestras ideas sean más refinadas. Queremos cazar cerdos salvajes e ir a lugares donde todos nuestros placeres puedan continuar, tal cual como se lo imaginaban los Noruegos, que el cerdo sería cazado y comido cada día y recobrado al siguiente.

Ahora, la filosofía insiste en que hay una alegría que es absoluta, inmutable. Que esa alegría no puede ser la alegría ni el placer que tenemos en esta vida; sin embargo, Vedanta muestra que cada cosa que es motivo de alegría en esta vida, no es sino una partícula de aquella real alegría, porque esa es la única que existe. A cada momento, de verdad, estamos disfrutando la Dicha Eterna, aunque esta esté cubierta, malentendida y caricaturizada. (II. 158-59, 165-67)

La Experiencia de la Conciencia Cósmica

Discípulo: Señor, ¿hay alguna afirmación en los Upanishads de que Ishvara [Dios] es una persona todo-poderosa? La gente generalmente cree en tal Ishvara.

Swami Vivekananda: El principio más elevado, el Señor en todo, no puede ser una Persona. El *jiva* es el individuo y la suma total de todos los jivas es Ishvara. En el jiva, *avidya*, o nesciencia, es predominante, pero Ishvara controla a maya, compuesta de avidya y *vidya* [conocimiento], e independientemente proyecta de sí mimo este mundo de cosas móviles e inmóviles. Pero Brahman trasciende los aspectos individual y colectivo, jiva e Ishvara. En

Brahman no hay partes. Es para facilitar una comprensión simple que las partes han sido imaginadas en Él. Esa parte de Brahman en la cual no hay superimposición de creación, mantenimiento y disolución del universo es considerada en las escrituras como *Ishvara*, mientras que la otra porción incambiable, con referencia a la cual no hay pensamientos de dualidad, es indicada como Brahman. Pero, sabiendo esto, no piensen en Brahman como una substancia distinta y separada de los jivas y del universo. El monista calificado sostiene que Brahman se ha transformado a sí mismo en los jivas y en el universo. Los advaistas, por el contrario, mantienen que los jivas y el universo fueron meramente superpuestos a Brahman. Pero en realidad no ha habido modificaciones en Brahman. El advaitista dice que el universo consiste sólo de nombre y forma. Dura solamente mientras haya nombre y forma. Cuando, a través de la meditación y de otras prácticas, el nombre y la forma se disuelven, sólo lo trascendente, Brahman, permanece. Entonces, la realidad separada de los jivas y el universo, no vuelve a sentirse. Se realiza que ese Uno es eterno, de la pura Esencia de la Inteligencia o Brahman. La verdadera naturaleza del jiva es Brahman. Cuando el velo de nombre y forma se desvanece a través de la meditación, etc., la idea es simplemente realizada. Esta es la sustancia del advaita puro. Los Vedas, el Vedanta y todas las otras escrituras sólo explican esta idea de diferentes maneras.

Discípulo: ¿Cómo, entonces, puede ser verdad que Ishvara es una Persona grandiosa?

Swamiji: El hombre es hombre en tanto él esté calificado por los adjuntos limitantes de la mente. Él entiende todo a través de la mente y así, cualquier cosa que piense está limitada por la mente. Es así como la natural tendencia del hombre es la de imaginar la personalidad de Ishvara [Dios] basándose en su propia personalidad.

El hombre sólo puede pensar en su idea de un ser humano. Cuando, golpeado por el sufrimiento del mundo, causado por la enfermedad y la muerte, él es conducido a la desesperación y la desesperanza, entones busca refugio en alguien con quien se sienta a salvo. Pero, ¿dónde puede encontrar tal refugio? El Atman omnipresente, que no depende de cosa alguna que lo sostenga, es el único Refugio. Al principio el hombre no lo encuentra. Él se da cuenta cuando la discriminación y el des-apasionamiento surgen, en el curso de la meditación y las prácticas espirituales. De cualquier manera que progrese en el sendero de la espiritualidad, él está inconscientemente despertando a Brahman dentro suyo. Pero los medios pueden variar para cada caso. Aquellos que tienen fe en un Dios personal, tienen que atravesar las prácticas espirituales tomándose de esa idea. Si hay sinceridad, a través de esas prácticas ocurrirá el despertar del león de Brahman en su interior. El conocimiento de Brahman es la meta única de todos, pero las distintas ideas son los diferente senderos hacia ella. Aunque la verdadera naturaleza del jiva es Brahman, todavía, mientras él tenga identificación con los adjuntos calificativos de la mente, sufrirá de todo tipo de dudas y dificultades, placer y dolor. Pero cada uno, desde Brahma [el creador] hasta el más minúsculo tallo de hierba, está avanzando hacia la realización de su naturaleza real. Y ninguno puede escapar a la ronda de nacimientos y muertes hasta tanto no realice su identidad con Brahman. Cuando una persona logra esos tres: un nacimiento humano, ardiente deseo por la liberación y la gracia de un alma iluminada, entonces su anhelo por el conocimiento del Ser se intensifica. De otra manera, la mente del hombre, sumergida en la lujuria y en la codicia, nunca se inclinará hacia ese camino. ¿Cómo puede despertarse el deseo de conocer a Brahman en uno que tiene sed en su mente por los placeres de la vida familiar, del dinero y de la fama? Aquel, que está preparado para renunciarlo todo, quien en medio de la fuerte corriente de dualidad: de bueno y malo, miseria y felicidad, es calmo, ese logra el conocimiento del Ser. Sólo él, por la fuerza de su propio poder, rasga la red del mundo. "Rompiendo los barrotes de maya, él emerge como un poderoso león".

Discípulo: bueno, entonces, ¿es verdad que sin sannyasa

[renunciación] no puede haber conocimiento de Brahman?

Swamiji: Es verdad, mil veces cierto. Sin des-apasionamiento por el mundo, sin renunciación, sin dejar atrás los deseos de placer, nada puede ser realizado, absolutamente nada puede ser logrado en la vida espiritual. "No se trata de un caramelo en las manos de un niño, que tú puedas arrebatar con engaño".

Discípulo: Pero, señor, en el curso de las prácticas espirituales esa renunciación puede llegar.

Swamiji: Deja que lo tengan de esa manera aquellos para los cuales todo vendrá gradualmente. ¿Por qué habrías de ser tú el que se sienta a esperar? De una vez comienza a cavar el canal que le traerá las aguas de la espiritualidad a tu vida. Sri Ramakrishna solía despreciar la tibieza en la búsqueda espiritual, como es el caso de los que dicen que la religión vendrá gradualmente y que no hay necesidad de apurarse por ella. Si tienes sed, ¿puedes quedarte sentado? ¿No correrías por agua? Porque tu sed por espiritualidad no ha llegado, te sientas sin hacer nada. El deseo por conocimiento no se ha fortalecido en ti. Por eso estás satisfecho con los pequeños placeres de la vida familiar.

Discípulo: Realmente, no sé por qué no entiendo esta idea de renunciarlo todo. Por favor, ayúdeme.

Swamiji: La meta y los medios están todos en tus manos. Yo sólo puedo estimularlos. Haz leído tantas escrituras y estás sirviendo y asociándote a tantos *sadhus* [monásticos] quienes han conocido a Brahman; si ni siquiera esto te trae la idea de renunciación, entonces tu vida es en vano. Pero no será totalmente en vano. Los efectos de esas acciones se manifestarán, de una u otra manera, con el tiempo.

El discípulo quedó muy abatido; nuevamente, le dijo a Swamiji: Señor he venido a ti por refugio. Abre el camino a *mukti* [liberación] para mí, que yo pueda realizar la Verdad en este cuerpo.

Swamiji: ¿Qué temes? Siempre discrimina; tu cuerpo, tu casa, esos jivas y el mundo, son todos absolutamente irreales, como un sueño. Piensa siempre que tu cuerpo es sólo un instrumento inerte. Y que el autocontenido *Purusha* [Ser] en su interior es tu real naturaleza. El adjunto de la mente es Su primera capa sutil. Luego, el cuerpo es Su capa externa gruesa. El indivisible, inmutable, auto-refulgente Purusha está escondido dentro de esas engañosas capas. Por eso es que tu verdadera naturaleza te es desconocida. La dirección de la mente, que siempre corre tras los sentidos tiene que ser llevada hacia dentro. Hay que matar a la mente. El cuerpo no es sino una masa gruesa, éste muere cuando se disuelve en los cinco elementos. Pero el conjunto de impresiones mentales, que es la mente, no muere tan pronto. Permanece por cierto tiempo en la forma de latencia y luego, como una semilla, germina y crece. Toma otro cuerpo y va de nacimiento en muerte, hasta que el Auto-Conocimiento surge. Por eso, te digo, por meditación y concentración y por el poder de la discriminación filosófica, sumerge a la mente en el Océano de Existencia-Conocimiento-Dicha Absolutos. Cuando la mente muere, todos los adjuntos limitantes se desvanecen y tú te estableces en Brahman.

Discípulo: Señor, es muy difícil dirigir esta mente incontrolable hacia Brahman.

Swamiji: ¿Es que hay algo difícil para el héroe? Sólo los hombres de corazones débiles hablan así. "Mukti es fácil de lograr sólo para el héroe, no para los cobardes". Dice el Guita: "Arjuna, por renunciación y por práctica, la mente es puesta bajo control". *Chitta*, o el compuesto de la mente, es como un lago transparente y las olas que se levantan en él por el impacto de las impresiones de los sentidos, constituye *manas*, o la mente. Entonces, la mente consiste de una sucesión de ondas mentales. De esas ondas mentales surgen los deseos. Luego, esos deseos se tornan voluntad y trabajan a través de su instrumento grueso, el cuerpo. Nuevamente, como el trabajo es sin fin, así sus frutos son también sin fin. Es por ello que la mente está siempre aventada por miríadas de ondas, los frutos de las acciones. Esta mente tiene que ser despojada de todas las modificaciones y reconvertida en el transparente lago, de modo que en ella no quede ni una onda de modificaciones. Luego, Brahman se manifestará por sí mismo. La escrituras dan una vislumbre de este estado en pasajes como: "Entonces, todos los nudos del corazón son cortados"[76], etc. ¿Entiendes?

Discípulo: Sí, señor, pero la meditación se debe basar en algún objeto.

Swamiji: Tú mismo serás el objeto de tu meditación. Piensa y medita en que tú eres el omnipresente Atman. "Yo no soy el cuerpo ni la mente, no soy el *buddhi* [facultad determinativa], no soy el cuerpo grueso ni el sutil"[77]. Por este proceso de eliminación, sumerge a tu mente en el conocimiento trascendente, que es tu naturaleza real. Mata a la mente, sumergiéndola repetidamente en ello. Luego tú realizarás la Esencia de la Inteligencia, o te establecerás en tu naturaleza real. Conocedor y conocido, meditador y el objeto a ser meditado, serán entonces uno, y cesará toda superimposición fenomenal. Esto es lo que aparece en los shastras como la transcendencia de la tríada del conocimiento relativo [*tripurabheda*]. En este estado no hay conocimiento relativo o condicionado. Cuando el Atman es el único conocedor, ¿a través de qué medios puedes conocerlo? El Atman es Conocimiento, el Atman es Inteligencia, el Atman es *Satchidananda*. Es a través del inescrutable poder de maya, que no puede ser indicado como existente o no existente, que la conciencia relativa ha llegado al jiva, quien no es otro más que Brahman. Esto es generalmente conocido como el estado conciente. Y el estado en el cual esta dualidad de la existencia relativa se vuelve una en el puro Brahman, es conocido en las escrituras como estado superconsciente y descrito con palabras como: "Éste es como el océano perfectamente calmo y sin nombre"[78].

Swamiji pronunció estas palabras como desde la profunda

76   *Mundaka Upanishad*, 2.2.8.
77   Shankara, "*Nirvanashaktakam*", 1.
78   Shankara, *Vivekachudamoni*, 410.

realización de Brahman.

Swamiji: Toda filosofía y todas las escrituras han venido desde el plano del conocimiento relativo de sujeto y objeto. Pero ningún pensamiento o lenguaje de la mente humana puede expresar completamente la Realidad, que yace más allá del plano del conocimiento relativo. Ciencia, filosofía, etc., son sólo verdades parciales. Ellas nunca pueden ser canales adecuados para la expresión de la Realidad trascendente. De ahí que, visto desde el punto de vista trascendente, todo aparezca irreal: las acciones y los credos religiosos, tú y yo y el universo, ¡todo es irreal! Sólo entonces se percibe que: Yo soy la única realidad. Yo soy el Atman todo-penetrante, yo soy la prueba de mi propia existencia. ¿Dónde está el lugar para una prueba que establezca la realidad de mi existencia separada de mí? Yo soy, como dicen las escrituras: "Siempre conocido por mí mismo, como mi eterno sujeto"[79]. Yo he visto tal estado, lo he realizado. Tú también lo realizarás y enseñarás esta verdad de Brahman a todos. Sólo entonces lograrás paz.

Mientras decía esto, la expresión de Swamiji era muy seria e introspectiva. Después de un tiempo, él continuó: Realiza en tu propia vida este conocimiento de Brahman, que armoniza todas las teorías y es la racionalidad de todas las verdades, y enséñaselo al mundo. Esto te traerá bienestar y les hará bien a otros también. Hoy te he hablado sobre la esencia de todas las verdades. No hay algo más elevado que esto.

Discípulo: Señor, ahora estas hablando de jñana, pero algunas veces tú proclamas la superioridad de bhakti, algunas otras de karma y a veces de yoga. Eso nos confunde.

Swamiji: Bueno, la verdad es que el conocimiento de Brahman es la meta última, el más elevado destino del hombre. Pero el hombre no puede permanecer absorto en Brahman todo el tiempo. Cuando él sale de éste, tiene que poder entretenerse con algo. En ese momento él deberá trabajar de modo que contribuya al bienestar real de la gente. Por eso yo les pido que sirvan al jiva en

79 Shankara, *Vivekachudamoni*, 409.

ese espíritu de unidad. Pero, hijo mío, tales son las complicaciones del trabajo que aún los grandes santos son atrapados en ellas y se apegan. Por eso es que el trabajo tiene que ser hecho sin ningún deseo por los resultados. Esta es la enseñanza del Guita. Pero sabe que en el conocimiento de Brahman no hay relación alguna con la actividad. Los trabajos pueden, como máximo, purificar la mente. Por eso, Shankara, el comentador, critica tan agudamente la doctrina de la combinación de jñana y karma. Algunos logran el conocimiento de Brahman por medio del trabajo altruista. Éste es también un medio, pero el fin es la realización de Brahman. Sabe esto todo el tiempo: que la meta del sendero de la discriminación y de todos los otros es la realización de Brahman.

Discípulo: Ahora, señor, por favor, dime sobre la utilidad de raya y bhakti yoga.

Swamiji: Luchando en esos caminos, algunos también logran la realización de Brahman. El sendero de bhakti, o devoción a Dios, es un proceso lento pero fácil de practicar. En el sendero de yoga hay muchos obstáculos. Quizás la mente corre detrás de poderes psíquicos y así te aparta de la meta de lograr tu naturaleza real. Sólo el sendero de jñana es de rápida maduración y le otorga racionalidad a todos los otros credos. De ahí que es igualmente estimado en todos los países y en todas las edades. Pero aun en el sendero de la discriminación hay posibilidades de que la mente se quede estacionada en una red interminable de vana argumentación. Por ello, junto a ésta, se debe practicar la meditación. Por medio de la discriminación y la meditación, la meta o Brahman, tiene que ser alcanzado. Uno está seguro de alcanzar la meta practicando de esta manera. Esta es mi opinión, es un camino fácil, que asegura un éxito rápido.

Discípulo: Ahora, por favor, dime algo sobre la doctrina de la encarnación de Dios.

Swamiji: ¡Parece que quieres saberlo todo en un día!

Discípulo: Señor, si las dudas y dificultades que surgen en la mente son resueltas en un día, entonces no tendré que molestarlo nuevamente.

Swamiji: Aquellos por cuya gracia el conocimiento de Atman, que tanto se ensalza en las escrituras, es logrado en un minuto, son *tirthas* [lugares sagrados] ambulantes, encarnaciones. Son conocedores de Brahman desde su mismo nacimiento; entre Brahman y el conocedor de Brahman no hay ni la más mínima diferencia. "El que conoce a Brahman se vuelve Brahman"[80]. Atman no puede ser conocido por la mente, porque es el Conocedor en sí mismo, esto ya te lo he dicho. Entonces, el conocimiento relativo del hombre alcanza el nivel de los *avataras*, aquellos que están siempre establecidos en el Atman. El ideal más elevado de Ishvara que la mente humana puede concebir es el avatara. Más allá de éste no hay conocimiento relativo. Esos conocedores de Brahman raramente nacen en este mundo. Y muy pocas personas pueden entenderlos. Ellos sólo son la prueba de la verdad de las escrituras, los faros en el océano del mundo. A través de la compañía de tales avataras, y por su gracia, la oscuridad de la mente desaparece en un segundo y la realización relampaguea inmediatamente en el corazón. Por qué o a través de qué proceso esto sucede no puede ser establecido. Pero sucede. Lo he visto suceder, de esa manera. Sri Krishna cantó el Guita estableciéndose a sí mismo en Atman. Esos pasajes del Guita donde Él usa la palabra "Yo", invariablemente indican al Atman: "Toma refugio en Mi, solamente", significa: "Establécete en el Atman". Este conocimiento de Atman es el objetivo más elevado del Guita. Las referencias al yoga, etc., son sólo secundarias a esta realización de Atman. Esos que no tienen este conocimiento de Atman son "suicidas". "Ellos se matan a sí mismos por aferrarse a lo irreal"[81]. Ellos pierden sus vidas anudándose a los placeres de los sentidos. Ustedes también son hombres, ¿no pueden ignorar la basura de los placeres sensorios que no durarán más de dos días? ¿Es que también ustedes tendrán que rebajarse a la altura de esos

80   *Mundaka Upanishad*, 3.2.9.
81   *Isha Upanishad*, 3.

que nacen y mueren en la ignorancia total? Acepten lo *beneficioso* y rechacen lo *placentero*. Díganle sobre Atman a todos, hasta a los más degradados. Por perseverar en esto sus propias inteligencias se limpiarán. Y siempre repitan los grandes mantras: "Tú eres Aquello", "Yo soy Eso", "Todo esto es Brahman", y tengan el coraje de un león en su corazón. ¿Qué hay para temer? El temor es la muerte, el temor es el mayor pecado.

Discípulo: Señor, ¿puede un hombre actuar aun después de la realización?

Swamiji: Después de la realización, lo que ordinariamente se llama acción, cae. Ésta cambia su carácter. Las acciones de un jñani sólo conducen al bienestar del mundo. Cualquier cosa que haga un hombre de realización contribuye al bienestar de todos. (VII. 191-200)

El Misterio del Nacimiento y la Muerte

El Atman nunca va ni viene, no nace ni muere. Es la naturaleza la que se mueve frente al Atman; la reflección de esta moción está en el Atman y el Atman ignorantemente piensa que él se mueve y no la naturaleza. Cuando el Atman piensa así, está ligado, pero, cuando descubre que nunca se mueve, que es omnipresente, se libera. El Atman ligado es llamado *jiva*. Entonces, ven que cuando se dice que el Atman va y viene, se lo dice sólo con motivos explicativos, del mismo modo que, por conveniencia, cuando estudian astronomía, les piden que supongan que el sol gira alrededor de la tierra, aunque ese no sea el caso. Así, el jiva, el alma, llega a estados bajos o elevados. Esta es la bien conocida ley de la reencarnación; la creación toda está sujeta a esa ley.

La gente en este país [Norteamérica] piensan que es terrible que el hombre pueda provenir de un animal. ¿Por qué? ¿Cuál sería el fin de esos millones de animales? ¿Es que no son nada? Si nosotros tenemos un alma, ellos también; y si ellos no tienen una, tampoco nosotros. Es absurdo decir que sólo el hombre tiene un alma y los animales ninguna. He visto hombres peores que animales.

El alma humana ha transmigrado por formas inferiores y superiores, de acuerdo con los *samskaras*, o impresiones. Pero es sólo en las formas elevadas, como hombre, en la cual logra la liberación.

Ese ir de nacimiento en muerte, este viajar, es lo que en sánscrito se llama *samsara*, literalmente: la ronda de nacimiento y muerte. Toda creación, pasando a través de esta ronda, tarde o temprano se liberará.

Cada forma, digamos, comenzando con el pequeño gusano y finalizando con el hombre, es como un vagón de tren. El vagón está en movimiento constante pero sus ocupantes cambian. Un hombre entra en el vagón, se mueve con éste, y luego sale. Las ruedas siguen girando. Un alma entre en una forma, vive en ella por un tiempo, luego la deja y entra en otra, para salir nuevamente y entrar en una tercera. Así la ronda continúa hasta que se sale de la rueda y se libera.

¿Qué sucede entonces con esta trilogía escatológica del dualismo, de que cuando un hombre muere él va a los cielos o a tal o cual esfera y de que las personas malas se vuelve fantasmas o animales, etc.? El no-dualista dice que ninguno va ni viene. ¿Cómo puedes tú ir o venir? Eres infinito. ¿Dónde está el lugar donde puedas ir?

En cierta escuela, un grupo de niños estaban pasando por una prueba. El examinador, tontamente, les había hecho todo tipo de preguntas difíciles. Entre ellas estaba esta: "¿Por qué la tierra no se cae?". Su intención era la de despertar en ellos la idea de gravedad o alguna otra intrincada verdad científica. La mayoría no pudo entender la pregunta y, por eso, dieron todo tipo de respuestas incorrectas. Pero, una pequeña inteligente, respondió con otra pregunta: "¿Dónde podría caer?". La propia pregunta del examinador perdió su sentido ante esta. No hay altos y bajos en el universo, la idea es sólo relativa. Lo mismo sucede en relación al alma. La propia cuestión del nacimiento y la muerte no tiene sentido en relación a ella. ¿Quién va y quién viene? ¿Dónde no estás? ¿Dónde está el cielo en el que no estés ya? El Ser del hombre es omnipresente. ¿A dónde puede ir? ¿A dónde no puede ir? Está en todas partes. Lo mismo con todo este sueño de niños, esta ilusión pueril de nacimiento y muerte, de cielos y cielos más elevados, y de bajos mundos. Todo se desvanece instantáneamente para el perfecto. Para los casi perfectos se desvanece después de haberles mostrado las variadas escenas hasta Brahmaloka. Para el ignorante continúa.

¿Cómo es que todo el mundo cree en ir al cielo y en morir y nacer? Estoy estudiando un libro; página tras página es leída y pasada. Otra página comienza y es vuelta. ¿Quién cambia? ¿Quién es el que va y viene? No yo, sino el libro. Toda esta naturaleza es un libro ante el alma. Capítulo tras capítulo es leído y pasado y cada tanto una escena es abierta, leída y pasada. Una nueva comienza, pero el alma es siempre la misma, eterna. Es la naturaleza la que cambia, no el alma del hombre. Ésta no cambia. Nacimiento y muerte están en la naturaleza, no en ti. Sin embargo, los ignorantes están ilusionados. Tal como cuando nosotros ilusionados, pensamos que el sol se mueve y no la tierra, de la misma manera pensamos que *nosotros* estamos muriendo y no la naturaleza. Esas son, por lo tanto, todas alucinaciones. Como es una alucinación cuando creemos que son los campos los que se mueven y no la locomotora, exactamente de esa manera es la alucinación del nacimiento y la muerte. (II. 257-61, 276-78)

Reencarnación: el Viaje hacia la Meta

El ser humano está compuesto primero de esta capa externa del cuerpo; segundo, del cuerpo fino [sutil], consistente de la mente, del intelecto y del ego. Más allá de ellos está el alma real del hombre. Hemos visto como todos los poderes del cuerpo grueso son prestados por la mente; y la mente, el cuerpo sutil, obtiene sus poderes y luminosidad del alma que está detrás. Ahora surgen un montón de preguntas sobre la naturaleza del alma. Si la existencia del alma es admitida sobre las bases del argumento de que ésta es auto-luminosa, de que el conocimiento, la existencia y las bendiciones son su esencia, naturalmente le sigue la idea de que ese alma no puede haber sido creada de la nada. Una existencia auto-luminosa, independiente de toda otra existencia, no puede tener la no-existencia por su causa. Hemos visto como aún la existencia del universo físico no puede haber venido de la nada, qué decir del alma. Esta existió siempre.

Aquí viene una cuestión muy interesante, la cuestión generalmente conocida como la reencarnación del alma. Algunas veces las personas sienten temor ante la idea; la superstición es tan fuerte que hasta los hombres pensantes creen que ellos provienen de la nada, y con gran lógica tratan de deducir la teoría de que aunque provengan de cero serán eternos por siempre. Esos que vienen de cero, ciertamente tendrán que volver a cero. Ni tú, ni yo, ni ninguno presente, ha salido de cero ni volverá a cero. Hemos existido eternamente y seguiremos existiendo, y no hay poder bajo el sol, o sobre él, que pueda deshacer tu existencia o enviarnos al punto cero. Ahora, esa idea de reencarnación es no sólo una idea que no puede atemorizar sino que es esencial para el bienestar moral de la raza humana. Es la única conclusión lógica a la cual los hombres pensantes pueden arribar. Si tú vas a existir en la eternidad futura, debe ser que has existido a través de la eternidad en el pasado; no puede ser de otra manera.

Voy a tratar de responder unas pocas objeciones que son generalmente levantadas en contra de esta teoría. La primer objeción es: ¿Por qué no recordamos nuestro pasado? Pero, ¿es que recordamos todo nuestro pasado de esta misma vida? ¿Cuántos entre ustedes recuerdan lo que hicieron cuando eran bebés? Ninguno de ustedes recuerda su más temprana infancia; si su existencia depende de la memoria, entonces este argumento prueba de que ustedes no existieron como bebés, por que no pueden recordarlo. No tiene sentido alguno el decir que nuestra existencia depende de nosotros recordándola. ¿Cómo podemos recordar nuestras vidas pasadas? Ese cerebro no está más, fue roto a pedazos; un nuevo cerebro ha sido manufacturado. Lo que ha venido a este cerebro es el resultante, la suma total, de las impresiones adquiridas en el pasado; con [estas impresiones] la mente ha llegado a vivir en el cuerpo nuevo. Yo, mientras estoy parado aquí, soy el efecto, el resultado, de todo el pasado infinito que está apilado en mi.

Tal es el poder de la superstición que muchos de esos que no niegan la doctrina de la reencarnación, creen que descendemos de los monos. ¡Pero ellos carecen del coraje de preguntar por qué es que no recordamos nuestra vida de mono! Cuando un gran sabio anciano, un vidente o profeta de la antigüedad que ha estado cara a cara con la Verdad dice algo, esos hombres modernos se paran y expresan: "¡Oh, él era un tonto!". Pero, simplemente usa otro nombre: Huxley o Tyndall, entonces lo dicho tiene que ser verdadero y lo dan por hecho. En el lugar de las antiguas supersticiones ellos han construido supersticiones modernas; en el lugar de viejos pontífices de la religión ellos han instalado modernos pontífices de ciencias.

Entonces, vemos que esa objeción de la memoria no es válida; y esta es casi la única objeción seria levantada en contra de esta teoría.

Aunque hemos visto que la memoria de las vidas pasadas no es necesaria para la aceptación de esta teoría, al mismo tiempo, estamos en la posición de acertar que hay instancias que muestran que esta memoria llega, y que cada uno de nosotros va a recobrar esa memoria en el momento de la liberación, cuando descubramos que este mundo es un sueño. Sólo entonces realizarán en el alma de su alma que ustedes no son más que actores y el mundo es un escenario; sólo entonces la idea de no-apego les llegará con el poder de un trueno; entonces todo esta sed por placeres, este agarrarse de la vida y el mundo, se desvanecerá para siempre; entonces la mente verá, tan claro como la luz del día, cuántas veces eso existió para ustedes, cuántos millones de veces tuvieron padres y madres, hijos e hijas, esposos y esposas, parientes y amigos, dinero y poder. Ellos vienen y van. ¡Cuántas veces ustedes estuvieron en la cresta de la ola, y cuántas veces en las profundidades de la desesperación! Cuando la memoria les traiga todo esto, sólo entonces, ustedes se erguirán como héroes y sonreirán cuando el mundo los desprecie. Sólo entonces, se pararán y dirán: "¡Muerte, ni siquiera tú me importas! ¿Qué terrores tienes para mi?". Esto les sucederá a todos.

¿Hay algún argumento, alguna prueba racional, para la reencarnación del alma? Hasta ahora, hemos estado dando el lado negativo, mostrando que los argumentos opuestos, de desaprobación, son inválidos. ¿Existen algunas pruebas positivas? Existen, y son más válidas también.

Ninguna otra teoría más que la de la reencarnación, tiene en cuenta la amplia divergencia en la capacidad de adquirir conocimiento que hay entre un hombre y otro. Primero, vamos a considerar el proceso de adquisición del conocimiento. Supongan que yo salgo a la calle y veo un perro. ¿Cómo sé que es un perro? Lo envío a mi mente; en mi mente hay grupos de todas mis experiencias pasadas, organizadas y como encasilladas. Tan pronto como una nueva experiencia sucede, yo la tomo y la refiero a los viejos casilleros; apenas descubro un grupo de impresiones similares, la ubico entre ellas y me quedo satisfecho. Sé que es un perro porque éste coincide con impresiones similares que ya están allí. Y cuando no encuentro la familia de una nueva experiencia dentro mío, me quedo insatisfecho. El estado mental de volvernos insatisfechos por no encontrar dentro a la familia de impresiones de una experiencia nueva, se llama ignorancia. Conocimiento es cuando estamos satisfechos al descubrir que la familia de impresiones ya existe. Cuando cae una manzana, los hombres están insatisfechos. Luego, gradualmente, ellos descubren una serie de las mismas impresiones formando como una cadena. ¿Qué es esa cadena que descubrieron? Que todas las manzanas caen. Ellos le llamaron gravitación.

Ahora, vemos que sin una base de experiencias existentes toda nueva experiencia será imposible, porque nada habrá para referir la impresión nueva. Así, si, como varios filósofos europeos piensan, un niño viene al mundo con lo que ellos llaman *tabula rasa*, tal niño nunca logrará grado alguno de poder intelectual, porque él no tendría algo para referir sus nuevas experiencias. Vemos que el poder de adquirir conocimiento varía en cada individuo y eso muestra que cada uno de nosotros ha venido con su propia base de conocimiento. El conocimiento sólo puede ser obtenido de una manera, la manera de la experiencia; no hay otra forma de conocer. Si no hemos tenido la experiencia en esta vida, debemos haberla obtenido en otras vidas.

¿Cómo es eso de que el miedo a la muerte está en todas partes? Un pichón recientemente salido del huevo teme a un águila que se aproxima y vuela hasta su madre. Hay una vieja explicación (a duras penas puedo dignificarla con tal nombre), es llamada instinto. ¿Qué es lo que hace que el pichón recientemente salido del huevo tema morir? ¿Cómo es que una patito empollado por una gallina, busca el agua, salta a ella y nada? Nunca antes nadó ni vio a otros nadar. La gente le llama instinto. Es una gran palabra, pero nos deja donde estábamos antes.

Vamos a estudiar este fenómeno del instinto. Una niña comienza a tocar el piano. Al principio debe prestar atención a cada tecla que está tocando, y así continúa por meses y años, hasta que el tocar se vuelve casi involuntario, instintivo. Lo que primero fue hecho con voluntad consciente, más tarde ya no requiere un esfuerzo de voluntad. Sin embargo, ésta no constituye una prueba completa. La otra mitad de la prueba es que casi todas las acciones que ahora son instintivas pueden ser puestas bajo el control de la voluntad. Cada músculo del cuerpo puede ser puesto bajo control. Esto es perfectamente conocido. Entonces la prueba se completa, por este método doble de que, lo que ahora llamamos instinto es la degeneración de las acciones voluntarias. Por lo tanto, si la analogía se aplica a toda la creación, si toda la naturaleza es uniforme, entonces, lo que es instinto en los animales inferiores, tanto como en el hombre, tiene que ser por la degeneración de la voluntad.

Del estudio del macrocosmo, descubrimos que cada evolución presupone una involución, y que cada involución, una evolución. ¿Cómo se explica el instinto a la luz de este conocimiento? Lo que llamamos instinto es el resultado de la acción voluntaria. El instinto en hombres y animales debe haber sido entonces creado por acciones voluntarias previas. Cuando hablamos de acciones voluntarias, admitimos experiencias previas. Estas previas experiencias crean instinto. El pichón teme a la muerte, el patito se mete en el agua, y todas las acciones involuntarias en el ser humano, que son el resultado de pasadas experiencias, se han vuelto instintivas.

Hasta aquí hemos procedido muy claramente y hasta aquí la ciencia más moderna nos acompaña. Los recientes científicos[82]

82   Muy probablemente Swami Vivekananda se estaba refiriendo a Charles Darwin (1809-1882), Thomas Huxley (1825-1895) y Herbert Spencer (1820-1903). De acuerdo a muchos eruditos occidentales, la lucha por la existencia, la supervivencia del más fuerte, la selección natural, etc., son las causas que elevan una especie inferior a una superior. Por otro lado, de acuerdo a Patanjali, un antiguo evolucionista hindú, la transformación de una especie en otra es efectuada por la "tendencia a completar de la naturaleza". Esto es, como las aguas desbordantes inundan un campo derribando todas las barreras que encuentran a su paso, así la naturaleza divina de cada ser, avanza continuamente hacia la perfección, quitando las obstrucciones en su viaje evolutivo. La evolución toma lugar en el plano de la materia, pero la materia es inerte. Esta necesita la ayuda directa o indirecta de un principio consciente. Sin este la evolución no puede producirse. Por lo tanto, evolución presupone involución. Por ejemplo, si una ameba evoluciona en un hombre muy desarrollado, entonces ese hombre tiene que haber involucionado en una ameba. Si la conciencia o inteligencia evoluciona en materia, esta debe estar implícita en esa materia. En 1859 *El Origen de las Especies* de Darwin creó una revolución entre la humanidad pensante. Después de esto, muchos científicos, filósofos, psicólogos y teólogos debatieron sobre su teoría. Aquí exponemos unos pocos puntos de vista más recientes. Sir Julián Huxley escribió: "Su [verdad evolutiva] muestra a la mente sobre la materia, la cantidad subordinada a la calidad] (*Evolution After Darwin* [Chicago, la Universidad de Chicago, 1960], Vol. III, 260-1).

están volviendo a los antiguos sabios, y, mientras lo hicieron, no hubo dificultades. Ellos admiten que cada hombre y cada animal nace como resultado de experiencias pasadas . "Pero, ¿qué?", preguntan, "¿si el uso de decir esto es que la experiencia pertenece al alma?, ¿por qué no decir que pertenece al cuerpo, al cuerpo solamente? "Por qué no decir que ésta es la transmisión hereditaria?". Esta es la última pregunta. ¿Por qué no decir que toda la experiencia con la que nací, es el resultado de todas las experiencias pasadas de mis ancestros? La suma total de la experiencia desde el más pequeño protoplasma hasta el más elevado ser humano está en mi, pero ha venido de cuerpo en cuerpo en el curso de la transmisión hereditaria. ¿Dónde está la dificultad?

Esta cuestión es muy buena y admitimos cierta parte de esta transmisión hereditaria. ¿Cuánto? Mientras se trate de la formación de este cuerpo material. Nosotros, por nuestras acciones pasadas, hemos nacido en un cuerpo particular, y el material para ese cuerpo viene de nuestros padres que se han hecho capaces para tener nuestras almas como sus descendientes. Pero la simple teoría hereditaria da por hecho, sin ninguna prueba, la proposición más increíble: que la experiencia mental puede ser grabada en la materia, que la experiencia mental puede quedar envuelta en la materia.

Cuando te miro, en el lago de mi mente se produce una onda. Esa onda subsiste, pero en una forma fina, como una impresión. Entendemos como una impresión física permanece en el cuerpo. Pero, ¿dónde está la prueba que nos permita asumir que la impresión mental puede permanecer en el cuerpo, cuando

---

Pierre Teilhard de Chardin mencionó: "La conciencia trasciende por lejos los ridículos angostos límites dentro de los cuales nuestros ojos pueden percibirla directamente". (*The Phenomenon of Man* [New York; Harper & Bros., 1961], 300). De acuerdo con L.S. Berg: "La evolución es hasta cierto grado *predeterminada* y *un desarrollo o manifestación de elementos pre-existentes*" (*Nomogenesis* [Cambridge: The M.I.T. Press, 1969], 403).

el cuerpo se desintegra? ¿Qué la transporta? Aun asumiendo que es posible para cada impresión mental el permanecer en el cuerpo, de que cada impresión, comenzando con el primer hombre hasta mi padre, estuvo en el cuerpo de mi padre, ¿cómo pudo transmitírseme esto? ¿A través de las células bioplásmicas? ¿Cómo pudo suceder? El cuerpo del padre no viene al niño *in toto*. Los mismos padres pueden tener otros hijos. Entonces, desde esta teoría de la transmisión hereditaria, donde la impresión y quien es impreso son uno porque ambos son materiales, se sigue rigurosamente que por el nacimiento de cada hijo, los padres deben perder una parte de sus propias impresiones, o, si los padres deben transmitir la totalidad de sus impresiones, luego, después del nacimiento del primer niño, sus mentes serían como un vacío.

Nuevamente, si en la célula bioplásmica ha entrado la cantidad infinita de impresiones de todos los tiempos, ¿dónde y cómo pueden existir allí? Esta es una posición muy insostenible, y hasta tanto los fisiólogos no puedan probar como y dónde esas impresiones viven en cada célula y qué quieren decir por una impresión mental durmiendo en la célula física, su posición no puede ser considerada un hecho.

Hasta ahora es claro que esas impresiones están en la mente, que la mente viene a tomar nacimiento tras nacimiento y usa el material más apropiado para ello, y que la mente que se ha hecho a sí misma adecuada para un tipo particular de cuerpo, tendrá que esperar hasta que obtenga ese material. A esto lo entendemos. La teoría luego llega a esto: existe una transmisión hereditaria con respecto a la formación del material para el alma. Pero el alma migra y manufactura cuerpo tras cuerpo; cada pensamiento que pensamos, cada acción que hacemos, es almacenada en su forma fina, lista para emerger nuevamente y tomar una nueva forma. Cuando los veo, una onda surge en mi mente. Esta es como si fuera más profunda y se vuelve cada vez más fina, pero no muere. Está lista para empezar de nuevo, como un ola en la forma de la memoria. Así todas esas impresiones están en la mente y cuando yo muera, la fuerza resultante de ellas estarán conmigo. Aquí hay una pelota, y cada uno de nosotros toma un bastón y le pega de cada lado; la pelota va de un punto a otro de la habitación, y cuando llega a la puerta sale hacia fuera. ¿Qué es lo que la lleva hacia fuera? El resultante de todos esos golpes. Eso le dará su dirección. Entonces, ¿qué es lo que dirige al alma cuando el cuerpo muere? El resultante, la suma total, de todas las acciones hechas, de todos los pensamientos pensados. Si el resultante es tal que tiene que manufacturar un cuerpo nuevo, para continuar experimentando, irá a esos padres que están listos para darle la materia adecuada a ese cuerpo.

Así de cuerpo en cuerpo irá, algunas veces a un cielo y luego de regreso a la tierra, se volverá un hombre u otro animal inferior. De esta manera seguirá hasta que haya finalizado sus experiencias y completado el ciclo. Entonces sabrá su propia naturaleza, conocerá qué es, y su ignorancia se habrá desvanecido. Sus poderes se manifestarán; será perfecta. No habrá más necesidad para el alma de actuar a través de cuerpos finos o mentales. Brillará en su propia luz y será libre, no más nacer, no más morir.

No entraremos ahora en las particularidades de esto. Pero, les traeré otro punto más con respecto a esta teoría de la reencarnación. Esta es la teoría que aventura sobre la libertad del alma humana. Esta es la única teoría que no hecha las culpas de nuestras debilidades sobres otros, lo cual es una falla humana común. No vemos nuestras propias faltas. Los ojos no las ven; ellos ven los ojos de todos los otros. Nosotros, seres humanos, mientras podamos culpar a alguien más, tardamos mucho en reconocer nuestras propias fallas, nuestras propias faltas. Los hombres en general culpan a otros hombres o, si eso falla, a Dios, o a un fantasma llamado destino.

¿Dónde está el destino y qué es? Cosechamos lo que sembramos. Somos los hacedores de nuestro destino. Ningún otro puede ser culpado, ningún otro puede ser galardonado. El viento está soplando; esos barcos cuyas velas están desplegadas lo aprovechan, pero aquellos que las tienen recogidas no lo logran. ¿Es culpa del viento? ¿Es culpa del Padre Compasivo, cuyo viento de gracia está soplando sin cesar, de día y de noche, cuya compasión no conoce decaimiento, es Su falta que algunos de nosotros seamos felices y otros infelices?

Esos que culpan a otros, ¡y vaya que su número aumenta cada día!, son generalmente almas miserables, con cerebros inútiles, que se han puesto a sí mismos en esa situación, a través de sus propios errores. Aunque culpan a otros, esto no altera su posición. No les sirve de ninguna manera. Ese intento de arrojar culpas sobre otros sólo los debilita más. Por lo tanto, no culpen a nadie por sus propias faltas; párense sobre sus propios pies y tomen toda la responsabilidad. Digan: "He hecho esta miseria que estoy sufriendo; eso mismo prueba que yo sólo podré deshacerla. Eso que he creado puedo demoler; lo que ha creado otro nunca podré destruirlo". Entonces, yérganse, sean valientes, sean fuertes. Tomen la responsabilidad sobre sus propios hombros y sepan que ustedes son los creadores de su propio destino.

Toda la fortaleza y el socorro que quieren está dentro suyo. Hagan su futuro. Dejen que los muertos entierren a sus muertos. El futuro infinito está delante suyo y ustedes deben recordar siempre que cada palabra, pensamiento y acción les deja una marca, y que así como los malos pensamientos y las malas acciones están listas para saltar como tigres sobre ustedes, también está allí la inspiradora esperanza de que los buenos pensamientos y las buenas acciones están listas con el poder de miles de ángeles para defenderlos por siempre. (II. 216-25)

Pláticas Inspiradas

Dios está cercano a la Verdad pero no es aún la Verdad. Después de aprender a no ser perturbado por la maldad, tenemos que aprender a no deleitarnos con la bondad. Debemos descubrirnos más allá de lo bueno y lo malo. Tenemos que estudiar sus ajustes y ver que ambos son necesarios.

Realmente lo bueno y lo malo son uno y están en nuestra mente. Cuando la mente está reposada, ni bueno ni malo pueden afectarla. Sean perfectamente libres, entonces nada podrá afectarlos, y disfrutarán de la libertad y la dicha. La maldad es la cadena de hierro, la bondad es la de oro. Ambas son cadenas. La espina de la maldad está en nuestra carne. Tomen otra espina del mismo arbusto y extraigan con ella la primera, luego desháganse de las dos y sean libres.

Es uno el Poder que existe, sea manifestándose como maldad o como bondad. Dios y el diablo son el mismo río con sus aguas fluyendo en direcciones opuestas. (VII. 4, 5. 22)

En el mundo asuman siempre la posición de un río. Den todo y no esperen algo a cambio. Den amor, den ayuda, den servicio, den toda pequeña cosa que puedan dar, pero manténganse alejados del trueque. No pongan condiciones, y nadie será condicionado. Demos de nuestra propia recompensa, así como Dios nos da a nosotros. (VII. 5)

Sean valientes y sinceros, luego sigan cualquier sendero con devoción y alcanzarán al Señor. Tómense de un eslabón de la cadena y toda la cadena vendrá gradualmente. Rieguen las raíces de las planta, esto es: alcancen al Señor, y el árbol entero será regado. Logrando al Señor, logramos todo.

Parcialidad es la ruina del mundo. Mientras más lados puedan desarrollar, más almas tendrán y podrán ver al universo a través de todas las almas. Determinen su propia naturaleza y establézcanse en ella. *Nishtha* [Devoción a un ideal] es el único método para un principiante, practicado con devota sinceridad lo llevará a la totalidad. Iglesias, doctrinas y formas, son todos cercos para proteger a la tierna planta, pero luego deben ser destruidos, para que la planta puede volverse un árbol. Lo mismo sucede con las religiones, Biblias, Vedas, dogmas, son todos cercos para la joven planta, pero esta deberá salir del cerco. (VII. 6-7)

282 Vedanta: Voz de la Libertad

Renuncien a toda compañía negativa, especialmente al principio. Rechacen compañía mundana, distraerá sus mentes. Renuncien a todo pensamiento de "yo y mío". El Señor viene a quien nada tiene en el universo. Corten las ligaduras de toda afección mundana. Vayan más allá de la holgazanería y más allá de las preocupaciones sobre qué será de ustedes en el futuro. Nunca se volteen para ver los resultados de lo que han hecho. Den todo al Señor y marchen adelante y no piensen en ello. Cuando toda el alma se vuelca en una continua corriente hacia Dios, cuando no hay tiempo para buscar dinero, nombre o fama, ni tiempo para pensar en algo que no sea Dios, entonces vendrá a sus corazones esa infinita, maravillosa dicha del amor. Todos los deseos no son más que cuentas de vidrios. (VII. 10)

Mi Maestro [Sri Ramakrishna], solía decir: "Todo es Dios, pero el Dios-tigre debe ser evitado. Toda agua es agua, pero no bebemos el agua sucia".

La totalidad del cielo es el incensario de Dios, y el sol y la luna son las lámparas. ¿Qué otro templo es necesario? Todos los ojos son tuyos, sin embargo Tú no tienes ojos. Todas las manos son tuyas, sin embargo Tú no tienes manos. (VII. 13- 14)

Nunca busques ni rechaces. Toma lo que venga. Es libertad el no ser afectado por cosa alguna. No soportes meramente, sé sin apego. Recuerda la historia del toro. Un mosquito se posó por largo rato en uno de los cuernos de cierto toro. Luego, su conciencia lo preocupó y entonces le dijo: "Señor Toro, he estado sentado aquí por largo rato. Quizás le he molestado. Lo siento. Me iré ahora". Pero el toro replicó: "¡No, de ninguna manera! Traiga a toda su familia y vivan en mi cuerno. ¿Cómo pueden molestarme?". (VII. 14)

El Señor se ha escondido muy bien y suyo es el mejor trabajo. Así, quien se esconde mejor, logra más. Conquístense a sí mismos y el universo todo será suyo. (VII. 15)

En el estado de sattva vemos la verdadera naturaleza de las cosas; vamos más allá de los sentidos y de la razón. La pared adamantina que nos encierra dentro es el egoísmo. Lo referimos todo a nosotros mismos, pensando yo hago esto, aquello o lo otro. Desháganse de ese lastimoso "yo". Mata ese diablo en nosotros. "No yo, sino Tú", díganlo, siéntanlo, vívanlo. Hasta que no renunciemos al mundo manufacturado por el ego, nunca podremos entrar al reino de los cielos. Ninguno lo hizo, nadie lo hará. Renunciar al mundo es olvidar al ego, no reconocerlo en absoluto, vivir *en* el cuerpo, pero sin ser *de* él. Este ego bandido debe ser obliterado. Bendigan a los hombres cuando ellos les maltraten. Piensen en cuánto bien les están haciendo. Ellos sólo pueden herirse a sí mismos. Vayan donde los odien. Dejen que ellos los vacíen de ego y ustedes se acercarán al Señor. (VII. 15)

El materialismo dice: La voz de la libertad es un ilusión. El idealismo dice: La voz que habla sobre atadura es una ilusión. Vedanta dice: Tú eres libre y ligado al mismo tiempo, nunca libre en el plano terreno, pero siempre libre en el plano espiritual. (VII. 32)

La religión sin filosofía se vuelve superstición. La filosofía sin religión se torna seco ateísmo. (VII. 36)

La religión, la gran vaca lechera, ha dado muchas patadas, pero no importa, también da una gran cantidad de leche. Al ordeñador no le importan las patadas de la vaca que da mucha leche. (VII. 44)

Tómate fuerte del amor, aún si Dios no existiera. Es mejor morir buscando a Dios que vivir como un perro, buscando sólo carroñas. Elige el ideal más elevado y da tu vida por él. "Siendo la muerte tan cierta, lo mejor es dar la vida por un propósito grande"[83]. (VII.45)

La religión no te da algo nuevo. Ésta sólo saca los obstáculos y deja que veas a tu Ser. (VII. 62)

Ishvara [Dios] es Atman visto o vislumbrado por la mente. Su nombre más elevado es OM. Entonces, repítanlo, mediten en éste, y piensen en todos sus maravillosos atributos y en su naturaleza. Repitiendo OM constantemente es la única adoración verdadera. No es una palabra, es Dios mismo. (VII. 62)

Los Vedas no pueden mostrarte a Brahman, tú ya eres Eso. Ellos sólo pueden ayudarte a quitar el velo que oculta la verdad de tus ojos. El primer velo en desvanecerse es la ignorancia, cuando cae, el pecado cae. Luego, el deseo cesa, el egoísmo finaliza y todas las penurias desaparecen. Esta cesación de la ignorancia sólo puede llegar cuando yo sé que Dios y yo somos uno. En otras palabras: identifíquense con Atman, no con las limitaciones humanas. Des-identifíquense del cuerpo y todo dolor cesará. Este es el secreto de la curación. El universo es un caso de hipnotización. Deshipnotícense y cesarán de sufrir. (VII. 46)

Para ser libres debemos pasar a través del vicio y de la virtud, y luego liberarnos de ambos. Tamas [inercia] debe ser conquistado con rajas [actividad]; ambos tienen que ser sumergidos en sattva [bondad]. Luego vayan más allá de las tres cualidades. Alcancen un estado donde su mismo respirar sea oración. (VII. 46)

Todo en este universo está combatiendo para completar un círculo, para retornar a su fuente, para retornar a su única fuente real, Atman. La búsqueda de la felicidad es una lucha para encontrar moderación, para recuperar el equilibrio. Los momentos más felices que conocemos son cuando nos olvidamos totalmente de nosotros mismos. (VII. 48-49)

---

83   Del *Hitopadesha*.

Todo el secreto de la existencia es no temer. Nunca temas lo que pudiera sucederte. No dependas de persona alguna. Sólo eres libre en el momento en que rechazas toda ayuda. La esponja que está empapada no puede absorber más. (VII. 49)

Vedanta y la ciencia moderna, ambas proponen una Causa auto-desarrollada. En Ésta existen todas las causas subsidiarias. Tomen, por ejemplo, el alfarero dando forma al pote. El alfarero es la causa primaria, el barro la causa material, y la rueda la causa instrumental. Pero Atman es los tres. Atman es la causa y la manifestación también. El Vedantista dice que el universo no es real, que es sólo aparente. La naturaleza es Dios visto a través de la nesciencia. El panteísta dice que Dios se ha vuelto la naturaleza y este mundo. El Advaitista afirma que Dios está apareciendo como este mundo, pero que Él no es este mundo. (VII. 50)

Un ciego no puede ver colores, entonces ¿cómo podemos ver la maldad a menos que ya esté en nosotros? Nosotros comparamos lo que vemos afuera con lo que descubrimos en nosotros mismos y juzgamos de acuerdo a ello. Si somos puros, no podemos ver impurezas. Estas pueden existir, pero no para nosotros. Vean sólo a Dios en cada hombre, mujer y niño. Véanlo a través de los *antarjyotis*, la luz interna, y viéndolo así, no podrán ver algo más. No quieran este mundo, porque obtendrán lo que deseen. Busquen al Señor y al Señor tan sólo. (VII. 63-63)

Coman los mangos y dejen al resto discutir sobre la cesta. Vean a Cristo, luego serán cristianos. Todo lo demás es charlatanería. Cuanto menos hablen mejor.

Aprendan hasta que la gloria de Dios brille a través de sus rostros. (VII. 65)

No se debe transigir con la verdad. Enseñen la verdad y no disculpen la superstición, tampoco rebajen la verdad al nivel del que la escucha. (VII. 70)

Usen todos su poderes, filosofía, acción, oración, meditación. Desplieguen todas las velas y, a todo vapor, alcancen la meta. Mientras más pronto, mejor. (VII. 71)

"Sólo la verdad triunfa, no la falsedad"[84]. Yérganse sobre la Verdad y tendrán a Dios. (VII. 72)

Renuncien a toda esperanza, tal es el estado más elevado. ¿Qué hay para esperar? Corten completamente los lazos de la esperanza, yérganse en su propio Ser, y quédense en paz. Nunca se preocupen por lo que hagan. Den todo a Dios, pero sin hipocresía. (VII. 82)

"Un mal día es cuando no hablamos de Dios y no un día de tormenta". (VII. 82)

Quien quiere entrar al espacio de luz, antes de que pueda pasar su puerta, tiene que hacer un bulto con toda la religión comercial y arrojarlo lejos. No es que uno no obtiene lo que pide rezando. Obtienes todo, pero esa es religión baja, vulgar, la de un mendicante. "Es realmente un tonto el que, viviendo en las orillas del Ganges, cava un pequeño pozo para obtener agua. Es realmente un tonto el hombre que habiendo llegado a una mina de diamantes, comienza a buscar cuentas de vidrios". Esas oraciones por salud, dinero y prosperidad material no son bhakti [devoción]. (VII. 83-84)

Nunca pierdas la fe en ti mismo, puedes hacerlo todo en este universo. Nunca te debilites. Todo el poder es tuyo. (VII. 85)

"El mundo enloquece bebiendo de la copa del deseo". Así como el día y la noche nunca aparecen juntos, así el deseo y el Señor no están juntos. Renuncia al deseo. (VII. 91)

84   *Mundaka Upanishad* 3.1.6

No te tomes de viejas supersticiones. Permanece siempre listo para nuevas verdades. "Son tontos los que beben agua polucionada de un pozo que cavaron sus antepasados, para no beber agua pura de un pozo que cavaron otros". Hasta que no realicemos a Dios por nosotros mismos no podemos saber cosa alguna sobre Él. ¿Cómo podemos entender que Moisés vio a Dios a menos que nosotros también lo veamos? Si alguna vez Dios llega a alguien, Él vendrá a mi. Yo iré a Dios directamente. Deja que Él me hable. No puedo asentarme sobre la creencia ciega, eso es ateísmo y blasfemia. Si Dios le habló a un hombre en los desiertos de Arabia, dos mil años antes, Él también puede hablarme a mi hoy, de otra manera, ¿cómo puedo saber que Él no ha muerto? (VII. 96-97)

Piensa de día y de noche: "Este universo es cero. Sólo Dios es". Mantén un intenso deseo por ser libre. Ante todo lo que te suceda, di: "Soham, Soham" [Soy Él, soy Él]. Deja que el cuerpo perezca. Esta idea del cuerpo no es más que una fábula gastada. Permanece firme y sabe que tú eres Dios. (VII. 92)

Deja que unos pocos se aparten, que vivan para Dios solamente y salven la religión para el mundo. Sacrifica en el altar de Dios en la tierra a los puros y más destacados. Quien lucha es mejor que quien nunca trata de hacerlo. Incluso el mirar a uno que lo ha dado todo, produce un efecto purificante. Yérganse por Dios. Dejen que el mundo desaparezca. No trafiquen [con la religión]. (VII. 100-101)

Seis Estrofas sobre el Nirvana[85]

Yo no soy la mente, ni el intelecto,
no soy el ego ni el complejo-mente;
No soy el cuerpo, ni los cambios del cuerpo;
No soy los sentidos de escuchar, degustar, oler, o ver,
Tampoco soy el éter, la tierra, el fuego, el aire;
Yo soy Existencia Absoluta,
Conocimiento Absoluto, Dicha Absoluta,
Yo soy El, yo soy El (Shivoham, Shivoham).

Yo no soy el prana, ni los cinco soplos vitales;
No soy los materiales de este cuerpo,
ni las cinco envolturas;
Tampoco soy los órganos de acción,
ni los objetos de los sentidos;
Yo soy Existencia Absoluta,
Conocimiento Absoluto, Dicha Absoluta,
Yo soy El, yo soy El (Shivoham, Shivoham).

Yo no soy la aversión, ni el apego;
no soy la codicia, ni la ilusión;
Yo no soy el egotismo, ni la envidia;
no soy dharma, ni moksha soy;
Yo no soy el deseo, ni los objetos del deseo;
Yo soy Existencia Absoluta,
Conocimiento Absoluto, Dicha Absoluta,
Yo soy El, yo soy El (Shivoham, Shivoham).

Yo no soy el pecado, ni la virtud;
no soy el placer ni el dolor,
Ni templo, ni ritual, ni peregrinaje, ni escrituras soy,

---

85   El himno "*Nirvanashatkam*" de Shankara, traducido por Swami
Vivekananda.

No soy el que disfruta, el acto de disfrutar,
ni lo que se disfruta;
Yo soy Existencia Absoluta,
Conocimiento Absoluto, Dicha Absoluta,
Yo soy El, yo soy El (Shivoham, Shivoham).

Yo no soy la casta; no soy la muerte,
ni el miedo a la muerte soy;
Nunca he nacido, no tengo padres, amigos ni parientes;
No tengo gurú ni discípulo;
Yo soy Existencia Absoluta,
Conocimiento Absoluto, Dicha Absoluta,
Yo soy El, yo soy El (Shivoham, Shivoham).

Los sentidos no me tocan; yo no soy la liberación ni
puedo ser conocido;
No tengo forma ni límite, estoy más allá del espacio,
más allá del tiempo;
Yo estoy en todo, soy la base del universo,
en todas partes estoy.
Yo soy Existencia Absoluta,
Conocimiento Absoluto, Dicha Absoluta,
Yo soy El, yo soy El (Shivoham, Shivoham).

(IV. 391-92)

XII
La Universalidad de Vedanta

Sobre como ve Vedanta a otras Religiones

¿Son todas las religiones del mundo realmente contradictorias? No me refiero a las formas externas con que grandes pensamientos son vestidos. No hablo de los diferentes edificios, lenguajes, rituales, libros, etc., que usan las religiones; sino que me refiero al alma interna de cada religión. Cada religión tiene un alma detrás y este alma puede diferir del alma de otra religión. ¿Pero son ellas contradictorias? ¿Están contradiciendo o complementándose? Esa es la cuestión.

Me pregunté esto cuando era un muchacho y lo he estado estudiando durante toda mi vida. Pensando que mi conclusión quizás pueda ayudarles, la expondré ante ustedes. Yo creo que ellas no son contradictorias, son suplementarias. Es como si cada religión tomara una parte de la gran verdad universal y gastara toda su fuerza en expresar y tipificar esa parte de la gran verdad. Es, entonces, adición no sustracción. Esa es la idea. Sistema tras sistema se levanta, cada uno encarna una gran idea, y los ideales deben ser agregados a los ideales. Y es la marcha de la humanidad. El hombre nunca progresa del error a la verdad sino de verdad en verdad, de una verdad inferior a una verdad superior, pero nunca de error a verdad.

Luego, entonces, sabemos también que deben haber allí, casi contradictorios puntos de vista de una cosa, pero todos ellos van a indicar la misma cosa. Supongan que un hombre está viajando hacia el sol y a medida que avanza toma fotografías del sol, a cada paso. Cuando regresa pone todas esas fotos en frente nuestro. Vemos que no hay dos iguales. Y, sin embargo, ¿quién puede negar que todas son fotos del mismo sol desde diferentes ángulos? Tomen cuatro fotos de esta iglesia, desde las cuatro esquinas. Qué diferentes que parecerán; sin embargo, todas representan esta iglesia. De la misma manera, todos estamos mirando a la verdad desde distintos puntos de vista, que varían de acuerdo a nuestro nacimiento, educación, entorno, etc.

Mi idea, entonces, es que todas esas religiones son diferentes fuerzas en la economía de Dios, trabajando para el bienestar de la humanidad, y que ninguna muere, ninguna puede ser matada. Así como no pueden matar una fuerza de la naturaleza, tampoco pueden matar a alguna de esas fuerzas espirituales.

Y tal religión universal sobre la cual los filósofos y otros han soñado en cada país ya existe. Está aquí. Como la hermandad universal del hombre ya existe, también existe la religión universal.

Mayor sea el número de sectas, mayor es la posibilidad de que la gente se torne hacia la religión. En un hotel, donde hay variedad de comidas, todos tienen una oportunidad de saciar su apetito. Así, yo quiero que las sectas se multipliquen en cada país, que más personas puedan tener una oportunidad de ser espiritual. No piensen que a las personas no les gusta la religión. Yo no creo eso. Los predicadores no pueden darles lo que necesitan. El mismo hombre que pueda haber sido catalogado como ateísta, como un materialista, o quien sabe qué otra cosa, quizás encuentre a un hombre que le de la verdad que él necesita, y quizás así él se vuelva el hombre más espiritual de su comunidad.

Cada nación tiene una misión propia que llevar a cabo en la armonía de las razas y mientras esa nación mantenga ese ideal, nada podrá eliminarla. Pero si abandona su misión de vida y sale detrás de algo distinto, su vida se acortará y desaparecerá.

Lo mismo sucede con las religiones. El hecho de que todas esas viejas religiones están viviendo hoy, prueba que han mantenido su misión intacta. A pesar de todos sus errores, a pesar de todas sus dificultades, a pesar de todas las luchas, de todas las incrustaciones de formas y figuras, el corazón de cada una de ellas late; es un corazón vivo, está latiendo, pulsando. Ellos no han perdido, ninguno de ellos, la gran misión por la cual vinieron. Estudiar esa misión es espléndido. Por ejemplo, tomen a los musulmanes. El Islam hace iguales a todos sus seguidores. Lo que los musulmanes han venido a mostrarle al mundo es la hermandad práctica de todos los que pertenecen a su fe. Esa es la parte esencial de la religión musulmana.

Con los hindúes, ustedes encontrarán una idea nacional: espiritualidad. En ninguna otra religión, ni en otros libros sagrados del mundo, descubrirán tanta energía puesta en definir la idea de Dios. Ellos trataron de definir la idea del alma de modo que ningún toque mundano pudiera mancillarla. Renunciación y espiritualidad son las dos grandes ideas de India; todos sus errores no tienen importancia debido a que India se toma de esa ideas.

Para los cristianos, la idea central que ha sido predicada es la misma: "Vigila y ora, porque el reino de los cielos está cerca", que significa: purifica tu mente y ¡prepárate! Y ese espíritu nunca muere. Recuerden que los cristianos están, hasta en los más oscuros días y aún en los países cristianos más supersticiosos, siempre tratando de prepararse para la llegada del Señor, sea ayudando a otros, construyendo hospitales, etc. Mientras los cristianos se mantengan firmes en esa idea, su religión vivirá.

Nuestro slogan, entonces, será la aceptación y la no-exclusión. No meramente tolerancia, porque la mal llamada tolerancia a menudo es blasfemia y yo no creo en ella. Yo creo en la aceptación. ¿Por qué debería tolerar? Tolerancia significa que pienso que tú estás equivocado y yo estoy simplemente dejándote vivir. ¿No es acaso una blasfemia el pensar que tú y yo estamos dejando vivir a otros? Yo acepto todas las religiones que hubo en el pasado y realizo mi adoración con ellas. Yo adoro a Dios en cada una, en cualquier forma que ellas Le adoren. Iré a la mezquita de los musulmanes; entraré en la iglesia cristiana y me arrodillaré en frente del crucifijo; entraré en el templo budista, donde tomaré refugio en el Buda y su Ley. Yo iré a los bosques y me sentaré en meditación como el hindú, que trata de ver la Luz que ilumina el corazón de todos.

No sólo haré todo eso, sino que mantendré mi corazón abierto para todas las religiones que surjan en el futuro. ¿Es que el libro de Dios se ha terminado? ¿O la revelación continúa? Es un libro maravilloso, el de las revelaciones espirituales del mundo. La

Biblia, los Vedas, el Corán y todos los otros libros sagrados no son más que varias de sus páginas, un número infinito todavía tiene que ser revelado. Yo dejaré mi corazón abierto para todas ellas. Nos erguimos en el presente, pero estamos abiertos al futuro infinito. Tomamos todo lo que fue en el pasado, disfrutamos la luz del presente y abrimos la ventana de nuestro corazón para todo lo que vendrá en el futuro. ¡Mis salutaciones a todos los profetas del pasado, a todos los grandes del presente y a todos los que vendrán en el futuro! (II. 365-68, 371-74)

Vedanta y los Grandes Maestros del Mundo

De acuerdo con la teoría de los hindúes, el universo se mueve en ciclos de ondas. Surge, alcanza su zenit, luego cae y permanece como hundido por algún tiempo, para nuevamente levantarse, y así sucesivamente, en una ola tras otra y una caída tras otra. Lo que es verdad para el universo es verdad para cada parte de éste. Los acontecimientos humanos son así. La historia de las naciones es así: ellas se levantan y caen. Luego del surgimiento viene la caída. Nuevamente, luego de la caída, otro surgimiento, con gran poder. Este movimiento se sucede continuamente.

El mismo movimiento existe en el mundo religioso. En la vida espiritual de cada nación hay un surgimiento y una caída. La nación cae y todo parece quebrarse. Luego, nuevamente ésta se fortalece y resurge. Una gran ola viene, algunas veces una marea, y siempre en la cresta de la ola hay un alma brillante, un Mensajero. Creador y creado por turnos, él es el ímpetu que hace levantar la ola, que hace resurgir a la nación. Al mismo tiempo, él es creado por la misma fuerza que produce la ola, actuando e interactuando por turnos. Él levanta a la sociedad con su tremendo poder y la sociedad lo hace a él. Esos son los grandes pensadores del mundo. Esos son los profetas del mundo, los Mensajeros de la vida, las Encarnaciones de Dios.

El hombre tiene esa idea de que sólo puede haber una religión, de que sólo hay un profeta, sólo una Encarnación, pero esa idea es falsa. Estudiando las vidas de todos los grandes Mensajeros, descubrimos que cada uno estuvo destinado a jugar su rol, y su rol solamente, de que la armonía está en la suma total y no en una nota. Es lo mismo en la vida de las razas. Ninguna raza nace sólo para disfrutar del mundo. Que no se les ocurra decir tal cosa. Cada raza tiene un rol que jugar en esta divina harmonía de las naciones. Cada raza tiene una misión que llevar a cabo, que es su deber completar. La gran harmonía está en la suma total.

Así, ninguno de esos profetas ha nacido para gobernar el mundo por siempre. Ninguno lo ha conseguido ni lo conseguirá. Cada uno contribuye con su parte solamente y, es cierto que, en cuanto a esa parte se refiere y en el largo plazo, gobernará el mundo y sus destinos como todos los profetas.

Esos grandes Mensajeros y profetas son maravillosos y genuinos. ¿Por qué? Porque cada uno tiene que venir a predicar una idea. Tomemos primero a Krishna. Los que han leído el Guita saben que la única idea que lo traspasa es el no-apego. Sean sin apego. El amor del corazón es sólo para el Uno. ¿Para quién? Para Él, quien nunca cambia. ¿Quién es ese Uno? Es Dios. No cometan el error de dar su corazón a algo que varía, porque les traerá pesar. Pueden dárselo a un hombre, pero él morirá produciéndoles sufrimiento. Pueden dárselo a un amigo, pero quizás mañana él se vuelva su enemigo. Si se lo das a tu marido, quizás un día el pelee contigo. Puedes dárselo a tu esposa, pero puede ser que ella muera mañana. Esta es la manera del mundo. Dice Krishna en el Bhagavad Guita. El Señor es el único que nunca cambia. Su amor es infalible. Dondequiera que estemos o que vayamos, Él es por siempre compasivo, el mismo amante corazón.

Escuchen el mensaje de Buda, un tremendo mensaje. Este encuentra un lugar en nuestro corazón. Buda dice: "Quita el egoísmo de raíz así como todo lo que te hace egoísta. No tengas esposa, hijos o familia. No seas del mundo. Vuélvete perfectamente altruista".

Otro gran Mensajero, Él, de Nazareth, enseña: "Prepárate, que el reino de los cielos está acerca". He reflexionado sobre el mensaje de Krishna y ahora estoy tratando de trabajar sin apego, pero algunas veces me olvido. Entonces, de repente, me llega el mensaje de Buda: "Cuídate, que todo en el mundo se desvanece y siempre hay pesar en esta vida". Escucho esto y no sé que aceptar. Luego, nuevamente, como un rayo, me llega el mensaje: "Prepárate, que el reino de los cielos está cerca". No te demores. No dejes algo para mañana. Prepárate para el evento final, que puede llegarte por sorpresa inmediatamente, incluso ahora. Ese mensaje también tiene su lugar y lo reconocemos. Saludamos al Mensajero. Saludamos al Señor.

Y luego, viene Mahoma, el Mensajero de la igualdad. Mahoma mostró con su vida como entre los mahometanos debe haber perfecta igualdad y hermandad. En ello no hubo ideas de raza, casta, credo, color ni sexo.

Así vemos que cada profeta, cada mensajero, tiene una mensaje particular. Cuando por primera vez, escuchas un mensaje y luego estudias su vida, verás que toda su vida se yergue como ejemplo, radiante.

Si dos hombres discuten sobre religión, pregúntales: "¿Han visto a Dios? ¿Han visto esas cosas?". Un hombre dice que Cristo es el único profeta. Bueno, ¿es que él lo ha visto? "¿Lo ha visto tu padre?". "No, señor". "¿Lo ha visto tu abuelo?". "No, señor". "¿Lo has visto tú?". "No, señor". "Entonces, ¿por qué es que discutes? Los frutos han caído en un hoyo y, ¡tú peleas por la canasta!" ¡Los hombres y mujeres sensibles deberían avergonzarse de discutir de esa manera!

Así, cuando cada hombre se yergue y dice: "Mi profeta es el único", él está equivocado, no conoce el alfa de la religión. La religión no es charla, ni teoría, tampoco asenso intelectual. Es realización en el corazón de nuestro corazón. Es tocar a Dios. Es sentir, realizar que Yo soy espíritu en relación al Espíritu Universal y todas su manifestaciones. Si tu has realmente entrado en la casa del Padre, ¿cómo es que has visto a Sus hijos y no les has reconocido? Y si tu no los reconoces, entonces no has entrado a la casa del Padre. La madre reconoce a su hijo como sea que se lo muestren vestido y sabe que es él por más disfrazado que esté. Reconoce a todos los grandes hombres y mujeres espirituales de cada edad y país y ve que ellos no son realmente distintos unos de otros. (IV. 120-21, 125-26, 128-29, 131-33)

¿Por qué no Estamos de Acuerdo?

Voy a contarles una pequeña historia. Ustedes han escuchado al presentador elocuente quien recién finalizó, diciendo: "Dejemos de abusarnos unos a otros", y él se mostró muy apenado de que siempre hubiera tantas diferencias. Pero, yo pienso que debería contarles una historia que ilustrará la causa de esas diferencias.

Una rana vivía en un pozo. Había vivido allí por mucho tiempo. Nació y creció allí, y, sin embargo, ésta era una pequeña rana. Claro, los evolucionistas no estuvieron allí para contarnos si la rana había perdido sus ojos o no, pero, para el fin de nuestra historia deberemos dar por hecho que tenía sus ojos y que todos los días limpiaba el agua de las larvas y bacilos que vivían en ella, con una energía que le dará crédito ante nuestros modernos bacteriólogos. De esa manera continuó y se volvió gorda y lustrosa. Bueno, un día otra rana que había vivido en el mar, llegó al lugar y cayó en el pozo.

"¿De dónde eres?".

"Soy del mar".

"¡El mar! ¿Cuán grande es eso? ¿Es tan grande como mi pozo?", dijo saltando de un lado al otro.

"Amiga", le dijo la rana marina, "¿cómo puedes comparar al mar con tu pequeño pozo?".

Entonces, la rana saltó nuevamente y preguntó: "¿es tan grande tu mar?".

"¡Qué tonterías dices, comparar tu pozo con el mar!".

"Bien, entonces", dijo la rana del pozo, "nada puede ser más grande que mi pozo. No puede haber algo más grande que esto. Es una mentirosa, sáquenla de aquí".

Este ha sido el problema todo el tiempo.

Yo soy hindú. Estoy sentado en mi pequeño pozo, pensando que todo el mundo es mi pequeño pozo. El cristiano se sienta en su pequeño pozo y piensa que todo el mundo es su pequeño pozo. El mahometano se sienta en su pequeño pozo y piensa que todo el mundo es su pequeño pozo. Yo debo agradecerte América [El Parlamento de las Religiones, Chicago, 1893] por el gran intento que estás haciendo para romper las barreras de nuestros pequeños mundos, y espero que en el futuro el Señor nos ayude a alcanzar tu propósito. (I. 4-5)

El Ideal de una Religión Universal

Se han hecho cientos de intentos en India, Alejandría, Europa, China, Japón, en el Tíbet y, recientemente, en América para formular un armonioso credo religioso, para que todas las religiones se reunieran con amor. Todos fallaron, porque no adoptaron plan práctico alguno. Muchos admitieron que todas las religiones del mundo son ciertas, pero no mostraron una manera práctica de armonizarlas de modo que cada una mantuviera su propia individualidad en la confluencia. Sólo es práctico el plan religioso que no destruye la individualidad de hombre alguno, al tiempo que le muestra un punto de unión con los otros.

Yo también tengo mi pequeño plan. No sé si este funcionaría o no, y se los quiero presentar para que lo discutamos. ¿Cuál es? En primer lugar, yo le pediría a la humanidad que reconociera esta máxima: "No destruyas". Los reformadores iconoclastas no le hacen bien al mundo. No quiebren, no tiren abajo, construyan. Si pueden, ayuden. Si no pueden, junten sus manos y apártense para ver como suceden las cosas. Si no pueden ayudar, no dañen. No digan una palabra en contra de las convicciones de un hombre si ellas son sinceras. Segundo, tomen al hombre donde él esté y desde allí ayúdenle. Si es verdad que Dios es el centro de todas las religiones y que cada uno de nosotros se está moviendo hacia Él, a lo largo de esos rayos, entonces es cierto que todos nosotros alcanzaremos el centro. Y en ese centro, donde todos los rayos se encuentran, nuestras diferencias cesarán. Pero, hasta tanto no lleguemos allí, las diferencias estarán. Todos esos rayos convergen en el mismo centro. Uno, de acuerdo con su naturaleza, viaja a lo largo de una de esas líneas, y otro, a lo largo de otra. Y si nosotros proseguimos en nuestra propia línea, seguramente llegaremos al centro, porque "todos los caminos llevan a Roma".

¿Qué podemos hacer tú y yo? ¿Crees que puedes enseñar, aunque sea a un niño? No puedes. El niño se auto-enseña. Tu deber es el de darle oportunidades y quitarle obstáculos. Una planta crece. ¿Acaso eres *tú* quien la hace crecer? Tu deber es cercarla de modo que los animales no la coman, y allí finaliza tu deber. La planta crece por sí misma. Lo mismo sucede con el crecimiento espiritual de cada uno. Nadie puede enseñarte. Nadie puede hacer una persona espiritual de ti. Tienes que instruirte por ti mismo. Tu crecimiento debe venir desde adentro. ¿Qué puede hacer un maestro externo? Él puede quitar algunos obstáculos y allí termina su deber. Por lo tanto, si puedes ayuda pero no destruyas. Renuncia a todas las ideas de que *tú* puedes hacer espiritual al hombre. Eso es imposible. No hay otro maestro además de tu propia alma. Reconócelo.

¿Qué sucede con esto? En la sociedad vemos tantas naturalezas diferentes. Hay miles y miles de variedades de mentes con sus inclinaciones. Una generalización de ellas es imposible, pero para nuestros fines prácticos es suficiente con caracterizarlas en cuatro clases. Primero, está el tipo activo, el trabajador. Él quiere acción y tiene una tremenda energía en sus músculos y nervios. Su meta es trabajar: construir hospitales y calles, hacer caridad, planificar y organizar. Luego está el hombre emocional, que ama lo sublime y hermoso en exceso. Él adora pensar en lo que es bello, disfrutar el lado estético de la naturaleza y adorar al amor y al Dios del amor. El ama con todo su corazón a las grandes almas de todos los tiempos, los profetas de las religiones y las encarnaciones de Dios en la tierra. A él no le preocupa si la razón puede o no probar que Buda y Cristo existieron. No le importan las fechas exactas en que el Sermón del Monte fue predicado, ni el momento exacto del nacimiento de Krishna. Lo que le preocupan son las personalidades, sus adorables figuras. Tal es su ideal. Esa es la naturaleza del amante, del hombre emocional. Después, tenemos al místico, cuya mente quiere analizar a su propio ser, entender la manera en que funciona la mente humana, manipularla y controlarla. Esa es la mente mística. Luego está el filósofo, quien quiere saber el peso de todo y usa su intelecto aún más allá de las posibilidades de todo pensamiento humano.

Ahora, una religión que satisfaga la porción más grande de la humanidad, tiene que poder proveer alimento para todos esos tipos de mente. Y donde esa capacidad es requerida, la sectas existentes, todas, se tornan unidimensionales.

Lo que yo quiero propagar es una religión que sea igualmente aceptada por todas las mentes. Debe ser igualmente filosófica, emocional, mística y conducente a la acción. Si vienen profesores universitarios, científicos y físicos, ellos van a buscar la razón. Dejen que la tengan tanto como quieran. Habrá un punto, más allá del cual ellos creerán que no podrán ir sin quebrar a la razón. Ellos dirán: "Esas ideas de Dios y la salvación son supersticiones. ¡Abandónenlas!". Yo le diré: "Señor filósofo, este cuerpo es su mayor superstición. *¡Abandónelo!* No regrese a su hogar para la cena, ni a su silla filosófica. Deje el cuerpo; si no puede, grite y siéntese". La religión debe poder mostrarnos como realizar a la filosofía que nos enseña que este mundo es uno, que hay sólo una Existencia en el universo. Similarmente, si el místico viene, nosotros debemos recibirlo, preparados para darle la ciencia del análisis mental y prácticamente demostrársela. Si la gente emocional llega, debemos sentarnos y reír y llorar con ellos en el nombre del Señor. Debemos "beber de la copa del amor y enloquecernos". Si el trabajador energético viene, debemos trabajar con él con toda la energía que tengamos. Y esta combinación será el ideal de lo más cercano a una religión universal.

¡Quiera Dios que todos los hombres tengan en sus mentes todos estos elementos de filosofía, misticismo, emoción y acción, igualmente presentes en su totalidad! Tal es el ideal, mi ideal de un hombre perfecto. Yo considero parciales a cada uno que tenga sólo uno o dos de esos elementos de carácter. Este mundo está casi lleno de esos hombres parcialmente desarrollados, quienes sólo conocen un camino, ese en el que se mueven, y para quienes todo lo demás es peligroso y horrible. El volverse armoniosamente equilibrado en esas cuatro direcciones es *mi* ideal de religión. Y esta religión es lograda por lo que en India llamamos yoga, unión. Para el activo, es la unión entre sí mismo y la humanidad; para el místico, entre su ser inferior y su Ser superior; para el amante, es la unión entre sí mismo y el Señor del Amor; para el filósofo, es la unión de toda la existencia. Esto es lo que queremos decir cuando hablamos de yoga. (II. 384-88)

Vedanta y el Privilegio

La idea de privilegio es el veneno de la vida humana. Es como si dos fuerzas estuvieran activas constantemente, una haciendo las castas y la otra quebrándolas; en otras palabras, una haciendo el privilegio, la otra rompiendo con él. Y donde sea que el privilegio se quiebra , más y más luz y progreso llega a la raza. Vemos esta lucha sucediéndose a nuestro alrededor. Por cierto, primero está la idea brutal del privilegio, esa del fuerte sobre el débil. Está el privilegio de la riqueza. Si un hombre tiene más dinero que otro, él quiere un poco de privilegio sobre esos que tienen menos. Y también está el más sutil privilegio del intelecto. Porque un hombre sabe más que otros, él reclama más privilegios. Y el último de todo, y el peor, porque es más tiránico, es el privilegio espiritual. Si algunas personas piensan que ellas saben más sobre espiritualidad, sobre Dios, ellos reclaman un privilegio superior a todos. Y dicen: "Vengan y adórennos, ustedes rebaños comunes. Nosotros somos los mensajeros de Dios, ustedes deben adorarnos".

Nadie puede ser un Vedantista y al mismo tiempo reclamar privilegios, ni mentales, ni físicos, ni espirituales; absolutamente no, ningún privilegio. El mismo poder está en todos. ¿Cómo es posible reclamar privilegios? Todo el conocimiento está en cada alma, aún en la más ignorante. Esa todavía no lo ha manifestado, pero quizás no tuvo la oportunidad, los entornos no fueron adecuados. Cuando obtenga la oportunidad, él lo manifestará. La idea de que un hombre nace superior a otro no tiene significado en Vedanta. (I. 423)

Vedanta y la Ciencia

No se le había permitido a Advaita que llegara a la gente. Al principio, algunos monjes se apropiaron de ella y la llevaron a los bosques, por eso es que se le llamó "la filosofía de los bosques". Por la compasión del Señor, nació Buda, y la predicó a las masas; toda la nación se volvió budista. Mucho tiempo después, cuando los ateístas y agnósticos habían destruido a la nación nuevamente, se descubrió que Advaita era la única manera de salvar a India del materialismo.

Luego emergió Shankaracharya y una vez más la filosofía Vedanta revivió. Él hizo de ella una filosofía racional. A menudo los argumentos en los Upanishads son abstrusos. Buda acentuó el lado moral de la filosofía y Shankaracharaya, el intelectual. El lo vivió, razonó y le dejó al hombre el maravilloso y coherente sistema de Advaita.

El materialismo prevalece en Europa hoy. Ustedes pueden rezar para salvar a los escépticos modernos pero no dará resultado. Ellos quieren la razón. La salvación de Europa depende de una religión racionalista; Advaita -no dualidad, unidad, la idea de Dios Impersonal- es la única religión que puede producir algún efecto sobre los intelectuales. Llega siempre que la religión parece desaparecer y la irreligión parece prevalecer, y por eso es que ha echado raíces en Europa y en América.

Diré una cosa más, en conexión con esta filosofía. En los antiguos Upanishads descubrimos una sublime poesía. Sus autores fueron poetas. Platón dice que la inspiración le llega a las personas a través de la poesía; pareciera que esos ancianos rishis, videntes de la verdad, fueron elevados sobre la humanidad para mostrar esas verdades a través de la poesía. Ellos no filosofaron, predicaron, ni escribieron. La música brotó de sus corazones. En Buda tenemos el gran corazón universal y la paciencia infinita, haciendo práctica a la religión y llevándola a todas las puertas. En Shankaracharya vemos un tremendo poder intelectual, arrojando la abrasante luz de la razón sobre todo. Hoy queremos ese brillante sol de la intelectualidad unido al corazón de Buda, el maravilloso, infinito corazón de amor y misericordia. Tal unión nos dará la filosofía más elevada. Ciencia y religión se encontrarán y se darán la mano. Poesía y filosofía se harán amigas. Tal será la religión del futuro, y si podemos producirla, estaremos seguros de que será para todos los tiempos y todas las personas.

Esta es la única manera que será aceptable para la ciencia moderna, porque ésta casi ha llegado a ella. ¿No les recuerda al Dios de los Upanishads cuando el profesor científico afirma que todas las cosas son la manifestación de una fuerza? "Como el único fuego, entrando en el universo se expresa en varias formas, del mismo modo ese Alma única está expresándose en cada alma y aún así está mucho más allá". [86] ¿Es que no ven hacia lo que tiende la ciencia? La nación hindú se dedicó al estudio de la mente, a través de la metafísica y la lógica. Las naciones europeas comenzaron desde la naturaleza externa y ahora ellas también están llegando a los mismos resultados. Descubrimos que, buscando a través de la mente, finalmente llegamos a aquella

86   *Katha Upanishad*, 2, 2, 9.

Unidad, a aquel Uno Universal, al Alma Interna de todo, a la Esencia de la Realidad de cada cosa, al Siempre-Libre, al Siempre-Dichoso, al Siempre-Existente. Por medio de la ciencia material llegamos a la misma Unidad. La ciencia hoy nos dice que todo es la manifestación de una energía, la cual es la suma total de todo lo que existe y la dirección que toma la humanidad conduce a la libertad, no hacia la esclavitud. (II. 138-41)

Oriente y Occidente deben Reunirse

"Cuando la virtud decae y el vicio prevalece, yo desciendo para ayudar a la humanidad", dice Krishna en el Bhagavad Guita. Cuando sea que este mundo nuestro, para crecer, debido a circunstancias agregadas, requiere una nueva adaptación, una nueva ola de poder llega, y así como un hombre actúa en dos planos, el espiritual y el material, las olas de adaptación llegan a ambos planos. Por un lado, en los ajustes en el plano material, Europa ha sido principalmente la base de los tiempos modernos, y, por otro lado, en el plano espiritual, Asia ha sido la base del ajuste a lo largo de la historia del mundo. Hoy el hombre requiere otro ajuste en el plano espiritual. Hoy, cuando las ideas materiales están en su máximo esplendor y poder, hoy, cuando el hombre es proclive a olvidar su naturaleza divina por su creciente dependencia en la materia, y tiene mucha probabilidad de quedar reducido a una mera máquina de hacer dinero, un ajuste es necesario. Y la voz habló. El poder está llegando para llevarse las nubes del cubriente materialismo. El poder ha sido puesto en movimiento, y, en poco tiempo, una vez más le traerá a la humanidad la memoria de su naturaleza real. Nuevamente, el lugar donde ese poder ha comenzado es Asia.

Este mundo nuestro está en el plan de división de trabajo. Es en vano el decir que un hombre debe poseer todo. Aun así, ¡qué niños que somos! El bebé, en su ignorancia, piensa que su muñeco es la única posesión codiciable en el universo entero. Así, una nación que es grande en su posesión de poder material piensa que esto es todo lo codiciable, todo lo que el progreso significa, todo lo que civilización significa; y si allí hay otras naciones a las que las posesiones no les importan y que no tienen ese poder, esas no están capacitadas para vivir. Toda su existencia es inútil. Por otro lado, otra nación puede pensar que la mera civilización material es completamente inútil. Desde oriente viene la voz que una vez le contó al mundo que si un hombre posee toda bajo el sol y no tiene espiritualidad, ¿de qué le sirve? Este es el tipo oriental; el otro es el tipo occidental.

Cada tipo tiene su grandeza, cada uno su gloria. El ajuste presente será el de armonizar, combinar, esos dos ideales. El mundo del espíritu para el oriental es tan real como el mundo material lo es para el occidental. En lo espiritual, el oriental encuentra todo lo que espera o lo que desea. Todo lo que hace a la vida real para él. Ante el occidental él es un soñador. Para el oriental el occidental es un soñador, jugando con efímeros juguetes, y se ríe pensando que hombres y mujeres maduros piensen tanto en un puñado de materia que deberán abandonar hoy o mañana. Cada uno llama soñador al otro. Pero el ideal oriental es tan necesario como el occidental para el progreso de la raza humana, y yo pienso que más necesario. Las máquinas nunca hicieron feliz a la humanidad y nunca la harán. Quien trata de hacernos creer esto, clama que la felicidad está en la máquina. Pero está siempre en la mente. Sólo el hombre que es señor de su mente puede volverse feliz, nadie más.

Y qué, después de todo, es el poder de la maquinaria. ¿Por qué habría un hombre que puede enviar una corriente de electricidad a través de un cable ser reconocido como grande y muy inteligente? ¿Es que la naturaleza no lo hace un millón de veces más a cada momento? ¿Por qué, entonces, no arrodillarse y adorar a la naturaleza? ¿De qué te serviría tener poder sobre todo el mundo, volverte el amo de cada átomo en el universo? Eso no te haría feliz a menos que tengas el poder de la felicidad en ti mismo, a menos que te hayas conquistado? El hombre nace para conquistar la naturaleza, es verdad, pero por 'naturaleza' el occidental quiere decir la naturaleza física externa. Es verdad que la naturaleza externa es majestuosa, con sus montañas, océanos y ríos, y con su infinita variedad y poder. Sin embargo, existe la naturaleza interna del hombre, mucho más majestuosa, más elevada que el sol, la luna y las estrellas, más que esta tierra nuestra, más que el universo físico, trascendente a esta pequeña vida y genera otro campo de estudio. En ese los orientales sobresalen, así como los occidentales sobresalen en el otro. Por lo tanto, es reconociendo eso que cuando un ajuste espiritual es necesario este debe venir desde el oriente. Es también por eso que cuando el oriental quiere aprender más sobre la producción de maquinaria, debe sentarse a los pies del occidental y aprender de él. Cuando el Occidente quiere aprender sobre el Espíritu, sobre Dios, sobre el alma, sobre el significado y el misterio de este universo, él debe sentarse a los pies del Oriente. (IV. 154-56)

Los Puntos de Vista Orientales y Occidentales

Ustedes generalmente escucharán que esta filosofía Vedanta y otros sistemas orientales, sólo están buscando algo trascendente, renunciando a las luchas y alegrías de la vida. Esa idea es totalmente equivocada. Sólo la gente ignorante dice eso, quien nada sabe del pensamiento oriental y nunca tuvo suficiente cerebro para entender cosa alguna de sus enseñanzas reales. Por el contrario, leemos en nuestras escrituras, que nuestros filósofos no quieren ir a otros mundos, sino que los desprecian, considerándolos como lugares donde las personas lloran y ríen por un rato, para luego morir. Mientras seamos débiles deberemos pasar por esas experiencias, pero todo lo que es verdadero está aquí, y eso es: el alma humana. Y también se insiste sobre que no escaparemos a lo inevitable suicidándonos. No podemos evadirlo. Pero el camino correcto es difícil de encontrar. El hindú es tan práctico como el occidental. Ellos sólo difieren en sus puntos de vista sobre la vida. Uno dice: "Construye una buena casa, logra cultura intelectual, buena vestimenta, comida, etc., porque esta es la única vida", y para ello, él es inmensamente práctico. Pero el hindú dice: "Verdadero conocimiento del mundo significa conocimiento del alma, de la metafísica", y él quiere disfrutar de ese tipo de vida.

En América hubo un gran agnóstico[87], un hombre noble, muy bueno y fino orador. El conferenciaba sobre religión, de la cual decía que no servía, ¿para qué preocuparnos por otros mundos? Usaba esta metáfora: "Aquí tenemos una naranja, queremos sacarle jugo". Una vez, nos encontramos y le dije: "Estoy totalmente de acuerdo con usted. Yo también tengo una fruta y quiero sacarle jugo. Nuestra diferencia está en el tipo de fruta que hemos elegido. Usted quiere una naranja y yo prefiero un mango. Usted piensa que es suficiente con vivir aquí, comiendo y bebiendo, con un poquito de conocimiento científico; pero usted no tiene derecho alguno de decir que eso será del gusto de todos. Tal concepción no guarda significado para mi. Yo me suicidaría si lo único que tengo por aprender es cómo cae una manzana de un árbol o cómo sacude mis nervios una corriente eléctrica. Yo quiero entender el corazón de las cosas, el núcleo en sí. Su estudio es la manifestación de la vida. El mío es la vida misma. Mi filosofía dice que uno debe saber *eso* y sacar de la mente todo pensamiento de cielo e infierno y toda otra superstición, aunque existan en el mismo sentido en que este mundo existe. Yo debo conocer el corazón de esta vida, su esencia misma, lo que es, no meramente cómo funciona y cuáles son sus manifestaciones. Yo quiero saber el *por qué* de todo. Dejo el *cómo* para los niños".

---

87 Robert Ingersoll (1833-1899).

El Futuro de Vedanta

Para empezar, debo decirles que yo no sé si ésta [Vedanta] podría alguna vez ser la religión de la gran mayoría de los hombres. ¿Podría ésta alguna vez esparcirse por toda una nación como los Estados Unidos de América? Posiblemente podría. Sin embargo, ésta es la cuestión que queremos discutir esta tarde.

Debo comenzar diciéndoles lo que no es Vedanta, y luego les diré lo que es. Pero ustedes deben recordar esto: con todo su énfasis en los principios impersonales, Vedanta no es antagónica a cosa alguna, aunque no compromete ni deja de lado las verdades que considera fundamentales.

Todos ustedes saben que hay ciertas cosas que son necesarias para hacer una religión. Ante todo está el libro. ¡El poder del libro es simplemente maravilloso! Lo que sea que es, el libro es el centro alrededor del cual se forman las alianzas humanas. Toda religión viviente hoy tiene un libro. Con todo su racionalismo y elevadas charlas, la humanidad aún se sostiene de los libros. En su país, cada intento de comenzar una religión sin un libro ha fallado. En India las sectas surgen con gran éxito, pero dentro de unos pocos años caen porque no tienen un libro detrás. Lo mismo sucede en todo otro país.

Estudien la emergencia y caída del movimiento Unitario. Este representa el mejor pensamiento de su nación. ¿Por qué es que no se difundió como el Metodista, Bautista u otras denominaciones cristianas? Porque no tenía un libro. Por otro lado, piensen en el pueblo judío. Un puñado de hombres yendo de un país a otro, todavía está unido, porque tienen un libro. Piensen en los parsis, sólo unos pocos cientos en el mundo. ¿Saben ustedes que ese puñado de parsis y jainas aún se mantienen vivos sólo porque tienen sus libros? Las religiones vivas hoy, cada una de ellas, tienen un libro.

El segundo requisito para hacer una religión pareciera ser el de la veneración hacia alguien. Él es adorado como el Señor del mundo o como un gran maestro. Los hombres deben adorar a otro hombre. Ellos tienen que tener la encarnación, o el profeta, o el gran líder. Lo descubres en todas las religiones vigentes. Hindúes y cristianos tienen sus encarnaciones. Los budistas, mahometanos y judíos tienen sus profetas. Pero es todo lo mismo, toda su veneración se dirige hacia una o varias personas.

El tercer requisito pareciera ser el de que para que una religión sea fuerte y segura de sí misma debe creer que sólo ella es verdadera, de otro modo no puede influenciar a la gente. El liberalismo muere porque es seco, porque no puede generar fanatismo en la mente humana, porque no puede crear odio por cosa alguna excepto por él mismo. Por eso es que el liberalismo está condenado a caer una y otra vez. Sólo puede influenciar a un reducido número de personas. La razón no es tan difícil de ver. El liberalismo trata de hacernos altruistas pero nosotros no queremos ser altruistas. No vemos ninguna ganancia inmediata en el altruismo, ganamos más siendo egoístas. Aceptamos el liberalismo mientras somos pobres, mientras nada tenemos. En el instante en que conseguimos dinero y poder, nos volvemos muy conservadores. El hombre pobre es un demócrata. Cuando se hace rico se vuelve un aristócrata. En religión también, la naturaleza humana actúa de la misma manera.

Surge un profeta, promete todo tipo de premios a aquellos que lo sigan y eterna miseria a quienes no. Así esparce sus ideas. Todas las religiones existentes que se están difundiendo son tremendamente fanáticas. Mientras una secta odie más a otra, mayor será su éxito y más personas serán atraídas hacia ella. Después de viajar por gran parte del mundo y vivir con muchas razas, mi conclusión es que a pesar de la mucha charla sobre hermandad universal, el presente estado de cosas va a continuar.

Vedanta no cree en ninguna de esas enseñanzas. Primero, ésta no cree en un libro, es la primer dificultad. Niega la autoridad de un libro sobre otro. Niega enfáticamente que un libro puede contener toda la verdad sobre Dios, el alma o la realidad última. Los que hayan leído los Upanishads recordarán que dicen una y otra vez: "No es leyendo libros que podemos realizar al Ser".

Segundo, considera a la veneración por alguna persona particular como algo muy insostenible. Los que son estudiantes de Vedanta (por Vedanta siempre se quiere decir: los Upanishads), saben que es la única religión que no se toma de persona alguna. Ningún hombre o mujer se ha convertido en objeto de adoración entre los vedantistas. No podría. Un hombre no es más adorable que un ave o un gusano. Somos todos hermanos. La diferencia es sólo de grado. Yo soy exactamente igual al más insignificante de los gusanos. Ven que poco espacio hay en Vedanta para que un hombre se yerga por delante nuestro y para que nosotros vayamos a adorarle; él conduciéndonos y nosotros siendo salvados por él. Vedanta no te da eso. Ningún libro, ningún hombre que adorar, nada.

Una dificultad aún mayor es sobre Dios. Ustedes quieren ser democráticos en este país. Es el Dios democrático lo que Vedanta enseña.

Ustedes tienen un gobierno, pero el gobierno es impersonal. No es un gobierno autocrático y aun así es mucho más poderoso que cualquier monarquía en el mundo. Nadie parece entender que el poder real, la vida real, la fuerza real, está en lo invisible, lo impersonal, lo que no es alguien. Como una mera persona, separada del resto, nada son, pero como unidad impersonal de la nación que se gobierna a sí misma, ustedes son tremendos. Son todos uno en el gobierno, son un poder tremendo. Pero, ¿dónde exactamente está el poder? Cada hombre es el poder. No hay rey. Los veo a todos iguales. No tengo que quitarme el sombrero y agacharme ante alguien; sin embargo, en cada hombre hay un tremendo poder.

Vedanta es simplemente eso. Su Dios no es el monarca sentado en un trono, separado totalmente. Están aquellos a quienes les gusta su Dios de esa manera, un Dios a ser temido y propiciado. Ellos encienden velas y se arrodillan en el polvo frente de Él. Ellos quieren un rey que los gobierne, creen en un rey en los cielos que los gobierna. Al menos el rey no está más en este país. ¿Dónde está el rey de los cielos ahora? Donde el rey terreno está. En este país el rey ha entrado en cada uno de ustedes. Todos son reyes aquí. Lo mismo sucede con la religión de Vedanta. Todos son Dios. Un Dios no es suficiente. Todos ustedes son Dios, dice Vedanta.

¿Qué es esa idea de Dios en los cielos? Materialismo. La idea vedántica es el infinito principio de Dios encarnado en cada uno de nosotros. ¡Dios sentado en una nube! ¡Piensen en que gran blasfemia es! Es materialismo, ruin materialismo. Puede estar bien que los bebés piensen de esa manera, pero cuando hombres grandes tratan de enseñar esas cosas es disgustante, eso es lo que es. Es todo materia, toda idea de cuerpo, toda idea gruesa, la idea de los sentidos. Cada parte de ésta es barro y nada más que barro. ¿Es eso religión? Dios es Espíritu y debe ser adorado en Espíritu y en Verdad. ¿Es que el Espíritu sólo vive en los cielos? ¿Qué es el Espíritu? Todos somos Espíritu. ¿Por qué no nos damos cuenta? ¿Qué es lo que te hace diferente de mi? El cuerpo y nada más. Olvida al cuerpo, y todo es Espíritu.

Estas son las cosas que Vedanta no tiene para dar. No tiene libro. Ningún hombre para ser separado del resto de la humanidad -"¡Ustedes son gusanos, y nosotros somos el Señor Dios!"-, nada de eso. Si ustedes son el Señor Dios, yo también lo soy. Así, Vedanta no reconoce pecado. Hay errores, no pecados, y en el largo plazo todo va a estar bien. Ningún Satanás, nada de esas cosas sin sentido. Vedanta cree que sólo hay un pecado, solamente uno en el mundo, y ese es el momento en el que piensas que eres pecador o que algún otro lo es, eso es pecado. A eso le siguen todos los otros errores o lo que normalmente se llama pecado. En nuestras vidas han ocurrido muchos errores. Pero nosotros seguimos avanzando. ¡Gloriosos somos nosotros que hemos cometido errores! Mira detenidamente a tu pasado. Si tu vida presente es buena, ella ha sido causada por todos los errores pasados tanto como por las victorias. ¡Qué vivan las victorias! ¡Qué vivan los errores! No miren atrás. ¡Sigan adelante!

Ustedes ven, Vedanta propone que no hay pecado ni pecadores. Ningún Dios al cual temer. Él es el único ser a quien nunca debemos temerle porque es nuestro propio Ser. Hay un único ser a quien no se puede temer, Él es ese. Entonces, ¿no es la más supersticiosa de las personas la que le teme a Dios? Quizás haya alguien que le tenga miedo a su sombra, pero incluso él no se teme a sí mismo. Dios es el Ser mismo del hombre. Él es ese Ser único de quien jamás puedes sentir temor. ¿Qué es toda esa charla sin sentido del temor del Señor entrando en el hombre, haciéndole temblar, etc.? ¡Dios nos bendiga, que no estamos todos en el asilo de lunáticos! Pero, si la mayoría no somos lunáticos, ¿porqué deberíamos inventar esa idea de tenerle miedo a Dios? El Señor Buda dijo que toda la raza humana es más o menos lunática. Pareciera ser totalmente cierto.

Ningún libro, ninguna persona, ningún Dios personal. Todos esos deben retirarse. También los sentidos deben irse. No podemos quedar atrapados por los sentidos. En el presente estamos atrapados, como los que se mueren de frío en los glaciares. Ellos siente muchas ganas de dormir y cuando sus amigos tratan de despertarlos, advirtiéndoles sobre la muerte, ellos dicen: "Deja que me muera, quiero dormir". Todos nos tomamos de los pequeños objetos de los sentidos, aún si nos arruinan para siempre; olvidamos que hay cosas mayores.

Hay una leyenda hindú que cuenta que una vez el Señor se encarnó en la tierra como una cerda. Ella tenía un cerdo compañero y luego de un tiempo tuvieron cerditos. Ella estaba muy feliz con su prole, viviendo en el barro alegremente, olvidando su Divina gloria y señorío. Los dioses se preocuparon muchísimo y bajaron a la tierra a rogarle que dejara su cuerpo de cerda y regresara al cielo. Pero el Señor no quería eso. Los corrió a todos. Les dijo que estaba muy feliz y que no quería ser molestada. Viendo que no tenían otra alternativa, los dioses destruyeron el cuerpo de cerda del Señor. En un instante, Él recuperó Su divina majestad y se asombró de que pudiera haberse sentido a gusto como una cerda.

Las personas se comportan de la misma manera. Apenas escuchan sobre Dios impersonal, dicen: "¿Qué le sucederá a mi individualidad? ¡Mi individualidad morirá!". La próxima vez que piensen eso recuerden a la cerda, y luego piensen en que infinita mina de felicidad que tienen, cada uno de ustedes. Qué contentos están con su condición presente. Pero cuando se den cuenta de lo que realmente son, se asombrarán de que antes no quisieran renunciar a los sentidos. ¿Qué hay de importante en su personalidad? ¿Es que es mejor que la vida de una cerda? ¡Y eso es lo que no quieren dejar! ¡Que el Señor nos proteja!

Vedanta no habla de la hermandad universal sino de la unidad universal. Yo soy el mismo que cualquier otro hombre, que cualquier otro animal, bueno, malo, lo que sea. Es un cuerpo, una mente, un alma a través de todo. El Espíritu nunca muere. No existe la muerte en parte alguna, ni siquiera en el cuerpo. Ni la mente muere. ¿Cómo puede siquiera el cuerpo morir? Una hoja cae, ¿es que entonces el árbol muere? El universo es mi cuerpo. Vean como se perpetúa. Todas las mentes son mías. Con todos los pies camino. A través de todas las bocas hablo. En cada cuerpo resido.

¿Por qué no puedo sentirlo? Debido a esa individualidad, esa chanchada. Ustedes se han atado con su mente y sólo pueden estar aquí y no allí. ¿Qué es la inmortalidad? Cuán pocos responden: "¡Es esta existencia misma!". La mayoría de las personas piensan que todo esto es mortal, que Dios no está aquí, de que ellos se volverán inmortales yendo al cielo. Se imaginan que verán a Dios después de la muerte. Pero si ellos no ven a Dios aquí y ahora, tampoco lo verán después de la muerte. A pesar de que todos ellos creen en la inmortalidad, no saben que la inmortalidad no se gana muriendo y yendo a un cielo, sino dejando esta cochina individualidad, no atándonos a un pequeño cuerpo. Inmortalidad es el sabernos uno con todo, viviendo en todos los cuerpos, percibiendo a través de todas las mentes. Estamos destinados a sentir en otros cuerpos además de éste. Estamos destinados a sentir en otros cuerpos. ¿Qué es la simpatía? ¿Tiene algún límite este sentir en nuestros cuerpos? Es muy posible que llegará el momento en el que yo sienta a través del universo entero.

¿Cuál es la ganancia? El cuerpo cochino es difícil de dejar.

¡Nos sentimos apenados de perder los goces de nuestro pequeño cuerpo cochino! Vedanta no dice "Déjalo", sino que dice: "Trasciéndelo". No hay necesidad de ascetismo, sería mejor que disfrutaran en dos cuerpos, o mejor aun tres, ¡así vivirían en más de un cuerpo! Cuando puedo sentir a través del universo, todo el universo es mi cuerpo.

Hay muchos que se horrorizan cuando escuchan estas enseñanzas. A ellos no les gusta que les digan que son algo más que pequeños cuerpos cochinos, creados por un Dios tirano. Yo les digo: "¡Levántense!". Ellos dicen que han nacido en pecado, ellos no pueden levantarse excepto por medio de la gracia de alguien. Yo les digo: "¡Son divinos!". Ellos responden: "Tú, blasfemo, ¿cómo te atreves a hablar así? ¿Cómo puede una criatura miserable ser Dios? ¡Somos pecadores!". Saben, a veces me siento muy descorazonado. Cientos de hombres y mujeres me dicen: "Si el infierno no existe, ¿cómo puede existir la religión?". ¿Quién puede prevenirles que vayan al infierno, si así lo quieren?

Tú creas lo que sea que pienses y en lo que sueñas. Si es el infierno, morirás y verás el infierno. Si es la maldad y Satán, tendrás un Satán. Si son fantasmas, obtendrás fantasmas. Te conviertes en lo que piensas. Si tienes que pensar, piensa buenos pensamientos, grandes pensamientos. ¡Este tomar por hecho de que son gusanos débiles y miserables! Diciendo que somos débiles nos volvemos débiles, no mejoramos. Supongan que apagamos las luces, cerramos las ventanas, y decimos que la habitación está oscura. ¡No tiene sentido! ¿Qué bien me hará el decir que soy un pecador? Si estoy en la oscuridad, déjame encender una luz. Y la oscuridad desaparecerá totalmente. Sin embargo, ¡qué curiosa es la naturaleza del hombre! Aunque siempre consciente de que la naturaleza universal está detrás de su vida, siempre piensa más en Satán, en la oscuridad y en las mentiras. Díganle la verdad, no la verá. Le gusta más la oscuridad.

Esto da lugar a la gran pregunta formulada por Vedanta: ¿por qué la gente teme tanto? La respuesta es que ellos mismos se han hecho inservibles y dependientes. Somos tan holgazanes. No queremos hacer nada por nosotros mismos. Queremos un Dios personal, un salvador, un profeta que haga todo por nosotros. El hombre muy rico nunca camina; va siempre en carruaje. Pero, con el transcurso de los años, un día se levanta con el cuerpo paralizado. Entonces comienza a pensar que la manera en la que vivió, después de todo, no fue buena. Ningún hombre puede caminar por mí. Cada vez que uno lo hizo, me dañó. Si todo es hecho para un hombre por otro, él perderá el uso de sus propios músculos. Lo que hacemos nosotros mismos es lo único que hacemos. Cualquier cosa que sea hecha por otro nunca será nuestra. Ustedes no pueden aprender verdades espirituales de mis conferencias. Si han aprendido algo, yo sólo fui la chispa que la sacó, la hizo encender. Eso es todo lo que los maestros y profetas pueden hacer. Todo ese correr por ayuda es pura tontería.

Ustedes saben que en India hay carros tirados por bueyes. Normalmente dos bueyes son atados al carro; algunas veces se ata un haz de pasto al frente de los animales, muy cerca de su nariz pero fuera de su alcance. Los bueyes continuamente tratan de alimentarse de ese pasto que nunca alcanzan. ¡Exactamente así es como se nos ayuda! Pensamos que vamos a obtener seguridad, fortaleza, conocimiento, felicidad de afuera. Siempre esperamos pero nunca obtenemos lo que esperamos. Ninguna ayuda llega de afuera.

No hay ayuda para el hombre. Ninguno ha sido, es, ni será ayudado. ¿Por qué habría de serlo? ¿No son ustedes hombres y mujeres? ¿Es que los Amos de la tierra tienen que ser ayudados por otros? ¿No les da vergüenza? Recibirán ayuda cuando sean reducidos a polvo. Pero ustedes son Espíritu. ¡Levántense de las dificultades por sí mismos! ¡Sálvense a sí mismos! Nadie los ayudará, nunca sucedió. El pensar que puede suceder es una dulce ilusión. No termina bien.

¿Cómo es el Dios de Vedanta? Es un principio, no una persona. Tú y yo somos Dioses personales. El Dios absoluto del universo, el creador, preservador y destructor del universo es un principio impersonal. Tú y yo, el gato, la rata, el diablo y los fantasmas, todos ellos son Sus personas, todos somos Dioses personales. Quieren adorar Dioses personales; es la adoración de ustedes mismos. Si siguen mi consejo, nunca entrarían en una Iglesia. Salgan y vayan a lavarse. Lávense una y otra vez, hasta que estén limpios de toda la superstición que se les haya adherido a través de los siglos.

Muchas veces se me ha preguntado: "¿Por qué ríe tanto y hace tantas bromas Algunas veces me vuelvo serio, ¡cuando tengo dolor de estómago! El Señor es todo dichoso. Él es la realidad detrás de todo lo que existe. Él es la bondad, la verdad, en todo. Ustedes son sus encarnaciones. Eso es glorioso. Más se le acerquen, menos ocasiones tendrán de llorar o lamentarse. Mientras más alejados estemos, más caras largas expresaremos. Mientras más lo conocemos, más se desvanece la miseria. Si uno que vive en Dios se vuelve miserable, ¿para qué sirve vivir en él? ¿Para qué sirve ese Dios? ¡Arrójenlo desde la borda, dentro del océano Pacífico! ¡No lo queremos!

Unidad es conocimiento; diversidad es ignorancia. Este conocimiento es nuestro derecho de nacimiento. No tengo que enseñárselos. Nunca hubieron religiones diferentes en el mundo. Todos estamos destinados a la salvación, sea que lo queramos o no. La lograrán en el largo plazo y serán libres, porque la libertad es su naturaleza. Ya somos libres, sólo no lo sabemos, y tampoco sabemos que hemos estado haciendo. A través de todos los sistemas religiosos e ideales, está la misma moralidad. Sólo una cosa es predicada: "Sé altruista. Ama a otros". Uno dice: "Porque Jehová lo ordena"; "Alá", grita el mahometano. Otro clama: "Jesús". Si sólo fuera el mandamiento de Jehová, ¿cómo pudo llegar a todos esos que no conocieron a Jehová? Si fue sólo Jesús quien dio el mandamiento, ¿cómo pudo obtenerlo alguien que no conoció a Jesús? Si sólo fue Vishnu, cómo pudieron lograrlo los judíos, quienes no conocieron a ese señor. Hay una fuente mayor a todos ellos. ¿Dónde está? En el eterno templo de Dios, en el alma de todos los seres, desde el más minúsculo al más elevado. Está allí, ese altruismo infinito, sacrificio infinito, compulsión infinita de llegar a la unidad.

Nosotros parecemos divididos, limitados, debido a nuestra ignorancia, y pareciera que nos hemos vuelto el pequeño señor fulano y la señora fulana. Pero toda la naturaleza está mostrando esta ilusión de mentira todo el tiempo. Yo no soy ese pequeño hombre o mujer separado de todo. Soy la existencia universal. El alma en toda su majestad está elevándose a cada momento, declarando su propia divinidad intrínseca.

Esta Vedanta está en todas partes, sólo debes volverte consciente de ello. Esas masas de tontas creencias y supersticiones hunden nuestro progreso. Si podemos, arrojémoslas lejos y entendamos que Dios es Espíritu, para ser adorado en Espíritu y en Verdad. ¡Traten de no ser más materialistas! ¡Desháganse de toda materia! La concepción de Dios debe ser verdaderamente espiritual. Todas las diversas ideas de Dios que son más o menos materialistas, deben partir. Mientras el hombre se torna más y más espiritual, él tiene que renunciar a todas esas ideas y dejarlas atrás. De hecho, en cada país siempre ha habido unos pocos que han sido lo suficientemente fuertes para dejar toda materia y erguirse bajo la brillante luz, adorando al Espíritu con el espíritu.

Si Vedanta, este conocimiento consciente de que todo es Espíritu, se esparce, la humanidad toda se volverá espiritual. Pero, ¿es esto posible? No lo sé. No dentro de mil años. La vieja superstición debe acabarse. Todos ustedes están interesados en como perpetuar todas sus supersticiones. Luego están las ideas del hermano de la familia, el hermano casto, el hermano nacional. Todas esas son barreras a la realización de Vedanta. La religión ha sido religión sólo para unos pocos.

La mayoría de esos que han trabajado en el campo de la religión en todo el mundo realmente fueron políticos. Tal ha sido la historia de los seres humanos. Raramente, trataron de vivir dándose totalmente a la verdad. Siempre han adorado al dios llamado sociedad. Ellos han estado principalmente preocupados con sostener lo que las masas creen, sus supersticiones, sus debilidades. Ellos no tratan de conquistar la naturaleza, sino de adaptarse a ella, sólo eso. Vayan a India y enseñen un credo nuevo, no les escucharán. Pero si les dicen que proviene de los Vedas, les dirán: "¡Ah, qué bueno!". Aquí puede predicarles esta doctrina y ustedes, ¿cuántos de ustedes me toman seriamente? Pero la verdad está toda allí y yo debo decirles la verdad.

Hay otro lado del asunto. Todos dicen que la verdad más elevada, más pura, no puede ser realizada toda de una vez por todos, que los hombres deben ser llevados a ella gradualmente, a través de la adoración, la oración y otras cosas prevalentes en las prácticas religiosas. Yo no estoy seguro de si ese es o no el método correcto. En India trabajo con ambos.

En Calcuta, tengo todas esas imágenes y templos, en el nombre de Dios y de los Vedas, de la Biblia y Cristo. Que traten con eso. Pero en los picos de los Himalayas, tengo un lugar donde estoy determinado a que nada excepto la verdad pura entre. Allí quiero trabajar sobre esta idea de la cual les he hablado hoy. El propósito es el de entrenar a los buscadores de la verdad y el de criar los niños sin temor y sin superstición. Ellos no deben escuchar sobre Cristos y Budas y Shivas y Vishnus, sobre ninguno de ellos; deben aprender, desde el principio, a pararse sobre sus propios pies; deben aprender desde su infancia de que Dios es Espíritu y que debe ser adorado en Espíritu y en Verdad. Todos deben ser vistos como Espíritu. Tal es el ideal. Yo no sé si será exitoso. Hoy estoy predicando lo que me gusta. Desearía haber sido criado totalmente en ello, sin toda la superstición dualística.

Algunas veces estoy de acuerdo en que hay algo bueno en el método dualístico, éste ayuda a muchos débiles. Si un hombre quiere que le muestres la estrella polar, tú primero le señalas una estrella brillante cercana, luego otra no tan brillante, después una aún menos brillante y luego la estrella polar. Este proceso hace más fácil que él la vea. Todas las variadas prácticas y entrenamientos, Biblias y Dioses, no son más que los preliminares de la religión, los jardines de infantes de la religión.

Pero luego pienso en el otro lado. ¿Cuánto tiempo el mundo tendrá que esperar para alcanzar la verdad, siguiendo este proceso lento, gradual? ¿Cuánto? Y, ¿dónde está la certeza de que alguna vez lo logrará en un grado apreciable? No lo ha logrado hasta ahora. Después de todo, gradual o no, fácil o no para el débil, ¿acaso el método dualístico no está basado en la falsedad? ¿Es que no son falsas todas las prácticas religiosas predominantes y, por lo tanto, equivocadas? Están basadas en una idea equivocada, un punto de vista humano equivocado. ¿Es que dos equivocaciones van a hacer una correcta? ¿Es que la mentira se volverá verdad? ¿La oscuridad, luz?

Cristo dijo: "Yo y mi Padre somos uno", y ustedes lo repiten. Sin embargo, esto no ha ayudado a la humanidad. Por novecientos años el hombre no ha entendido ese dicho. Ellos hacen de Cristo un salvador de hombres. ¡Él es Dios y nosotros somos gusanos! Lo mismo sucede en India. En todos los países esta clase de creencia forma la estructura de cada secta. Por miles de años, millones y millones en todo el mundo, han sido instruidos para adorar al Señor del mundo, a las encarnaciones, a los salvadores, a los profetas. Han sido adoctrinados para considerarse inútiles, criaturas miserables y para depender de la misericordia de una persona o personas para su salvación. Sin duda hay muchas cosas maravillosas en esas creencias. Pero aun en su mejor presentación, no son más que jardines de infantes de la religión y han ayudado muy poco. El hombre todavía está hipnotizado en la degradación abyecta. De todos modos, hay algunas almas fuertes que se elevan sobre esa ilusión. Llegará la hora en que esos grandes se yergan y acaben con esos jardines de infantes de la religión, haciendo vívida y poderosa a la verdadera religión, la adoración del Espíritu por el Espíritu. (VIII. 122-34, 138-41)

Glosario

Advaita: no-dualidad. También el nombre de una escuela de la filosofía Vedanta que enseña sobre la unidad de Dios, el alma y el universo. Los principales exponentes de Vedanta Advaita fueron Gaudapada y Shankara.

Ahriman: el nombre del diablo en el Zoroastrismo; quien es responsable por todo el mal que hay en el mundo.

Ahura Mazda: el nombre de Dios en el Zoroastrismo; quien es responsable por todo lo bueno que hay en el mundo.

Arjuna (pronúnciese "Aryuna"): uno de los cinco príncipes Pandavas y un gran héroe de la epopeya india, el Mahabharata. Las enseñanzas del Bhagavad Guita fueron dadas por Krishna a Arjuna en el campo de batalla, justo antes de la guerra de Kurukshetra.

Asana: postura.

Atman: el Ser o el alma. También indica el Alma Suprema, que, de acuerdo con Advaita Vedanta, es idéntica con el alma individual.

Avatara: una encarnación de Dios.

Avidya: ignorancia, cósmica o individual, que es responsable por la no-percepción de la Realidad.

Belur: la villa en la cual la sede del Monasterio y la Misión de Ramakrishna está localizada. Se encuentra a unos cuatro millas hacia el Norte de Calcuta, al otro lado del río Ganga.

Bhagavad Guita: lit., "Canto de Dios". Uno de las escrituras de la filosofía Vedanta más importantes. El Bhagavad Guita o el Guita, consiste en las enseñanzas de Sri Krishna a Arjuna sobre como realizar a Dios mientras se cumple con los deberes de la vida. Los dieciocho capítulos del libro son parte de la epopeya india, el Mahabharata.

Bhakti: devoción a Dios.

Bhakti yoga: el sendero de la devoción. Uno de los cuatro yoga principales, o senderos de unión con Dios.

Bhartrihari: un rey de la antigua India, quien renunció a su trono para seguir la vida monástica. Él fue un filósofo y poeta sánscrito muy renombrado.

Bhishma: uno de los grandes héroes de la epopeya india, el Mahabharata. Reconocido por su devoción a la verdad

Brahma: Dios en su aspecto de Creador del Universo. La Primera Persona de la Trinidad hindú, los otros dos son Vishnu y Shiva.

Brahma Sutras: un texto autoritativo de la filosofía Vedanta, adjudicado a Vyasa. Los Brahma Sutras interpretan racionalmente la experiencia espiritual descripta en los Upanishads.

Brahmaloka: la región de Brahma, más o menos se corresponde con los elevados cielos de las religiones dualistas, donde las almas espiritualmente elevadas van después de la muerte.

Brahman: lo Absoluto. La Suprema Realidad de Advaita Vedanta.

Brahmin: un miembro de la casta sacerdotal, la casta más elevada de la sociedad hindú.

Brahmo Samaj: un movimiento de reforma social y religiosa de India, fundado por Raja Rammohan Roy (1774-1833).

Buda: lit., "El iluminado". La palabra se refiere específicamente a Gautama Buda, datado del sigo 6 A.C. Nacido como el príncipe Siddharta en lo que ahora es Nepal, renunció al mundo para transformarse en uno de los grandes maestros espirituales de todos los tiempos y en el fundador del budismo.

Buddhi: la facultad determinativa de la mente, que toma decisiones. Algunas veces traducido como "intelecto".

Chitta: parte del complejo mente que almacena la memoria.

Chitta-vrittis: ondas de pensamiento generadas por la mente, causadas por los deseos.

Dakshineswar: una villa a orillas del Ganga, a unas cinco millas al Norte de Calcuta. Sri Ramakrishna vivió en Dakshineswar la mayor parte de su vida.

Dama: control de los órganos sensorios.

Demonios o naturaleza demoníaca: son hombres impuros, inmorales, mentirosos, lujuriosos, egoístas, malvados, llenos de hipocresía y arrogancia. Para más detalles véase el capítulo 16 del Bhagavad Guita.

Devas: los dioses de la naturaleza hindú.

Dharana: concentración. El sexto de los ocho pasos de raja yoga, y un estado en el proceso de la meditación. Es el estado en que se fija la mente en un punto u objeto.

Dhyana: meditación o concentración profunda. Dhyana es el séptimo paso de los ocho del raja yoga; Patanjali lo define como "una corriente de pensamiento sin corte hacia un objeto de concentración".

Drona: un héroe de la epopeya india, el Mahabharata. Era el instructor de artes militares.

Duryodhana: el mayor de los príncipes Kaurava, quien trató de obtener el reinado por atentado. El trono le pertenecía a sus primos, los Pandavas. La historia del feudo y su guerra ha sido narrada en la gran epopeya india, el Mahabharata.

Ganapataya: un adorador de Ganapati, Dios que quita los obstáculos.

Guita: véase Bhagavad Guita.

Guru: el maestro espiritual. *Gu* significa oscuridad y *ru* el destructor. Aquel que destruye la oscuridad, o la ignorancia, del discípulo es un guru.

Ishta: la deidad escogida. El aspecto de Dios personal en el cual medita el devoto para lograr la iluminación.

Ishwara: Dios con atributos. El Dios Personal.

Janaka, rey: un rey ideal de la mitología hindú, que estaba establecido en el conocimiento de Brahman y sin embargo funcionaba en el mundo, llevando adelante todos sus deberes reales.